熱情面具下的
義大利人
The Italians

從**羅馬帝國**到**文藝復興**, 從**尖端時尚**到**黑手黨**,
揭開你所不知道的義大利人真實面貌

JOHN HOOPER

約翰・胡伯——著 蔡宗翰——譯

國外好評推薦

可貴、易讀，對一個民族清晰又優雅的描述。

——約翰．洛伊德（John Lloyd），《金融時報》（*Financial Times*）

一本引人入勝的指南，帶領讀者來到美好生活的國度，拔除了我們對這個深受許多人喜愛的國家太過簡單的了解。

——瑞貝卡．莫里森（Rebecca K. Morrison），《獨立報》（*Independent*）

義大利仍然是最迷人的國家，讓人困惑，又總是這麼吸引人。胡伯給了這個國家應有的欣賞。不了解義大利的人，會發現這本書帶來精彩的介紹。那些了解並熱愛這個國家的人，會同時發現新穎和熟悉之處，有很多會讓他們點頭稱是的段落，也有一些細節可能會讓人說：「我不覺得。」這本書值得放在書架上，擺放在巴齊尼的巨作旁；這是非常大的讚美。

——艾倫．馬西（Allan Massie），《蘇格蘭人報》（*Scotsman*）

令人愉快，大開眼界。巧妙又讓人享受地處理了這個從來不會讓人無聊的題目。

——約翰．加拉格爾（John Gallagher），《衛報》（*Guardian*）

非常具可讀性。約翰．胡伯直指義大利國家性格，又完全沒有陳腔濫調。他將有趣的花絮與大局相結合，為偶爾來訪義大利的遊客常感困惑的問題，提供了背景：為什麼這個國家既有貝魯斯柯尼、淫亂派對、黑手黨和可怕的行政體系，又如此有吸引力？

——約翰．坎普夫納（John Kampfner），《觀察家報》（*Observer*）

對一個完全不負責任的國家有趣而引人入勝的描述。

——布萊恩．西威爾（Brian Sewell），《獨立報週日版》（*Independent on Sunday*）

約翰．胡伯憑著極大的好奇心、出色的比較和分析角度，還有對細節的敏銳觀察，以一種有趣的方式深入探討一個迷人的民族。

——比爾．埃默特（Bill Emmott），《經濟學人》（*The Economist*）

對於今年夏天要去托斯卡尼別墅或普利亞海灘的任何人來說，這是一本必讀的書。

——湯姆．羅賓斯（Tom Robbins），《金融時報》（*Financial Times*）

有哪裡不精彩嗎？關於一個吸引人的民族，這本書的研究非常徹底，而且文筆優美、永不過時。

——《柯克斯評論》（*Kirkus Reviews*）

義大利．地理環境
德國
奧地利
瑞士
阿爾卑斯山
日內瓦湖
多洛米堤山
斯洛維尼亞
馬焦雷湖
科莫湖
加爾達湖
克羅埃西亞
法國
波河河谷
波士尼亞與赫塞哥維納
威尼斯灣
熱那亞灣
亞平寧山脈
利古里亞海
亞得里亞海
科西嘉島（法國）
第勒尼安海
薩丁尼亞島
愛奧尼亞海
地中海
西西里島
阿爾及利亞
突尼西亞
N
E
S
W
0 25 50 75 100 英里
0 50 100 150 公里

1815 年後的義大利
奧地利帝國的一部分
由奧地利帝國王朝哈布斯堡家族成員統治
N
S
E
W
瑞士
奧地利
奧地利帝國
日內瓦
薩丁尼亞王國
杜林
法國
亞歷山德里亞
熱那亞
尼斯
特倫托
烏迪內
米蘭
維洛納
維琴察
帕多瓦
的里雅斯特
匈牙利
克羅埃西亞
倫巴第－威尼托王國
威尼斯
曼圖亞
波士尼亞
帕爾馬
費拉拉
摩德納
鄂圖曼帝國
拉溫納
波隆那
達爾馬提亞
馬薩－盧卡
盧卡
比薩
佛羅倫斯
佩薩羅
安科納
托斯卡尼
利佛諾
教宗國
西恩納
佩魯賈
維泰博
佩斯卡拉
科西嘉島（法國）
艾爾巴島
拉奎拉
阿雅克肖
羅馬
福賈
加埃塔
巴里
貝內文托（教宗領地）
卡普阿
那不勒斯
布林迪西
薩雷諾
塔蘭多
萊可仕
薩斯沙利
薩丁尼亞島（薩丁尼亞王國）
兩西西里王國
科森察
卡利亞里
巴勒莫
美西納
雷焦卡拉布里亞
特拉帕尼
馬沙拉
卡爾塔尼塞塔
卡塔尼亞
阿格里真托
拉古薩
敘拉古
0 25 50 75 100 英里
0 50 100 150 公里

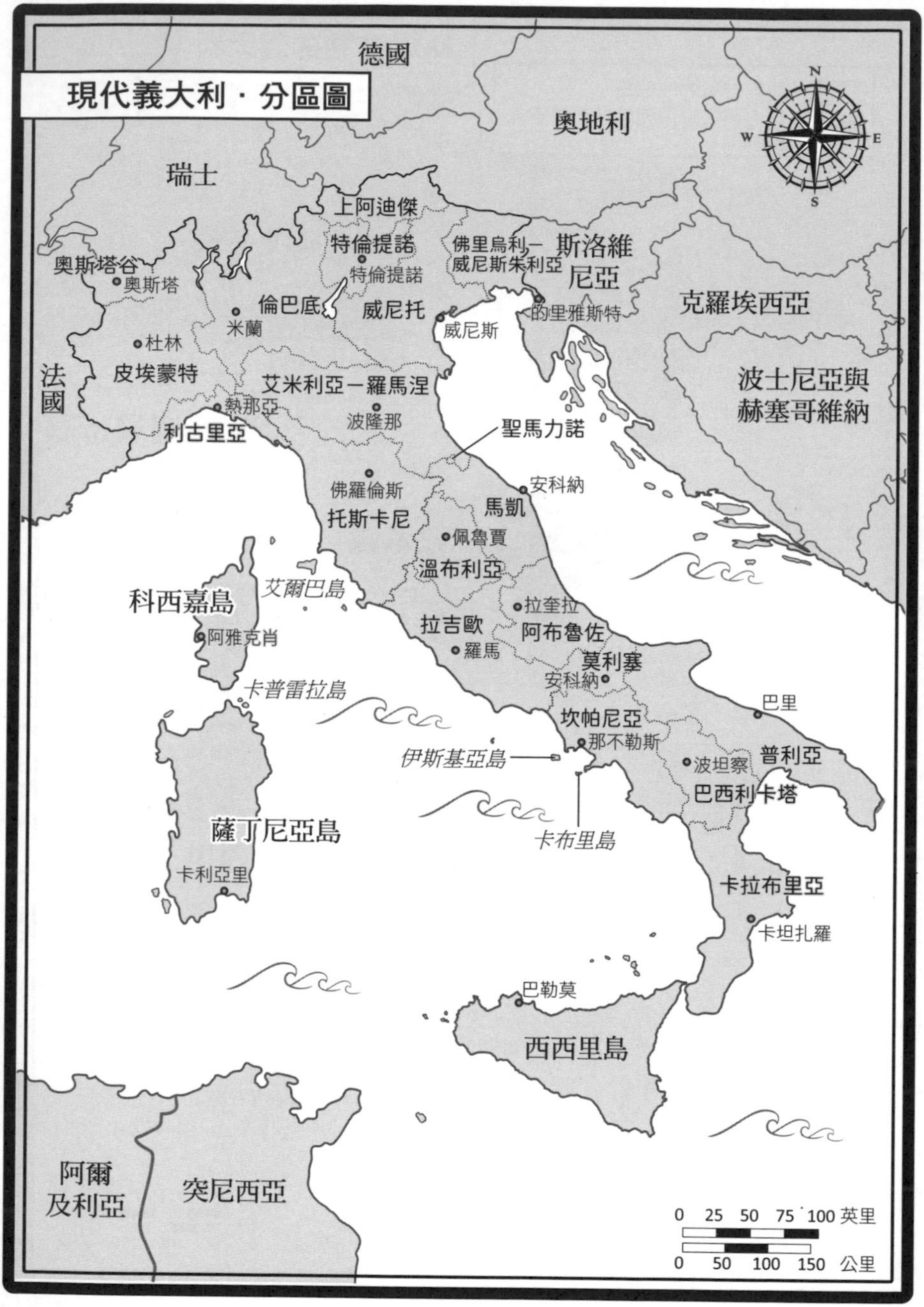
現代義大利．分區圖
德國
奧地利
瑞士
法國
N
S
W
E
上阿迪傑
特倫提諾
特倫提諾
佛里烏利－威尼斯朱利亞
斯洛維尼亞
克羅埃西亞
奧斯塔谷
奧斯塔
倫巴底
米蘭
威尼托
的里雅斯特
威尼斯
杜林
皮埃蒙特
艾米利亞－羅馬涅
波士尼亞與赫塞哥維納
熱那亞
波隆那
利古里亞
聖馬力諾
佛羅倫斯
安科納
托斯卡尼
馬凱
佩魯賈
溫布利亞
科西嘉島
艾爾巴島
拉奎拉
阿雅克肖
拉吉歐
阿布魯佐
羅馬
莫利塞
安科納
卡普雷拉島
巴里
坎帕尼亞
那不勒斯
普利亞
伊斯基亞島
波坦察
巴西利卡塔
薩丁尼亞島
卡布里島
卡拉布里亞
卡利亞里
卡坦扎羅
巴勒莫
西西里島
阿爾及利亞
突尼西亞
0 25 50 75 100 英里
0 50 100 150 公里

臺灣版新序

我一直覺得，每個文化裡，都有一些沒辦法對應到其他語言的字。用這些字，就可以寫成一本書，或者是一篇長一點的文章。就算是要把它們鑲嵌到別的語言內，也常常無法翻譯，只能保留原形。

這些字詞暗示了這些語言的獨特，就算這些語言不是整個國家的人都在用。要用其他語言來解釋這些字詞，往往需要一整句話或一句短語。在西歐，葡萄牙人說 saudade，這是指一種強烈而持久的渴望，尤其是對無法企及的東西。法文的 chic，則是一種既吸睛又低調的優雅。德文在壞的方面，有 schadenfreude，大概類似幸災樂禍；在好的方面，有 gemütlich，這個詞讓人腦中浮現在一個下雪的夜晚，從窗外看到壁爐已經把家裡燒得暖呼呼的。西班牙語中的 duende，包含了激情、靈感和巧思，這些概念如果置於西班牙文化背景之外，幾乎無法理解，尤其講到佛朗明哥舞蹈的時候。

至於義大利，也有一個獨特的詞在義大利以外很少人用。這個詞是 gattopardismo，字面的意思是「豹子主義」。這個字源於朱塞佩・迪・蘭佩杜薩（Giuseppe di Lampedusa）的名著《豹》，故事的背景是義大利統一運動時期。小說裡，年輕的貴族譚克萊迪・法科納利（Tancredi Falconeri）說：「如果我們希望事情保持現狀，那一切都必須改變。」

這句話之所以變成義大利文學中的名句，是因為義大利人自己和外國人都意識到，這句話蘊涵了一個義大利社會中很根本的現象：在表面的變動和內裡的不變之間，存在著巨大的反差。

來到義大利的外國人，尤其是來自東亞的人們，常被這裡的混亂嚇了一跳。無論到哪裡，大家都大聲嚷嚷，揮舞著手臂，用各式各樣的手勢表達各式各樣的意思。車子公然非法地亂停；機車在狹窄的小巷中飆速穿梭；酒吧和餐館一派炫目喧囂。然而，當外國人愈來愈熟悉這樣子的義大利時，同時也會了解到，在表面的熱鬧底下，隱藏著本能的戒心和保守。我在本書中，尤其是在第八章，詳細討論了這一點。

自從這本書的英文版在二〇一五年問世後，這七年來，義大利已經有五任政府。然而，義大利經濟的基本面和義大利的社會，並沒有發生什麼變化。假如這本書有哪裡需要調整，我會更新一些引用的數據，來支持我的論點和解釋。但幾乎在所有情況下，新的數據都不會影響或改變這些論點和解釋。

我可能也需要加一些新的例子。第十章裡，我討論了義大利的女性地位。值得一提的是，自二〇一五年來，女性一直擔任議會兩院的議長（儘管義大利仍然是已開發國家中，少數幾個從未有過女性負責組閣或擔任國家元首的國家）。二〇一七年，義大利通過了一項嚴格的新法律，大大限制了在第十八章提到的竊聽器的使用和竊聽內容的公開。二〇一八年，星巴克終於在義大利開設了第一家分店（不過，第七章說到的義大利人如何抗拒外國連鎖飲食這一點，仍然不變。二〇二一年，義大利仍然只有十七家星巴克，比葡萄牙和希臘都少，而這兩個國家的人口都只有義大利的六分之一左右）。

不過，也有幾個真的重要的改變。其中之一就是數位化，尤其在民政系統上。這給未來帶來了很大的希望。畢竟，這讓義大利龜速的行政體系，在處理民眾事務上稍微快了一些，應該會對國內生產力有長遠的影響。

然而，最大的轉變無庸置疑是因為新冠肺炎的疫情。義大利是歐洲第一個受到重擊的國家，最初一波疫情尤其嚴重。但就像第十四章說的，雖然義大利人好像討厭規則，但他們在第一波疫情之後的反應，真的就是：一旦確信這些限制有道理，義大利人會用讓外國人（也讓自己）驚訝的方式遵守。與德國、英國和荷蘭等西歐國家相比，義大利對於接下來的封鎖或各式各樣的限制，並沒有太多抗議或規避。儘管有少數義大利人不打疫苗，但在撰寫本文的時候，義大利施打疫苗的比例在歐盟是第三高。

最近，**gattopardismo** 這個詞，最常出現在有關於二〇二二年總統大選的評論中。經過各黨黨魁之間曲折的談判，六天中八次投票，一個由國家立法代表和地區代表組成的選舉團，決定讓現任總統塞吉歐・馬塔雷拉（Sergio Mattarella）連任，縱使在第二次任期結束時，他就八十七歲了。低調公正的馬塔雷拉，廣受尊重。接下來，他會需要運用自己在過去七年建立的威望，來引領義大利人度過不確定的日子。

在專為各成員國經濟受疫情影響而設置的歐盟復甦基金中，義大利有權利獲得最大的分配款，大約兩千億歐元的補助和低利率貸款。部分是因為義大利經濟在一開始疫情流行時，受到沉重的打擊，但一方面也是歐盟計畫要縮小各成員國間的貧富差距，讓普遍較富裕的北部和相對貧窮的南部，財富平均一些。在這種情況下，義大利變成一個特例。自二〇〇〇年以來，義大利的經濟表現一直是災難一場。日本在上個世紀末經歷了失落的十年；義大利在這個世紀初經歷了兩次。在新冠肺炎席捲之前，如果我們考慮通貨膨脹，義大利人實質上比二十年前還要窮。

歐盟的復甦基金是自第二次世界大戰後馬歇爾計畫（Marshall Plan）以來，義大利最好的機會，讓這個長久被認為是「歐洲病夫」的國家，得以重振。但最關鍵的是，義大利要能獲得全部的份額，並且有效地運用資金。

二〇二一年，歐洲央行前行長馬里奧．德拉吉（Mario Draghi）被任命為總理。德拉吉被公認是讓歐洲在二〇一〇年到二〇一二年的主權債務危機期間，讓歐元免於崩潰的人。除了一個主要政黨，德拉吉獲得義大利所有政黨的支持，得以組成一個跨黨派的聯合政府，目的就是要好好運用這筆復甦基金。

但在上任不過十七個月，德拉吉無法忍受聯盟中各方的明爭暗奪，宣布辭職。他的下臺讓義大利在二〇二二年九月舉行大選，選舉結果是出現西歐最大的右派政府，由四個偏右政黨聯合組成。

主導義大利下一任政府的政黨，是從新法西斯主義萌芽的義大利兄弟黨（FdI），也是唯一一個反對德拉吉的主要政黨。其他會與兄弟黨同盟的政黨，包括偏右民粹的北方聯盟，以及由已經八十多歲的貝魯斯柯尼領導的義大利前進黨（Forza Italia，又譯義大利力量黨）。儘管貝魯斯柯尼在政壇呼風喚雨的時候，經常被看作是浮誇的民粹分子，但他的政黨長期以來一直被認為比其他兩個政黨溫和。不過，因為貝魯斯柯尼也參與了讓德拉吉政府垮臺的勢力，黨內自由派人士不滿，退黨以示抗議，讓前進黨也變得右傾。

這一切會對義大利社會產生什麼影響，尚不清楚。有人或許會說，歐盟復甦基金的承諾，會讓義大利右派不那麼激進。如今以兄弟黨為首的聯盟贏得國會的絕對多數，將一直執政到二〇二七年，屆時我想本書會需要徹底的改寫。

第一章 ◇ 美麗的國度

這是由亞平寧山脈（Apennines）、阿爾卑斯山脈和大海環繞的國度。

——佩脫拉克（Petrarch），《抒情小詩集》（*Canzoniere*），第一四六首，一三七三

沒有人會用庇亞門（Porto Pia）為主題，來當作一本書的開頭。

這座城門在羅馬市中心一個不怎麼吸引人的角落。在這裡，不同時期的建築風格不搭調地並列著，像是彼此猜忌的姻親。附近最大的建築物是建於一九七〇年代的英國大使館，建築師巴索．斯賓塞爵士（Sir Basil Spence）在設計時，努力地想讓大使館和周遭環境融為一體。不過，結果並沒有讓每個人都滿意。大使館看起來像是一塊從巨型電腦主機板拆下來的笨重水泥製半導體晶片。

城門的名字來自教宗庇護四世（Pope Pius IV），他是最後一位贊助供養米開朗基羅（Michelangelo）的人，也是讓特利騰大公會議（Council of Trent）[1]圓滿結束的教宗，進而開啟了天主教改革（Counter-Reformation）。米開朗基羅的朋友兼傳記作家喬爾喬．瓦薩里（Giorgio Vasari）寫道，米開朗基羅為城門設計了三種樣式，教宗從中選了最便宜的。[2]如今，米開朗基羅建造的大門為整體構造的一側（面向羅馬中心的一側），但有多少米開朗基羅的設計還保存下來，仍待商榷。從一枚一五六一年鑄造的硬幣（那時城門正在施工中）和一幅在其完工三年後製作的版畫上看來，城門與現今的樣貌截然不同。

在十九世紀，另一位庇護——教宗庇護九世（Pope Pius IX）——在米開朗基羅的大門（如果還算是米開朗基羅設計的大門的話）後面加了一個庭院，然後在背對市中心的那一面，加了新古典主義風格的門面。同時，他在兩個門面之間的庭院裡蓋了房子，當作關稅辦公室。這時，羅馬仍是由教宗所統治，這片不小的土地從西元八世紀以來皆是教會的領土；到了十九世紀，義大利逐漸變成我們現在認識的樣子，但那時候的幾位教宗完全不屑於被併入新的國家。

庇亞門的兩側是奧勒良城牆（Aurelian Walls）。這些城牆建於西元三世紀，用於保護古羅馬。城牆頗高且堅固，一千五百年來，或多或少地保衛了這座城市。一八七〇年九月，在庇亞門以西約五十公尺的地方，義大利軍隊把城門炸開了一個洞，強行進入羅馬，完成半島的統一，結束教宗的統治。那個早晨，從炸開的地方一湧而上的士兵，大多屬於義大利新編的「神射手」（Bersaglieri）精銳部隊。庇亞門內的關稅辦公室後來變成了介紹這支部隊的博物館。

所以，城門周遭沒有特出的風格，而是一派混搭，各個時期的歷史在這裡並置。幾百平方公尺的範圍內，匯集了義大利人最引以為豪的過往，包括古羅馬帝國、文藝復興、義大利統一建國（Risorgimento）。[3] 有些人會說，羅馬之所以有這麼輝煌的巴洛克式教堂，是因為在這裡留下印跡的梵蒂岡文化和天主教改革。

還有哪一個人口數量相當的國家，也可以說自己擁有如此非凡的成就呢？這個國家（即使義大利成為國家是最近的事）出現了唯一一個統一歐洲的帝國，也掀起了在整段西方歷史中最偉大的文化變革，影響了我們現代的生活觀。同時，義大利半島是基督教世界的中心。

沒有其他國家可以孕育出這麼多偉大的畫家和雕刻家：米開朗基羅和拉斐爾（Raphael）是大家耳熟能詳的，其他還有多納泰羅（Donatello）、貝尼尼（Bernini）、皮耶羅・德拉・弗蘭且斯卡（Piero della Francesca）、波提且利（Botticelli）、提香（Titian）和卡拉瓦喬（Caravaggio）。還有一些人，像是曼帖那（Mantegna），雖然和前面那些名家不能相提並論，但若是在其他歐洲國家，都會被視為民族文化的代表。義大利還有一大群名建築師：布魯內萊斯基（Brunelleschi）、柏拉孟特（Bramante）、帕拉底歐（Palladio）。文學上則有但丁（Dante）、佩脫拉克、薄伽丘（Boccaccio）。義大利也給了世界眾多的作曲家，像是韋瓦第（Vivaldi）、史卡拉第父子（the Scarlattis）、威爾第（Verdi）和普契尼（Puccini）。

聖本篤（St Benedict）、聖方濟（St Francis），以及西恩納的聖加大利納（St Catherine of Siena）都是義大利人。伽利略（Galileo）、哥倫布（Columbus）和蒙特梭利（Maria Montessori）也是。有許多發明都是義大利帶給我們的：現在國際通用的公曆、音樂的詞彙、時區的觀念和複式簿記。義大利人也發明了電報、地震儀和電池。

義大利給了我們歌劇和威尼斯；聖彼得大教堂和聖馬可大教堂；米蘭大教堂和佛羅倫斯大教堂；比薩斜塔和特雷維噴泉（the Trevi Fountain）。縱使沒去過，很多人都聽過波隆那（Bologna）、佩魯賈（Perugia）和那不勒斯（Naples）等歷史名城。但在義大利，還有一些外國人很少聽過的古城，像是特拉尼（Trani）、馬切拉塔（Macerata）、韋爾切利（Vercelli）、科森察（Cosenza）等，這些地方擁有的文化寶藏，比在整個美國能找到的都還要多。

這些讓人目眩神馳的文化遺產，令任何來到義大利的人都為之著迷。但是，當遊客搭機回家時，他們腦海中留下的印象，往往無法代表義大利在古羅馬帝國之後的悠長歷史，也不會知道這幾個世紀以來，義大利人過著怎樣的生活。或許遊客還記得的是，在庇亞門西邊幾百公尺處堅固的中世紀塔樓，它建於西元九世紀，並在十二到十四世紀之間重建，現在變成奧勒良城牆的一部分，不時地打斷從庇亞門兩側延伸出去的城牆。

在將近一千五百年的歲月中，大多數我們稱為義大利人的人，都被外國人統治，或者只能擁有狹小的領土，國勢積弱，永遠都有被外來者占領的風險。為什麼呢？曾經出書精闢剖析義大利人的路易吉．巴齊尼（Luigi Barzini）說，① 這是「義大利問題的癥結，這是所有義大利問題的癥結」。他也提到：「義大利這麼一個地方，孕育出這麼多活力充沛、洞見超然的能人志士，為什麼總是表現得如此軟弱？為什麼每個世紀都被入侵、蹂躪、掠奪、羞辱，卻沒能做出一些簡單而必要的事情來保護自己？」

一部分的原因是，義大利的地理環境製造了隔閡。義大利有將近十分之一的人口是島嶼居民，與其他地方以海相對。西西里島是地中海最大的島，人口數與挪威相當，足以成為一個獨立的國家。島上的景觀多變，有沙灘和石岸，有陡峭的柑橘林，也有隨風起伏的麥田，縱使截然不同，但都是典型的西西里風景。在卡塔尼亞（Catania）東側，有一個寬闊的平原，但也有不少綿延的山脈，其中還有一座將近兩千公尺的高峰。雖然，這座山與同在島上、歐洲最大的活火山——埃特納火山（Etna）相比，仍然相形見絀，畢竟埃特納火山比它高了一倍半。從古典時期開始，就一直有計畫要建造橋梁或隧道，把西西里島與義大利其他地區連接起來。但是，儘管該島和半島大陸最靠近的地方只距離三公里，這些計畫卻從來沒有實現過。尤其近年來，義大利更是擔心如此大規模的建設，可能會讓美西納海峽（Messina）兩側的西西里黑手黨（Cosa Nostra）和卡拉布里亞大區（Calabria）的光榮會（'Ndrangheta），用來奪取暴利。

薩丁尼亞是地中海第二大島，從羅馬北邊的奇維塔韋基亞（Civitavecchia）搭渡輪，只要五個小時就能抵達；從熱那亞（Genoa）出發則要花十個小時的時間。薩丁尼亞島東北部的翡翠海岸（Smeralda），政商名流雲集，好萊塢明星、歐洲社交名流、阿拉伯皇室成員和俄羅斯財閥等，都喜歡來此度假。但島上其他地區大多荒涼，地勢較高的地方杳無人跡。

偏遠多山的巴爾巴吉亞（Barbagia）一帶，曾經以盜匪聞名。在這裡，有些家族間的世仇可以追溯到幾十年前。

冬天時，西西里島附近的埃奧利群島（Aeolian）和埃加迪群島（Aegadian），還有在羅馬和那不勒斯之間，第勒尼安海（Tyrrhenian）上的龐廷群島（Pontine）和托斯卡納群島（Tuscan Archipelago），甚至那不勒斯灣的卡布里島（Capri），都可能因為惡劣的天氣，好幾天都無法和外界聯繫。

從距離北非只有一百一十二公里的蘭佩杜薩島（Lampedusa），要前往阿爾卑斯山，比從紐約到喬治亞州的亞特蘭大（兩者相距約一千三百公里），更加困難。

• • •

與這些隔海相對的島嶼相比，義大利半島本身也是地勢崎嶇，交通不便。很少人注意到，義大利在歐洲各國是數一數二的多山。阿爾卑斯山在其北部橫亙綿延，晴朗的冬日裡，無論人在東部的威尼斯或西部的杜林（Turin），都清晰可見阿爾卑斯山白雪皚皚的山巔。義大利國土最寬的地方，剛好是波河的流域，河谷南邊有著更多山脈聳立。亞平寧山脈延伸至整個半島，一路分散為數個孤立的山域，直到義大利這隻「靴子」的「腳趾」——卡拉布里亞大區。義大利人之所以不常被認作是山區居民，是因為大部分的人口都生活在占國家面積不到四分之一的低地，也就是波河河谷和沿海地區。

很多人以為義大利南部的每個地方看起來都一樣，但實際上這裡充滿各種不同的景觀。比如說，卡拉布里亞大區的沿海的確是標準的地中海海岸，但內陸卻有兩大片崎嶇的高地，分別是北邊的希拉高地（Sila）和南邊的阿斯普羅蒙特山（Aspromonte）。相比之下，普利亞大區（Puglia），也就是「靴子」的腳後跟，絕大部分就像擀平的披薩麵團，當地一望無際的沙灘最近愈來愈受到觀光客的青睞。

卡拉布里亞和普利亞之間是巴西利卡塔大區（Basilicata），也是義大利最美麗、最鮮為人知的角落。巴西利卡塔的地形大部分是山，不是山的地方也多是崎嶇的丘陵地。雖然這裡仍是義大利最貧困的地區，但自從發現了大型石油礦藏（帕坦羅薩〔Tempa Rossa〕油田）後，巴西利卡塔應可從中獲益。在卡拉布里亞橫行的犯罪集團，就連在普利亞也略有所聞，但相比之下，巴西利卡塔就祥和多了。

北邊的莫利塞大區（Molise）和阿布魯佐大區（Abruzzo）也是多山地帶。阿布魯佐人（指那些住在內陸的人，因為這個大區也有寬闊的海岸線），就跟世界各地的高地居民一樣，有著強健的身體和堅毅的靈魂。阿布魯佐的首府拉奎拉（L'Aquila），有義大利南部（Mezzogiorno）[4]唯一可以拿出來說嘴的橄欖球隊。拉奎拉位在一片廣闊平原上，南北都被群山環繞，地理位置讓人嘖嘖稱奇。居民面對大自然的宏偉，也憂心著大自然的難測，這裡的地震尤其頻繁。二〇〇九年，拉奎拉在歷史上第四次發生大地震，造成三百多人喪生。

大家印象中的義大利南部，大概是那不勒斯所在的坎帕尼亞大區（Campania）。那不勒斯南邊是著名的阿瑪菲海岸（Amalfi）。更南邊，在薩雷諾（Salerno）以南，則是另一個同樣迷人但還未享盛名的奇倫托（Cilento）。那不勒斯和拉奎拉一樣，四周景觀戲劇性十足。自古以來有許多畫作都描繪了那不勒斯廣闊的海灣，以及一旁冒著煙俯視的維蘇威火山（Vesuvius）。曾經，那不勒斯被視為是人間天堂。歌德（Goethe）在一七八七年來到這裡，似乎沒看到那不勒斯一直以來都存在的貧困。他說，在那不勒斯，「每個人似乎都陶醉在自我忘懷中」。真想知道歌德今天看到這座城市及其周邊地區，會有何感想。坎帕尼亞大區是義大利最貧窮的地區，在很多方面來說也是最悲慘的地方。來到這裡的遊客，通常只看到卡布里島，或是蘇連多（Sorrento）或波西塔諾（Positano）等度假勝地，但坎帕尼亞大部分的居民都住在那不勒斯和薩雷諾的危樓或亂蓋的住宅區，這一方面是因為貪腐嚴重，同時也顯示了當地黑幫卡莫拉（Camorra）無孔不入的勢力。

在坎帕尼亞北邊的是拉吉歐大區（Lazio），是拉丁人的起源。這裡大部分是平地，尤其是拉丁納（Latina）附近。儘管拉丁納聽起來歷史悠久，但它其實是墨索里尼在一九三〇年代，把周圍沼澤抽乾所蓋出來的城市。羅馬七丘（Colli Romani）也在拉吉歐大區。教宗的避暑別墅是一座位在死火山旁的宮殿。甚至，亞平寧山脈的一部分也在這裡。冬天來到羅馬的遊客，如果前往賈尼科洛山（Janicular）欣賞城市的全景，會很驚訝地發現，在城市背後似乎是一排白雪皚皚的山峰。雖然這些山不像看起來那麼近，但是從羅馬開車出發，不到兩個小時就可以滑雪。

離開首都，鄉村景觀是溫布利亞大區（Umbria）和托斯卡尼大區（Tuscany）的主要特色。沿著義大利主要的南北高速公路Ａ１行駛，在還沒離開拉吉歐之前，就會開始看到一種獨特的地形：高聳垂直、頂部平整的岩塊在鄉間突冒出來，其中有一些岩塊上面有人居住，例如奧爾維耶托（Orvieto）。義大利中部的這些山城，自古以來就是人們的避難所。

雖然溫布利亞是半島上唯一一個不靠海的大區，但這裡除了東南部以外並不多山。溫布利亞絕大部分是綠意盎然的山丘，在冬季（有時在夏季也是如此）雨水充沛。溫布利亞的雨水流進了特拉西梅諾湖（Trasimeno），這是一座內流湖，沒有河川從這裡流出。

大多數人對托斯卡尼的印象是，在西恩納（Siena）和佛羅倫斯之間的奇揚地地區（Chianti）那無與倫比的起伏風景。但在這裡，咫尺之間也有各式各樣的風光。西恩納南部有個地區被稱作「克里特塞內西」（crete senesi，字面意思是「西恩納黏土」），在夏季乾燥時，會出現看起來像是月球表面的地貌。佛羅倫斯北部是一條延伸的工業帶，還有無所不在的山脈。最著名的是托斯卡尼西北部的卡拉拉地區（Carrara）的採石場，自古典時期以來，這些採石場一直為雕塑家提供大理石。米開朗基羅的〈大衛像〉（David）和〈聖母憐子〉（Pieta）都是用卡拉拉附近的山坡上開採出來的石塊雕刻而成。亞平寧山脈中較矮的幾條山脈，隔開了托斯卡尼和擁有寬廣沿海平原的馬凱大區（Marche）。

往北走，隨著亞平寧山脈向西彎去，平原變得廣闊，然後在艾米利亞—羅馬涅大區（Emilia-Romagna）變成波河河谷的一部分。從名字上就可以看得出來，艾米利亞—羅馬涅是由兩個地區組成：南部的羅馬涅以眾多旅遊度假勝地聞名，包括里米尼（Rimini）；艾米利亞的邊境幾乎到波河沿岸，這裡有義大利最好的農產品和最誘人的美食。帕爾馬（Parma）是帕爾瑪火腿和帕馬森（Parmesan）乳酪的故鄉。

波河河谷最重要的就是威尼托大區（Veneto）和倫巴底大區（Lombardy）。讓威尼托內部充滿歧異的，與其說是地理環境（威尼斯以北即進入阿爾卑斯山區），不如說是內陸居民和威尼斯人之間的隔閡：一直以來，威尼斯人就把住在內陸的人們看作是粗野的農民，儘管內陸也有許多歷史名城，包括帕多瓦（Padua）、維洛納（Verona）和維琴察（Vicenza），但這些地方確實到相對晚近才漸漸富裕起來。在第一次世界大戰之前，這裡是義大利南部以外，最多人口外移的地方。甚至在義大利「經濟奇蹟」時期（從一九五〇年代初期到一九六〇年代初期），這個地方依然落後。直到一九七〇年代，威尼托才開始快速發展。現在，這裡的財富在義大利境內僅次於倫巴底和拉吉歐。威尼托以出口工業為主，有許多小型工廠和倉庫坐落在荒涼的鄉間。

從地形上看，倫巴底和威尼托沒有什麼不同：南部的平原在波河兩側，往北則是丘陵，然後是山區。但倫巴底與眾不同的是壯麗的湖泊，最大的三個湖泊是延伸到瑞士的馬焦雷湖（Maggiore）、科莫湖（Como）和加爾達湖（Garda）。倫巴底還有義大利的金融首都米蘭。倫巴底與威尼托截然不同的商業傳統和繁榮景況，可以回溯到中世紀。現今，米蘭是義大利北部一條寬闊工業走廊的中間點，該走廊的一端是威尼斯潟湖邊的梅斯特雷（Mestre），另一端是皮埃蒙特大區（Piedmont）的首府杜林。

在歷史上，皮埃蒙特曾經是薩伏依公國（Savoy）的一部分，與在阿爾卑斯山另一邊的法國關係緊密。這裡是法國及其他國家的思潮進入義大利的門戶。在義大利統一的過程中，這個地區的人們扮演最積極的角色，也為剛統一的國家提供了大部分的憲法、行政和法律框架。杜林是飛雅特（Fiat）汽車集團的根據地，在經濟奇蹟時期，重要性勝過米蘭。皮埃蒙特的重要性不僅僅在政治或經濟上。杜林以南是一片陡峭起伏的山丘，名為朗格（Langhe）。如果艾米利亞被公認是義大利的美食中心，那麼很少有人會質疑朗格是最棒的葡萄酒產地，當地除了巴羅洛（Barolo）以外，還有其他沒那麼出名但也備受推崇的葡萄酒，像是巴巴瑞斯可（Barbaresco）。霧氣瀰漫的朗格也出產義大利大部分的白松露，以及用於製作能多益（Nutella）榛果可可醬的榛果。

從皮埃蒙特往南則是多岩石的利古里亞大區（Liguria）。利古里亞夾在朝著法國往西彎去的亞平寧山脈和地中海之間，面積雖小，但人口稠密。利古里亞海岸和阿瑪菲海岸不僅景觀類似，也都是在二十世紀時最早被國外觀光客發現的度假勝地。熱那亞是利古里亞的首府和主要港口，幾個世紀以來都是海上霸權，與威尼斯分庭抗禮。哥倫布就是來自熱那亞共和國的航海家。

在倫巴底和威尼托之間，向北突出的那塊是特倫提諾—上阿迪傑大區（Trentino-Alto Adige）。這裡的北部主要講德語，南部主要講義大利語，屬於阿爾卑斯山區，曾經是奧匈帝國的一部分。這是義大利在第一次世界大戰中，轉投協約國一方後所得到的戰利品。自一九七二年開始，上阿迪傑（那裡的德語居民喜歡用「南提洛」〔Südtirol〕這樣的稱呼）和特倫提諾開始自治，現為自治省。

在義大利，有其他四個地區跟特倫提諾—上阿迪傑一樣，在憲法上具有特殊地位，分別是西西里島和薩丁尼亞島，還有位在北部，與法國有密切聯繫的奧斯塔谷（Alpine Valle d'Aosta），以及位在東部，與斯洛維尼亞接壤的佛里烏利—威尼斯朱利亞大區（Friuli-Venezia Giulia）。佛里烏利—威尼斯朱利亞的地勢分為兩半，北部是山，南部是平地。幾個世紀以來，從阿爾卑斯山流向低地的河川為這裡劃定了邊界，而部分領土在威尼斯共和國、哈布斯堡王朝（Habsburg Empire）、義大利王國、奧匈帝國和前南斯拉夫之間，轉手多次。

佛里烏利—威尼斯朱利亞大區波折的歷史，反映了義大利人多樣的面貌。地理特性造成義大利人之間的許多差異。山脈、海洋和湖泊，在沒有高速公路、飛機與高速火車的時代，是非常大的阻礙，這些屏障造就了義大利在語言、文化和飲食上的繽紛樣貌。對西西里來說理所當然的東西，不太可能適用於的里雅斯特（Trieste）。但其實，就算是同樣在溫布利亞大區轄內的斯波列托（Spoleto）和諾爾恰（Norcia），生活習慣也可能大相逕庭。這兩地之間雖然距離不到三十公里，但即使在今日，也只能走迂迴的山路互通，車程約四十五分鐘。

然而，如果地理上的屏障是幾個世紀以來阻礙互動最重要的關鍵，那大家可能會覺得，義大利的東部和西部一定相差甚鉅，畢竟半島上最大的屏障就是亞平寧山脈。但事實上，與東西相比，義大利最主要的分歧在南北之間。為什麼呢？要回答這個問題，並解釋路易吉．巴齊尼所謂「義大利問題的癥結」，只能從連義大利人都寧願遺忘的歷史片段中尋找，當然，大多數外國人也都不知道這些過去。

註釋

1、編註：特利騰大公會議是針對馬丁．路德的宗教改革而召開的多次會議，釐清了羅馬公教的教義，並界定出羅馬公教與新教的不同之處。

2、米開朗基羅可能在小地方擺了教宗一道。在塔樓的中間，也就是城門上方和入口的兩側，有一個奇怪的圖案，看起來有點像一個掛著毛巾的臉盆。有些人認為這是米開朗基羅暗指教宗的出身。據說教宗的祖先是米蘭理髮匠。

3、義大利統一建國：十九世紀義大利驅逐外國勢力和統一建國的運動。

4、義大利南部：也就是義大利本土南部三分之一左右的領土，通常也包括西西里島和薩丁尼亞島。

第二章 ◇ 充滿暴力的過往

在波吉亞（Borgias）家族統治的三十年中，義大利經歷了戰爭、恐怖、謀殺、血流成河，但也出現了米開朗基羅、達文西和文藝復興。在瑞士，有兄友弟恭，有五百年的民主與和平，但這些又帶來了什麼？只有咕咕鐘。

——哈利．萊姆（Harry Lime），電影《黑獄亡魂》（*The Third Man*）中的人物，本片由卡洛．李（Carol Reed）執導，一九四九年當時是西元八〇〇年的聖誕節。法蘭克人的國王查理一世（後來被稱為查理大帝或查理曼〔Charle magne〕）正在聖彼得大教堂參加彌撒。幾年前，當時的教宗曾請求法蘭克人的保護。法蘭克人是日耳曼民族的一支，他們的王國從現今的德國橫跨到現今的法國，一直到庇里牛斯山。查理曼的父親丕平（Pepin），當時前來幫助教宗，查理曼也繼續扶持教會。這是查理曼最後一次去羅馬。為其作傳的艾因哈德（Einhard）寫道，因為教宗利奧三世（Pope Leo III）遭到羅馬人陷害，「眼睛被挖掉」，查理曼前往羅馬，希望恢復城市的秩序。①

之後，有一位歷史家寫道：「查理大帝祈禱後站了起來，利奧教宗將王冠戴在他頭上，羅馬全體民眾為他歡呼。」②後來的歷史學家認為，查理大帝不可能對教宗的所作所為完全沒有預期。但查理曼的傳記作者艾因哈德堅持，查理大帝「起初對（皇帝的頭銜）相當反感，甚至說，如果他知道教宗要做什麼，絕對不會走進教堂。」③

不管事情的真相為何，教宗利奧三世的動作以及後續衍生的事件，對歐洲，尤其是義大利，產生了重大的影響。如果不了解這些直到現今還能感受到的影響，就很難了解義大利半島之後的歷史。

在教宗利奧三世為查理大帝加冕之前，義大利的歷史和西歐其他地區沒有什麼不同。西羅馬帝國在西元四七六年解體後，大片土地被有優勢軍力的日耳曼部落侵略。義大利半島位於原來帝國的中心，又有古羅馬文化和大筆財富，對這些外來民族來說誘惑力十足。

西元五世紀末，現今義大利的絕大部分地區，由東哥德人的領袖狄奧多里克（Theodoric）大帝統治。他是一位能君，但由於統治時間不長，只有六十年，並沒有帶給義大利在政治上對國土整體的認同。東哥德人留下的遺蹟不多，其中，狄奧多里克宏偉的白色大理石陵墓，至今仍然矗立在他所定都的城市——拉溫納（Ravenna）。

雖然實際上獨立，但狄奧多里克算是一位總督。他是被東羅馬帝國派去接管義大利半島的代理人。東羅馬帝國的首都位於君士坦丁堡（現今的土耳其伊斯坦堡），後來的歷史學家稱其為拜占庭帝國。[1] 義大利人很快就會發現，拜占庭皇帝並沒有忘記義大利仍然算是他的領土。

西元五三五年，拜占庭皇帝派軍隊從狄奧多里克的繼任者手上奪回了義大利，這開啟了歷史上最血腥的戰爭之一。哥德戰爭（Gothic War）持續了將近二十年，各方估計，這場戰爭讓人口減少了一半以上。拜占庭軍隊最終取得了勝利，但是，人力和其他資源枯竭的義大利，無法抵抗新一波的日耳曼入侵者——倫巴底人（Lombards）。

倫巴底人的到來，開啟了持續三十多年、打打停停的戰事，他們想要用血腥手段把拜占庭人驅離，但從未完全成功。到了七世紀初，西西里島、薩丁尼亞島和半島南部的大部分地區，仍然由君士坦丁堡控制。從東北部的拉溫納（拜占庭總督所在地）到羅馬南部，名義上也是東羅馬帝國的。在動盪中，教宗在羅馬的地位愈來愈顯著，統領了城市及周遭區域。[2]

西元七五一年，拉溫納被倫巴底人攻陷。理論上，受拜占庭帝國保護的羅馬也很有可能步上後塵，這就是為什麼利奧三世之前的教宗要尋求法蘭克人的保護。而法蘭克人完全照做，而且還做得更多。查理曼的父親丕平在打敗了倫巴底人之後，不僅把羅馬及其周遭的統治權給了教宗，也把義大利中北部在名義上屬於拜占庭帝國的領土，也給了教會。如此一來，他創建了教宗國，這是一個位於歐洲中心的神權政治，將持續一千多年。

教宗利奧三世為已經是國王的查理曼加冕，不僅是對法蘭克人的軍事動作表示感謝，也宣布查理曼為重生的西羅馬帝國的皇帝。儘管在查理曼之後，這個頭銜一度失落，但在十世紀中葉儀式重啟，此後從未中斷。皇帝統治的領土，最終被稱為神聖羅馬帝國，這代表君權是透過教宗，由上帝直接賦予的神權。與教宗國一樣，神聖羅馬帝國的存在一直延續到十九世紀。國力最盛時，帝國統治了義大利北部、薩丁尼亞島、法國東部的部分地區、瑞士、低地國、德國、波蘭西部的一些地區、現今的捷克和斯洛維尼亞大部分國土。

利奧教宗和法蘭克國王丕平之間的互動很重要，但也充滿諷刺。丕平並沒有將拜占庭帝國的領土交給教宗的權利，利奧也無權授予丕平的兒子羅馬皇帝的頭銜。教宗之所以聲稱自己是羅馬帝國開國君主奧古斯都（Augustus）大帝及其後世的真正繼承人，是基於一份名為「君士坦丁獻土」（Donation of Constantine）的文件。這份文件表明，第一位信基督教的羅馬皇帝君士坦丁大帝，在西元三三〇年將拜占庭定為首都之前，將其領土的西半部委託給當時在位的教宗。但是，「君士坦丁獻土」是偽造的謊言，這份文件是在八世紀時，於教宗辦公室中捏造出來的。

教宗利奧三世為查理曼加冕，可能是覺得他在展示教宗有權決定誰應該成為西方的皇帝。但在「誰能繼承古羅馬的遺產」上，他也創造了一個敵人。教會與查理曼後世的相互競爭，接下來一次又一次地給中世紀的義大利帶來死亡和毀滅。西元九六二年之後，神聖羅馬帝國的皇帝變成德國人，每當皇帝覺得有必要重申權力或補充國庫時，就會有軍隊穿過阿爾卑斯山，把義大利的城市洗劫一空，周圍的鄉村也被蹂躪殆盡，伴隨著屠殺、強姦和搶劫。

● ● ●

這個新帝國的建立不僅帶來了衝突，也在義大利和德國導致了不正常的政治分裂。儘管有少數的神聖羅馬帝國皇帝，選擇從羅馬治理國家，但他們大多數的一生都在阿爾卑斯山的另一邊度過。而教宗們往往更關心教會和教義上的問題，而不是民政管理等世俗瑣事。另外，教宗也缺乏軍事資源，在很大程度上是依靠著道德權威和傭兵來保護教宗國。

結果，義大利北部出現了權力真空。許多城鎮開始自治，特別是那些曾經在西羅馬帝國時代享有一些自治權的城鎮。歷任教宗都希望抑制神聖羅馬帝國皇帝的權力，所以也鼓勵這些被稱為「市鎮」（commune）的小型半民主共和體興起。到了十四世紀，這些市鎮開始被更個人且專制的力量統治。教宗國以北的義大利，不僅有許多半獨立的公國、伯國、侯爵領地、小城和小領地，還有倖存下來的零星幾個共和國，這些地方彼此之間紛爭不斷。

在中世紀晚期，義大利北部和中北部的居民可能已經分裂太久，變得衰弱，但只要市鎮留存下來，其居民可以在一定程度上控制自己的事務，這在歐洲大部分地區是無法想像的。這些地方也愈來愈繁榮，從十一世紀末期經濟開始成長，一直持續到十四世紀初，為文藝復興奠定了物質上的基礎。

北部最強大的共和國是威尼斯，但威尼斯也是最與眾不同的。住在威尼斯潟湖的人們，最初是逃離日耳曼部落入侵的難民，在名義上從未受到神聖羅馬帝國統治。在脫離拜占庭帝國之後，他們在八世紀選出了第一位公爵，或稱總督（doge）。威尼斯共和國又稱「最寧靜（Serenissima）共和國」，[3] 它憑著與東方之間的貿易，特別是在十字軍東征之後，迅速致富，並成為重要的海上強權。到了十三世紀初，威尼斯總督最盛時期曾占領過塞普勒斯島（Cyprus）。

神聖羅馬帝國的皇帝統治了義大利北部和中部其他地區，鼓勵內部分裂，並且切斷了這些地方與義大利南部的聯繫。在查理曼加冕後的一千年裡，有時神聖羅馬帝國會和南部的某些小國組成聯盟，偶爾皇帝也會率軍南下。而且，有一段時間，義大利的南北是統一的，成為帝國的一部分。但是，大部分時候，北部和南部各管各的事，發展成完全不同的社會。

西元九世紀，西西里島逐漸被穆斯林軍隊征服，直到十一世紀末都屬於伊斯蘭世界的一部分。雖然義大利「靴子」的腳和後跟仍被拜占庭帝國直接控管，但穆斯林曾經在九世紀時，在巴里（Bari）附近建立了短暫的勢力。曾有一個倫巴底公國以貝內文托（Benevento）為中心，在法蘭克人入侵後，維持了近三百年，直到九世紀中葉之後才分裂。當時穆斯林占領了西西里島，迫使君士坦丁堡的皇帝無法擴展疆土，也不能來到西邊的領土，所以義大利很多名義上屬於拜占庭帝國的地方，就自己獨立了。

薩丁尼亞島就是其中之一。省長同時擔任法官，接管了島上的事務，一個島被分成很多小王國（Giudicati）來管理。這些小王國很快就變成世襲的領地，其中一個直到十五世紀都還是獨立的國家。在義大利半島的西岸，一些港口及其腹地也開始自治，首先是那不勒斯，然後是加埃塔（Gaeta）和阿瑪菲，蘇連多也短暫自治過。阿瑪菲在十世紀和十一世紀尤其興盛，不僅透過與拜占庭帝國的貿易累積財富，也在外交上找尋機會。阿瑪菲與其他南部王國的統治者一樣，多方結盟，無論對方是穆斯林當權者或是海盜。

西西里島也繁榮了起來，而且維持更久的光景。在伊斯蘭統治下，巴勒莫（Palermo）在歐洲是僅次於君士坦丁堡的大城。但拜占庭帝國和穆斯林在義大利的統治，後來都被諾曼人（Norman）終結。諾曼傭兵來到義大利，參與南部各小國之間的紛爭，也捲入這些小國和駐紮在那裡的拜占庭軍隊無止盡的衝突。到了一〇七一年，拜占庭帝國在義大利的統治結束；二十年後，諾曼人成為西西里島的主人。

諾曼人是維京人的後裔，也是狂熱的基督教徒，但出乎意料的是，身為統治者，他們寬厚又聰明。在西西里島，諾曼人促成了阿拉伯、猶太、拜占庭和諾曼文化的融合，形成精采的多元風華。在十二世紀，也是一位諾曼人把西西里島與義大義半島南部統一起來，變成王國的一部分。在接下來的七百年，義大利南部多半是統一的。儘管西西里島和義大利半島本土大部分屬於同一個王權，但大多時候被視為獨立的個體，分別統治。

一一九四年，亨利六世（Henry VI）征服了西西里王國（這其實是對統一的王國的誤稱）。接下來的七十年間，除了薩丁尼亞島，整個現今的義大利都被納入神聖羅馬帝國的麾下。在腓特烈二世（Frederick II）統治西西里王國的三十年間，王國的領土以他長大的巴勒莫城為中心，擴張到波羅的海。腓特烈二世也許是在十九世紀之前，最想要將整個義大利合而為一，並由單一政權直接控管的人，但是他遭遇了各市鎮的抵制，導致將近三十年的戰爭。在羅馬教宗的強烈反對下，腓特烈二世失敗了。在他死後的幾年內，一個法國王朝將西西里王國從神聖羅馬帝國手中奪走。

西西里島隨後被位於西班牙東北部、現今加泰隆尼亞的亞拉岡王國（Aragon）所占領。十五世紀時，亞拉岡的國王阿方索五世（Alfonso V）把西西里島（和薩丁尼亞島）與半島南部統一。在亞拉岡王國與卡斯蒂亞王國（Castile）合併後，義大利南部變成剛建立的西班牙王國的領地。隨後，西班牙王國在地中海崛起，勢力遠播。

在眾多外來政權的統治下，義大利南部維持統一，與分裂的北部形成鮮明的對比。在十四世紀一連串的災難（尤其是黑死病）後，義大利北部的經濟活動復甦，漸漸找回動力。也是在這一時期，文藝復興第一波偉大的藝術和文學作品，在西恩納和佛羅倫斯出現。

就像電影《黑獄亡魂》中的哈利・萊姆所說的，義大利人在最危難的時候，創造了最偉大的文化成就。[4] 那些取代或吸收了市鎮的小國，雖然繁榮，文化興盛，但其實在政治上危機重重。在十五世紀中葉，文藝復興的鼎盛時期，義大利北部分裂成十幾個小國，而其南邊，教宗對俗世的掌控受到當地貴族勢力的限制。

在神聖羅馬帝國的保護傘下，義大利北部和中部的居民可以安心過活，只是要小心彼此，還有一些比較古怪暴躁的皇帝。但重點是，大約在一三〇〇年，保護傘就消失了。就像五世紀和六世紀時的義大利對東哥德人和倫巴底人來說誘人至極，十五世紀的義大利也是如此：文藝復興，又是歐洲最富裕的地方，讓義大利在新興民族國家眼中，變成無法抗拒的誘惑。這些國家開始挑戰神聖羅馬帝國在歐洲大陸的統治地位。

•••

經常有人說，德國從未從十七世紀的三十年戰爭中恢復過來；新教和天主教之間的衝突和殘酷，深植在他們的民族性格中，造成一種永遠無法擺脫的不安全感。始於一四九四年的義大利戰爭，似乎對義大利人造成了類似的影響。那時，法國軍隊向義大利半島進軍，在接下來六十年間，法國、西班牙、德國和瑞士軍隊在義大利四處交戰，同時進行讓人眼花繚亂的外交談判，對象包括教宗、外國君主、鄂圖曼帝國的蘇萊曼一世（Suleiman the Magnificent），以及義大利眾多分裂且彼此競爭的小國統治者。

一五二七年，羅馬遭到襲擊，衝突達到頂點，殘暴的事件震驚了整個歐洲。大約兩萬人的軍隊湧入羅馬，成員主要是德國（和路德教會），在整整八天內大肆破壞。後來，這次襲擊被稱為「羅馬之劫」（Sack of Rome）。他們掠奪了教堂、強姦修女、謀殺神職人員、燒毀貴族房屋、砸毀或洗劫古典時期的珍寶。富有的羅馬人害怕受到折磨，只好交出財富，但如果什麼都拿不出來，通常會被殺。最後，有將近四分之一的人口被殺。

義大利戰爭並不是第一次外國勢力為了競奪而在半島上發動的戰爭。和之前的戰爭相比，也沒有比較慘烈。但這次的戰爭特別屈辱，因為戰爭用最殘暴的方式，揭穿了義大利人自身的無能：他們無法消除內部分歧並為共同的利益而努力。戰爭用血腥毀滅了義大利歷史上最傑出的文化榮景，然後開啟了下一個時代，無論南北，絕大部分都將落入外國人的手中。這時，主導一切的不是法國人，而是西班牙人。西班牙已經是南歐的霸主。戰後的條約中，把米蘭公國廣闊的領土給了西班牙。威尼斯和其他公國及共和國雖然仍保持獨立，但在中央集權的新時代，每個新興民族國家都做著帝國夢，義大利這些小國的勢力大大限縮。

儘管那時還不大明顯，但在十六世紀時，和西歐相比，義大利的經濟開始衰退。原因不只一個，但最重要的應該是世界貿易型態正在發生變化。橫跨大西洋的航線已經開始承載比地中海更多的交通，並創造更多的財富，而在之後，遠東很快就取代阿拉伯世界，成為西歐日益富裕國家的進口來源。

義大利戰爭結束後所劃定的政治秩序，維持了一百五十年，但這並不表示這中間一切和平。在十七世紀上半葉，義大利又發生了幾場戰爭，其中大部分與日漸強大的薩伏依王國有關。另一方面，決定義大利日後命運的衝突，卻在半島外展開。這顯示了義大利變成國際角力的棋子和籌碼，任各強權宰割。這時，奧地利取代了西班牙，有權決定半島的命運，後來奧地利把義大利南部輸給了波旁王朝（Bourbon）的西班牙分支。

但整體來說，義大利的政治情勢仍然相同，直到一七九六年。當時，拿破崙（回溯其家族歷史，他不算是法國人，而是義大利人）成為最新一位率領軍隊越過阿爾卑斯山的將軍。雖然只有幾年，但法國人變成了義大利的主人。拿破崙重新劃定了各個小國的邊界，並給它們取了從古典時期借來的名字（例如，托斯卡尼變成伊特魯里亞王國〔Kingdom of Etruria〕）。

革命浪潮過去後，歐洲大部分地方的舊秩序重新回歸。完全義大利化的西班牙波旁王朝，拿回了義大利南部和西西里島。十九世紀早期，歐洲的領導人極度保守、獨裁、專制，強烈反對共和。在拿破崙戰爭之後，有兩個企圖建立共和的體制被消滅。熱那亞分給了薩伏依家族，其領土涵蓋了薩丁尼亞島、阿爾卑斯山東側的皮埃蒙特和西側的薩伏依。一直自豪於一千多年來始終維持獨立自由的威尼斯，連同其廣闊的腹地與共和國剩下的部分，都變成奧地利的。奧地利也奪回了之前米蘭公國的土地，因此絕大部分的義大利北部都在這些國家的管轄內，直到統一運動發生。

從西羅馬帝國最後一位皇帝被廢黜，到一八七〇年庇亞門附近的奧勒良城牆被攻破，接著義大利統一，這中間經歷了將近十四個世紀，大約六十個世代，義大利分崩離析，任外國統治者宰制，受外國軍隊的力量擺弄。[5]如此的歷史在一個民族身上留下了印記。

註釋

1、拜占庭（Byzantium）是古希臘時代在同一地點之聚落的名稱。
2、羅馬從拜占庭時期留存至今最重要的建築，是聖婦方濟加聖殿（Santa Maria Antiqua），其遺址位於古羅馬廣場（the Forum）邊緣。聖殿長期以來為了修復其中的壁畫，並未對外開放，但於二〇一四年有短暫重新開放。
3、威尼斯共和國：官方全名為「最寧靜的威尼斯共和國」（La Serenissima Repubblica di Venezia）。只要在無風的日子往潟湖看去，就會明白這個名字有多麼合適。
4、不過，哈利．萊姆對咕咕鐘的看法是錯的。咕咕鐘不是在瑞士發明的，而是在德國南部。
5、甚至連俄羅斯軍隊也在義大利的土地上打過仗：在一七九九年至一八〇〇年間，俄羅斯與入侵的法國革命軍對戰。

第三章 ◇ 歷史的殘響和餘波

我們是由過去產生的，我們沉浸在過去中。

——貝尼德托．克羅切（Benedetto Croce），《從思想和行動來看歷史》
（*La storia come pensiero e come azione*），一九三八

在我剛成為駐義大利的特派員時，有一天收到一封從倫敦報社轉寄過來的讀者來信。那時候，任何形式的讀者回饋都不尋常。電子郵件在一九九〇年代中葉還不流行。如果想向記者表達反對意見（或者更罕見的是讚美記者），需要拿出打字機，或用鋼筆寫一封信，然後放到信封裡，丟進郵筒。很少有讀者願意做這麼麻煩的事。所以，真正這樣做的人，要不是精神錯亂，就是非常雀躍，或非常憤怒。我收到的這封信，寄信人屬於後者，他怒不可遏。

在幾個星期前，我在一篇與其說是嚴肅的評論，還不如說是炫耀字詞的文章中，用了「迷人但腐敗和混亂」來描述義大利。最後這個形容詞激怒了我的英國讀者。「你怎麼能說義大利混亂呢？」他問。幾個月前，他搬來義大利，發現義大利的生活遠比英國井井有條。我那時剛從那不勒斯回到羅馬，覺得他很莫名其妙。但我看了信紙上面的地址。這位寄信人住在波隆那。他的義大利和我的義大利天差地遠。

他所居住的城市，在冷戰期間被義大利共產黨當作是社會主義政府的樣本。我前往波隆那時，很快就發現，當地不僅公車準時，而且乘客也知道公車什麼時候會來，因為公車站有電子螢幕。波隆那比其他歐洲城市早了好多年就開始使用這些電子螢幕（羅馬在當時的二十年後才有）。相比之下，我大部分的時間都是在義大利南部生活和工作，畢竟這裡的新聞素材通常比其他地方更多。這裡是一個完全不同於波隆那的社會，混亂多了：不但公車破舊不堪，司機看到有人等著過馬路，也會毫不在意地呼嘯而過。

造成波隆那與南部城市截然不同的原因，不只是共產黨的野心。從羅馬向北移動，「公共精神」或「社會責任」（civismo），[1]或其實就是「為他人著想」，愈來愈常出現在生活日常中。城鎮的公共空間和建築物的公共區域變得乾淨整潔，社區意識變得明顯。

通常，義大利可分為三個部分：北部、南部和中部。中部通常被認為包括舊教宗國的領土，加上托斯卡尼。對於氣象學來說，這樣的分類很方便。但對於想要了解這個國家的人來說，則幾乎沒有幫助。波隆那市位在艾米利亞—羅馬涅大區；羅馬市位在拉吉歐大區，兩者都屬於義大利中部。然而，只要在這兩個城市逗留幾個小時，就會清楚意識到它們截然不同。

有一名美國政治學家在一九九〇年代出版一本重要的著作，提出了另一種劃分國家的方式。①羅伯特・普特南（Robert Putnam）及其合著者，想要找出為什麼有些民主政府成功，而有些失敗。他們研究了義大利地方政府，得出以下的結論：這些地方政府成功與否，很大程度上與每個地區的民眾個人和政府體制，是否相互合作和信任有關。在中世紀有過自治經驗的地區，像是市鎮，往往在個人和群體上，展現較緊密的連結。普特南的分析認為，可以用一條線將義大利劃分為北部和南部。像波隆那這樣位於舊教宗國外圍的城市，實際上在歷史的大部分時間裡，都沒有受到羅馬直接統治，所以算是北部。普特南的論點可能沒辦法解釋一切，例如，義大利南部巴西利卡塔大區的馬泰拉（Matera），是一座很有公民精神的城市。但普特南的書確實強調了義大利歷史如何影響各城市之間的歧異。不過，還有其他原因。

外國勢力給不同地區帶來不同的氣息。在古典時期，希臘人在西西里島和南義的某些地方定居，為當地文化中留下了不可磨滅的印記。卡拉布里亞黑幫「光榮會」（'Ndrangheta）這個名字，就起源於希臘。在西西里島，希臘人留下的歷史，融合了阿拉伯文化和北非的柏柏（Berber）文化，而在半島東南部的普利亞大區也看得出這些影響。幾個世紀以來，穆斯林的存在，經常被認為是西西里島傳統上婦女地位低下，以及普利亞大區有那麼多黑眼黑髮美女的原因。但有些義大利人則會告訴你，弔詭的是，在西西里島比在半島上更容易遇到金髮或紅髮的人，是因為諾曼人統治了西西里島超過一個世紀。

可以確定的是，西班牙人在義大利南部留下了自己的印記。義大利南部上層階級蔑視工作，厭惡對土地以外的任何投資，被認為是由西班牙所灌輸的觀念。而完全相反的價值觀，則盛行於多次被日耳曼人入侵的義大利北部。哥德人和倫巴底人，改變了義大利北部和南部部分地區的民族構成。十八世紀和十九世紀，奧地利在北部的統治，可以清楚地從米蘭和其他東部城市的中歐風建築見到。聖馬可大教堂見證了東正教的影響，也顯示了威尼斯與拜占庭帝國之間由百年貿易搭起的密切關係。

歷史的變動，尤其是義大利每個地區不斷變化的邊界，解釋了為什麼這個國家直到今日仍然是語言學家的樂園。在義大利境內有數種外國語言。奧斯塔谷有超過四分之三的人口會說法語或普羅旺斯方言。在皮埃蒙特西部，大約有十萬人使用奧克語（Occitan）。在上阿迪傑（或南提洛），除了有七十％左右的人口（近三十五萬人）說德語，還有大約兩萬人的母語是拉登語（Ladin）。拉登語和佛里烏利語（Friulian）屬於同一個語族，但說佛里烏利語的人更多，大約三十萬人。在佛里烏利－威尼斯朱利亞大區還有其他語言，包括斯洛維尼亞語，以及斯洛維尼亞語的一種古老變體，名為雷夏方言（Resian，有一些專家認為它不是方言，而是一種語言），也有德語的各種方言。

在莫利塞大區，可以聽到克羅埃西亞語。在義大利南部和西西里島，散布著大約五十個使用阿爾巴尼亞語的社群，這些人叫做阿爾伯雷什人（Arbëreshë），是十五世紀時逃離鄂圖曼帝國統治的難民的後代。多年來的融合，已經讓他們的人口數減少，[2]但據估計，在義大利講阿爾巴尼亞語的人，仍有十萬人左右。另外有兩萬人左右會說一種叫做「Griko」的希臘方言，包括生活在普利亞大區和卡拉布里亞大區的少數村莊，以及一些住在雷焦卡拉布里亞省（Reggio Calabria）的居民會說。在薩丁尼亞島西北部的阿爾蓋羅

（Alghero）及周邊地區，大約有一萬人的母語是加泰隆尼亞語。

其他國家也有許多少數民族會使用不同的語言，但真正讓義大利與眾不同的是有很多人說方言。哪些是方言，而哪些又是正規的義大利語，這是一個需要精細考量的問題，而且無可避免地會引起爭議。薩丁尼亞語通常被認為是另一種語言，這是薩丁尼亞島長久以來與義大利本土分離所留下的產物。事實上，義大利文與法文之間相同的字詞，還比義大利文與薩丁尼亞文之間更多。同樣的句子分別以義大利文和薩丁尼亞文寫出來時，看起來非常不同。例如，諺語「血濃於水」的義大利文是 Il sangue non è acqua，薩丁尼亞文則是 Su sambene no est abba。絕大多數薩丁尼亞人（大約有一百萬）會說薩丁尼亞語，而薩丁尼亞語也有三種方言。

有一百六十萬人說皮埃蒙特語，有四百七十萬人說西西里語。這兩種語言也有自己的特色，被認為是語言而非方言。也有人會說，威尼斯語、倫巴底語和那不勒斯語是語言。但是，義大利人在家中說的語言，或是與來自相同城市或地區的人交談的方式，幾乎是千變萬化。用來描述一個東西、生物或活動的方言，可能連居住在幾公里以外的人都完全聽不懂。例如，有些義大利人稱衣架為 ometto，其他人稱為 stampella，還有一些人稱為 angioletto，但衣架還有很多名字，像是 gruccia、attaccapanni、appendiabiti、cruccia、stanfella、crocetta、crociera、appendino、croce。②

雖然義大利人常常強調自己城市或地區的獨特性，但往往不知道彼此之間也有很多相似之處。雖然歷史造成了許多歧異，但也賦予了不少共同點。義大利人知道自己的祖先開創了羅馬帝國，並帶給世界文藝復興，因而具有一種內在的自信；只要生活在這裡，任何人都會注意到這一點。而且有時候，這樣的自信讓義大利人隨時準備好召喚自己的個人主義，這一點和隔壁的西班牙人完全不同。社會學家朱塞佩·德利塔（Giuseppe De Rita）認為，就像希臘人一樣，過去不僅賦予了義大利人自信，還有一種與生俱來的優越感。

「我從不認為義大利人是所謂的種族歧視者。」德利塔曾對一位採訪者說：「另一方面，由於和背後歷史的連結，他們堅信自己是優越的。無論什麼時候，他們覺得自己更聰明、更靈敏、更優秀。」③

我可以想像有很多義大利人會對這個說法嗤之以鼻。如果你住在巴西利卡塔大區荒野中某個尚未現代化的村莊，或者住在波河河谷工業區的住宅區，我想你不會認為自己是奧古斯都大帝和達文西的後代子孫。但德利塔所描述的自豪，的確可以在很多人身上發現，無論是在托斯卡尼、威尼斯、羅馬和其他地方。的確，德利塔說的毫無疑問是真的：很多義大利人認為自己比其他人聰明，更 sveglio（清醒或有意識），更 in gamba（聰明）。

在此同時，大家也知道義大利人不斷被歐洲同胞入侵和壓迫，是受害者。這在民族心理的自豪中，混入了怨恨和脆弱。從義大利國歌（Il Canto degli Italiani）就可以看得出來。義大利人也常以作詞者之名，將國歌稱為「馬梅利之歌」（Inno di Mameli）。[3] 國歌通常主要用來吹嘘和威脅，告訴世界其他國家，自己國家的美麗和各式各樣的優點，並利用這個機會讓其他國家知道你的國家很強大，不可輕侮。美國人宣稱他們的土地是「自由的國土，勇士的家鄉」。英國人要上帝護佑他們的女王／國王：

保王室，殲敵方，
一鼓滌蕩。
破陰謀，滅奸黨，
亂盟掃光。

那義大利人呢？在第二段歌詞裡，他們向世界宣告：

遭凌夷受嘲譏，
至今已數世紀；

只因為久分裂，
長渙散不團結。

當然，有人會說〈馬梅利之歌〉（在一八四七年寫成）是時代的產物。在二十三年後，才迎來一八七〇年神射手精英部隊衝破奧勒良城牆的那一天。這首歌寫成之時，義大利仍然處於分裂和受壓迫的狀態（不過，那時義大利已經沒有被嘲笑；義大利民族主義運動人士的勇敢，尤其是朱塞佩·加里波底〔Giuseppe Garibaldi〕，在歐洲廣受欽佩和讚揚）。前面引用的這一段也很少唱。在閱兵儀式和國際足球比賽中，通常只唱第一段和副歌。

但我認為，這段內容仍然值得注意。竟然有國家會在國歌中保留一段如此坦誠講述過去之屈辱的歌詞，更不用說，還宣稱「只因為長久分裂，長渙散不團結」。更有意思的是，義大利在統一後，並沒有立即採用〈馬梅利之歌〉為國歌。一開始，義大利是君主制國家，選用的國歌是薩伏依家族的〈皇家進行曲〉（marcia reale）。直到一九四六年，義大利共和國才選擇了〈馬梅利之歌〉，然後要等到二〇〇五年，它作為國歌的地位才得到法律上的承認。

有這樣的歷史，義大利對外國人的看法難免有點複雜。英國人、西班牙人和土耳其人，總是以征服者和統治者的身分與異民族接觸，但義大利人的情況剛好相反，從日耳曼人之後總是被入侵。我認為，這一點可以解釋為什麼義大利會有出於本能的保護主義，也是為什麼義大利人會宿命地看待未來：為自己國家的未來做出關鍵決定的，總會是外國人。

在討論義大利政府或政黨政策時，有一個特別的詞（也許稱作委婉的說詞更好）來描述這種外於義大利的因子：「vincolo esterno」，也就是「來自外部的約束」。對於冷戰期間由義大利基督教民主黨主導的政府來說，任何美國政府（特別是中央情報局）主導的事務，這個說法都適用。而從義大利共產黨（反對黨）的角度來看，只要是克里姆林宮採用的最新學說，也都可以套用這個詞。

柏林圍牆倒塌後，義大利決策者口中主要的「來自外部的約束」，是布魯塞爾的歐盟執行委員會；採用歐元後，變成位於法蘭克福的歐洲中央銀行。簡而言之，「來自外部的約束」是一件令人討厭的事情，但也是一件好事，因為義大利政治人物發現，當他們想要實施必要但不受歡迎的措施，面對甚囂塵上的國內壓力時，唯一的方法就是向選民說：「這是來自外部的約束。」沒辦法，是別人要我們這麼做，所以這些措施是正當的。

最會讓義大利人產生戒心的，就是說德語的人，畢竟如同之前所說的，德國人長久以來不斷干預半島上的事務。直到最近，義大利人才開始提出在英國已經討論許久的問題：

整個歐盟，特別是歐元，是否有可能只是幫助德國在歐洲大陸建立霸權。對德國和德國人的猜疑與怨恨一直都在，而且會在意想不到的時候浮出水面。例如，在二〇〇三年，當義大利前總理西爾維奧·貝魯斯柯尼（Silvio Berlusconi）向歐洲議會發表演講時，面對一位德國社會主義人士的質問，他反嗆道：「我看你是納粹集中營的警衛。」

我也認為，義大利破碎又充滿暴力的歷史，說明了為什麼義大利人普遍抱持宿命論，又厭惡戰爭。其他國家也憎惡戰爭，而且在一般情況下，衝突的經驗愈新近，人們就愈憎恨戰爭。但在某些社會中，戰爭也常與某些正向的觀念相連結：英雄主義、冒險、榮耀等。例如，在英國，殺戮、死傷是帝國擴張的一部分，儘管帝國的概念可能不再被推崇，但英國人仍然緬懷著過往的帝國英雄。在塞爾維亞和其他巴爾幹半島國家，武裝、打鬥連結到過往自己的民族是如何英勇抵抗鄂圖曼帝國的侵略。

但在義大利，除了職業軍人之外，這種觀念只侷限於新法西斯主義者。而在義大利，從軍並沒有像在英國或美國那樣擁有同樣的聲望和社會地位。

我自己的經驗是，只要你從戰區返回，身邊的人通常都很想聽聽你的經歷，但這不是因為對死亡和暴力有任何病態的興趣，而是因為在武裝衝突下，總是會有一些非同尋常的情況或奇聞軼事，讓人莫名興奮。然而，我很快就意識到，在這方面，義大利人是個例外。一旦我或其他人提到我在報導一場戰爭或其他地區的衝突時，他們經常會巧妙地停下對話，或者有技巧地把話題轉向社會較能接受的其他主題。對於絕大多數的義大利人來說，戰爭是殘酷、醜陋、令人討厭的，在社交場合應該避免討論。

當然，義大利的日常生活中有很多暴力行為：黑手黨的謀殺、足球流氓、層出不窮的家庭暴力。但是，肢體上的衝突通常會被言語暴力所取代，而言語上的侮辱很少會導致肢體上的衝突。義大利人就是知道這一點，所以經常逞口舌之快，互相說一些在其他社會中會造成拳頭相向或刀光劍影的話語。我在義大利辦公室經常看到激烈的爭吵，而且一開始你會以為衝突即將一發不可收拾。但衝突總是突然爆發，然後突然結束。第二天，你會看到當事人又非常有禮貌地彼此互動。

在政壇上也是如此。義大利政治人物慣常的語言暴力令人震驚。例如，在二〇〇六年到二〇〇八年，羅馬諾．普羅迪（Romano Prodi）第二次擔任總理時，他的司法部長克萊門特．馬斯泰拉（Clemente Mastella）說：「他不是英雄。他只是沒有道德的笨蛋。」這種侮辱可能會出現在英國下議院，或者從一位總統候選人口中冒出來，用來攻擊他的對手。但重點是，馬斯泰拉所說的人，是當時的基礎設施部長安東尼奧．迪．彼得羅（Antonio Di Pietro），是他在內閣的同事。你可以想想，那些政治對手之間的用語會是什麼等級。

從歷史上來看，使用蠻力很少能為義大利人提供解決方案。有這麼多的使節、總督和將軍統治過他們，總是能拿出比義大利人更多的軍力，而一再干預義大利的外國國家也是如此。所以，為什麼義大利人會如此相信智慧、外交和謀略，這或許是個答案。因為這些特質可以帶來慰藉，讓他們好似與前來殖民的外國人平分秋色（無論多麼短暫）。

對義大利人來說，國內電影最有名的一幕就是在一九六一年的喜劇 *Totòtruffa '62* 中，安東尼奧·德·柯蒂斯（Antonio De Curtis）飾演的托托（Totò），把羅馬的特雷維噴泉賣給一位美國人。[4] 托托這個角色假扮成各種身分，每一個都有資格用最能代表義大利的形容詞「furbo」來描述。Furbo 涵蓋了很多意思，從「聰明」到「狡猾」，從「很有技巧」到「鬼鬼祟祟」。Fare il furbo 的意思是「插隊」，而教訓人時說 non fare il furbo，可以翻譯成「別想對我玩把戲」。Furbo 肯定不是恭維的用詞。但是，furbizia（註：意思同 furbo，詞性為名詞）引申的含義往往是積極正向的。如果一個義大利人用 furbo 或 furba 來形容你（註：前者為陽性，後者為陰性），那麼他的語氣通常調侃中帶有驚訝，莞爾中暗暗贊同。

但是，說 furbizia 是一種民族性格，則太過簡化了。身兼記者和評論家的朱塞佩·普雷佐里尼（Giuseppe Prezzolini）在一九二〇年代曾說，furbo 與另一種他所認為的義大利特質「fesso」共存，並且 fesso 被 furbo 當作目標。Fesso 也不是恭維的用詞。Fesso 意味著

「白痴」。普雷佐里尼說，「如果你買全票搭乘火車，不知道怎麼免費進劇院，沒有在司法界或教育界有影響力的伯叔或妻子的親友；如果你不是共濟會（Freemason）會員，也不是耶穌會教士；如果你把自己的實際收入告訴稅務員；就算會損失一切，仍決定信守諾言……」你就是fesso。

普雷佐里尼認為，這兩個群體之間的區別與智力無關，只是「fessi（fesso的複數形）有原則」，而「furbi（furbo的複數形）只有目標」。他闡明的這個區別，一直到今天都還適用。事實上，現代義大利的整個歷史，可以說是一段fessi和furbi之間永無止境的紛爭。不讓人意外的是，furbi通常占了優勢，但偶爾還是會有fessi出現。從二〇一一年底到二〇一三年初，總理馬力歐・蒙蒂（Mario Monti）就是一位標準的fesso（但他不是笨蛋），他的閣員也多是fessi。

這並不代表furbi的數量一定比較多。事實上，我所知道的唯一一個有系統來衡量兩者數量的研究，得出了相反的結論。在一本關於排隊的書中，④有位記者採訪了一百名義大利同胞。其中一個問題是「他們是否曾試圖插隊」，有五十四人回答從來沒有，三十五人回答偶爾，十一人說自己總是嘗試插隊。

如果furbizia可以追溯到義大利古典時期之後的歷史，那麼還有一些錯綜複雜的態度和觀念也是如此。就我所知，這些態度和觀念無法用一個特定的詞來描述。長久以來，無法插手的權力更迭，讓義大利人小心翼翼，不會輕易投靠任何一方陣營。從歷史上來看，所謂原則、理想和承諾，被證明是危險的。那些小心翼翼不露底牌的人，那些在權力鬥爭結果明朗之前，巧妙及時轉移陣地，以便站對邊的人，才能倖存下來。

幾年前，我參加了一場與第二次世界大戰有關的紀念活動。之後，一位義大利貴族邀請我共進晚餐。用餐時，我問伯爵對戰爭有沒有任何印象？有什麼特別深刻的記憶嗎？結果他經歷過不少。小時候，他父親派他去攔截前進中的盟軍，警告他們就快要掉入陷阱：德國人埋伏在前方狹窄的通道中。

「你要知道，我父親是當地游擊隊的指揮官。」他說。

這很不尋常。在義大利，封爵的地主通常不會帶頭參與反抗運動，這大多是共產黨員在做的事。我這麼跟他說。

「是啊！但是你看，我父親在一九四四年有很多事要做。」他回答我說：「他也是墨索里尼（Mussolini）核心圈子的一員。」

這位伯爵的父親絕對不是唯一一個多方押寶的人。在義大利北部，許多主要工業家都懂得這個技巧。他們表面上與墨索里尼倒臺後占領義大利北部的德國人合作，同時祕密地向盟軍提供訊息，甚至在某些情況下金援游擊隊。

第二次世界大戰中，義大利在推翻墨索里尼後退出軸心國，擺脫了法西斯主義，並選擇站到同盟國那邊。結果，義大利在戰後得到美國的援助；不像西班牙和葡萄牙，還繼續被各自的法西斯獨裁者統治。當義大利在一九四三年改變立場時，德國特別感到遭背叛，因為義大利在第一次世界大戰中也換過陣營，如此的記憶讓德國的觀感更加複雜。在第一次世界大戰前，義大利與德國和奧匈帝國組成了三國同盟，但義大利政府在一九一四年戰爭爆發後縮手。但這是因為奧匈帝國並未與義大利協商，就向塞爾維亞宣戰，並將世界捲入了首次的全球性衝突中，率先違反了三國之間的同盟，所以義大利政府認為自己不再對其他盟國有任何義務。之後，英國和法國祕密向羅馬政府承諾，若是在戰爭中獲勝了，會給予義大利領土，所以義大利選了另一邊，於隔年參戰。

現在義大利內部的各種結盟經常變動，但整個半島的歷史缺乏決定性的轉折。義大利幾乎很少有革命或政變；[5] 就算有，也極少成功。統一運動和墨索里尼獨裁是例外。這些是義大利人在理想主義的推波助瀾下，被迫與過去徹底決裂的少數時刻。

在法西斯時代之前和之後，義大利都享有更長的民主時期，也更應該被視為義大利歷史的特色，即使在這些時期的代表人物，不像朱塞佩·加里波底或墨索里尼那樣被大家記得。舉例來說，在義大利以外（甚至是境內），有誰聽說過阿戈斯蒂諾·德普雷蒂斯（Agostino Depretis）呢？在義大利全國上下也找不到德普雷蒂斯的紀念碑，或是以他為名的廣場。除了在他的家鄉帕維亞（Pavia），有少數幾條街道以他為名，而且不知道什麼原因，有一條是在南部的城鎮安德里亞（Andria）。

然而，德普雷蒂斯是少數幾位在從政時主宰過義大利的政治家。他曾九次擔任總理，比義大利統一以後任何一位政治人物的次數更多。的確，他有幾次執政的時間很短，有一次只維持了八十八天（這也提醒了我們，政府不斷改朝換代，一直是義大利民主的特徵，而不是像人們經常說的那樣，是冷戰情形之下的異常產物）。[6] 從一八七六年到一八八七年，德普雷蒂斯深刻影響了義大利政治十年，就像西爾維奧·貝魯斯柯尼在二十一世紀初那樣。[7]

那麼，為什麼德普雷蒂斯明明治理了這個國家，卻被徹底地從民眾的記憶中抹去？也許是因為他和義大利人寧願忘記的兩件事情有關。第一，在他擔任總理期間，義大利占領了紅海的馬薩瓦港（Massawa），首次成為殖民國。現今，即使是右派人士，也沒有想要美化義大利失敗的帝國擴張。然後，如果現今的人們真的知道德普雷蒂斯存在，那他又會與在統一幾年後出現的一種現象有關，即所謂的「整變」（trasformismo）。這個詞是義大利政治借用了生物學的詞彙，意思是鼓勵藉由叛逃、退黨來建立議會的多數群。利用一些優惠或更具體的東西，或者讓他們害怕自己站在輸的那一邊，來說服議員離開原本的政黨。德普雷蒂斯毫不遮掩地運用整變，震驚了同時代的人，而這些人曾希望有一個統一且獨立的義大利能夠實現統一運動的最高理想。記者費迪南多．佩特魯切利．德拉．加蒂納（Ferdinando Petruccelli della Gattina）形容德普雷蒂斯為「生來就是要在政治上為非作歹的人，就像其他人生來就是詩人或小偷一樣」。⑤但也可以說，直到今日，德普雷蒂斯對現代義大利政治的貢獻，與朱塞佩．加里波底不相上下。

大多數的民主憲政，都讓立法者在當選後可以改變他們投靠的政黨。但很少有已開發國家像義大利那樣，有這麼多政治人物這樣做。例如，在二〇〇五年到二〇一〇年間，整個英國國會中，只有一名議員「從議會一邊走到另一邊」，也就是離開一個政黨，加入另一個政黨。還有十個人「退黨」，成為無黨籍人士，主要是因為捲入某些醜聞，避免被開除黨籍，所以主動退黨。相對之下，二〇〇八年底，義大利十二個立法機構中的六百三十名議員裡，有超過一百人所屬的政黨，與最初的政黨不同。大約有一半是無黨籍人士，其餘的人加入了其他政黨。

自一九四六年義大利共和國成立以來，意識形態的模糊一直是義大利政治的標誌。例如，得到梵蒂岡的支持、在冷戰大部分時期主導政治的基督教民主黨，幾乎無法被歸類為右派或左派。若說基督教民主黨遊走中間路線，也不是完全正確。基督教民主黨遵從天主教的教義，在社會議題上極端保守。從很多方面看來，它跟西班牙的佛朗哥政府或葡萄牙追隨薩拉查（Salazar，前總理）的人一樣反對變動。然而，基督教民主黨底下有一個工會聯合組織。在早期，基督教民主黨也有一些成員非常激進，像是朱塞佩·多塞蒂（Giuseppe Dossetti）。

如果說基督教民主黨的顯著特徵，是他們在意識形態上的模糊，那麼義大利共產黨就是以溫和為特色。他們最偉大的理論家安東尼奧·葛蘭西（Antonio Gramsci）早在一九三〇年代，就主張以持久的「陣地戰」（war of positions），來慢慢侵蝕資產階級的文化霸權。一開始，「陣地戰」被當作革命的前奏，但最終反而取代了革命。第二次世界大戰後，接續葛蘭西思想的帕爾米羅·陶里亞蒂（Palmiro Togliatti），支持在政策上與基督教民主黨合作，並試圖廣募來自社會各階層的人士，尤其是小商人。一九五六年，赫魯雪夫（Khrushchev）鬥垮史達林（Stalin）後，陶里亞蒂是第一個與莫斯科保持距離的西方共產黨領導人。他用了「多中心主義」（polycentrism）這個概念，來說明共產主義可以參考很多方向，不一定總是要聽克里姆林宮的。

到了一九六九年，義大利共產黨公開與蘇聯意見相左。四年後，其新任書記、薩丁尼亞的貴族恩里科・貝林格（Enrico Berlinguer）提倡共產黨、社會黨和基督教民主黨之間的三方同盟，達成「歷史性的妥協」，做為抵禦極右派的堡壘。當時，極右派勢力在智利發動政變，推翻了薩爾瓦多・阿葉德（Salvador Allende）的政權。貝林格也是「歐洲共產主義」的主要支持者，這是一種民主且非革命的共產主義，背後的理論框架都來自安東尼奧・葛蘭西的著作。

模糊與溫和或許是義大利政治的本質，但情況常常看起來完全相反。政黨領導人和政府部長互相辱罵，發出最後通牒並口出威脅。在多數時候，這個國家似乎處於危機邊緣，就快要崩潰了。但是，在波濤洶湧的表面下，通常都有轉圜空間，理智最終可以勝出。既然問題仍然存在爭議，就代表還可以協商。一般而言，義大利人的生活也是如此：不精確，很好。相較之下，定義明白、分類清楚，就顯得很可疑。為了保持彈性，事情需要複雜或模糊，最好兩者兼而有之。這就是為什麼義大利給了一位政治人物一個有史以來最奇怪的職稱。

註釋

1、我認為，值得注意的是，英文的用字著重對廣泛社區的尊重：「公共」（public）或「社會」（society），而義大利文的 civismo 源自 civis 和 civitas，也就是拉丁文中的「公民」或「城邦的居民」。可以說，在義大利人心中，排在家庭之後的，就是居住的城鎮。對自己的家鄉，他們自然本能地尊重。

2、法朗切斯科・克里斯比（Francesco Crispi）是統一運動的英雄之一，也是義大利最早的一位總理，他是阿爾巴尼亞裔。學者兼政治家斯蒂方諾・羅多達（Stefano Rodota），後來擔任義大利政府資安部門第一位主席，來自卡拉布里亞大區的一個阿爾伯雷什村落。他的女兒瑪麗亞・勞烏拉・羅多達（Maria Laura Rodota）是《晚郵報》（*Corriere della Sera*）的著名專欄作家和政治評論員。

3、義大利國歌值得一提的另一點是，戈弗雷多・馬梅利（Goffredo Mameli）寫這首歌時年僅二十歲。

4、在義大利以外鮮為人知的托托（Totò，指安東尼奧・德・柯蒂斯），與阿貝托・索蒂（Alberto Sordi）和羅貝多・貝尼尼（Roberto Benigni）一樣，是義大利最受歡迎的喜劇演員之一。他跟卓別林一樣擅長扮演「小人物」，但實際上出身貴族，是一個侯爵的私生子，另一位侯爵收養了他，所以安東尼奧・德・柯蒂斯有很多頭銜，包括「殿下」（Imperial Highness）、「帕拉蒂尼伯爵」（Palatine Count）、「神聖羅馬帝國騎士」和「拉溫納大主教」（Exarch of Ravenna）。

5、第二次世界大戰之後，新法西斯人士至少有兩次嘗試奪權。一九六一年，當時的憲兵隊長喬凡尼・德・羅倫佐（Giovanni De Lorenzo）策劃了一個名為「鋼琴獨奏」的謀反。另一個則是在一九七〇年十二月七日或八日，由朱尼奧・瓦雷里奧・博爾蓋塞（Junio Valerio Borghese）王子領頭。然而，人們對這兩次的計畫是否真的想要奪權存疑，尤其是「鋼琴獨奏」。

6、義大利的憲法安排讓不穩定的程度更誇張。如果不組建新政府，總理就不能改組內閣。若是在大多數其他民主國家的框架下，阿戈斯蒂諾・德普雷蒂斯只能擔任總理三次。

7、德普雷蒂斯在十一年裡，有三十一個月沒有執政。貝魯斯柯尼在十年半裡，有二十四個月沒有執政。

第四章 ◇ 虛實交錯的鏡廳

海灘上的小女孩：「幾點了？」

躺椅上的男人：「誰知道？真正的真相永遠沒人知道。」

——法朗切斯科．杜利歐．阿頓（Francesco Tullio Altan）的漫畫

《快訊週刊》（*L'Espresso*），二〇〇四年七月十五日

羅貝多．卡爾德羅利（Roberto Calderoli）近幾十年來橫行義大利政壇，時常有驚人之舉。他曾說，他在家裡養了一頭老虎，但因為牠吃了一條狗，只好攆走牠。身為北方聯盟（Northern League）的高層，他曾牽了一頭豬，走過一塊指定用來建造清真寺的土地。在二〇〇六年，他形容在世界盃足球賽決賽中失利的法國隊，是由「黑鬼、穆斯林和共產主義者」組成。[1] 同年的早些時候，卡爾德羅利丟了工作。當時，正面臨穆斯林世界對丹麥報紙刊登先知穆罕默德漫畫的暴力抗議。在一次電視採訪中，卡爾德羅利解開襯衫的釦子，展示他在裡面穿了一件印有其中一幅漫畫的T恤。三天後，卡爾德羅利心不甘情不願地辭去了在貝魯斯柯尼政府中的部長一職。

當西爾維奧．貝魯斯柯尼再度執政時，卡爾德羅利又回來了，據我所知，他擔任的職位在世界其他地方的政府從未存在過。卡爾德羅利被任命為「簡化部長」（Minister of Simplification）。這個職位在馬力歐．蒙蒂執政的下一任內閣中消失，但職務仍在，由一位較次要的部長負責。需要明確指出的是，此處所討論的「簡化」，對卡爾德羅利而言是立法方面的，而在其繼任者的情況下則是行政程序上的。這一任命凸顯了關於義大利很重要的一點，就是每件事情都非常複雜。

最近一份研究報告指出，「義大利的法律，複雜又千宗萬卷，即使是最精明的法律人員，一直以來也覺得它是一座迷宮。」① 沒有人確切知道義大利有多少條法律。在二〇一〇年，羅貝多．卡爾德羅利一如既往地作秀，安排了一座營火，宣稱燒掉了三十七萬五千條被其部門廢除的條文和法規，最古老的是一條是一八六四年留下來的法律。但據估（縱使估算數值差距頗大），在卡爾德羅利任內，生效的法規數量大約從一萬三千條到十六萬條都有可能，這還不包括地區和省級立法機構通過的法規。政府說，由於卡爾德羅利部門的努力，法律條文總數減少到一萬條左右。但這數量幾乎是德國的兩倍，英國的三倍。

如果義大利的法律很複雜，那麼執行和實施的方式就更複雜了。首先，義大利有五個國家級的警力。除了國家警署（Polizia di Stato），還有半軍事化的卡賓槍騎兵（Carabinieri，即國家憲兵）和義大利財政衛隊（Guardia di Finanza，負責遏制逃稅、偵查洗錢和巡邏領海），以及公安矯正警隊（Polizia Penitenziaria），其官員負責守衛監獄和運送囚犯；最後是負責巡邏義大利森林和國家公園的國家林業隊（Corpo Forestale dello Stato）。此外，還有無數的省市警察部隊。總體而言，義大利的執法人員比歐盟其他國家都來得多。[2] 權責重疊、相互競爭和事務混亂的狀況層出不窮。

行政體制也是如此，而且可能更嚴重。根據義大利農民工會（Confederazi one Italiana Agricoltori）所做的一項研究，文書工作和耗時的手續讓義大利人平均每年損失大約二十天。曾經，義大利人每年都必須更新護照，後來則是必須每年花錢蓋個章，以確保護照仍然有效（譯註：現在已取消）。

繁瑣的行政程序是因為想避免貪汙，其背後的邏輯是，這樣人們就無法賄賂或利益輸送。長期以來，大家覺得這也是印度的行政流程如此繁瑣的原因。義大利的情況亦然。但無論最初的意圖是什麼，其效果往往是助長了貪汙而不是減少貪汙。面對行政阻撓，心有不滿的受害者把手伸進口袋，試圖說服相關人員走捷徑。當然，行政人員對此也心知肚明，有時會故意讓事情變得更加困難，希望嚐到更多甜頭。

巴西利卡塔大區的帕坦羅薩油田於一九八九年被發現，但直到二十三年後，當時的政府才同意石油的開採。那個時候，相關財團被要求提出大約四百份官方授權。由於義大利有四級政府（國家級、大區級、省級和市級），任何相對較大的計畫都需要多個層級政府的批准。在許多情況下，需要所有四個層級政府的同意。由於市議會、省政府、大區行政部門和中央政府不太可能都是相同的政治傾向，因此在一個層級受到歡迎的投資，很可能在另一個層級完全不討好。有時，即使企業得到羅馬中央政府的全力支持，也無法達成必要的共識。在二〇一二年，跨國天然氣生產商BG經過了十一年與各級政府的多方角力，花費了大約兩億五千萬歐元，最終仍然放棄了在布林迪西港（Brindisi）附近建造巨型液化天然氣碼頭的計畫。

義大利的分權體制有著深厚的歷史淵源。現今的許多地區都曾經是一個獨立的國家，而且，在許多城鎮，特別是在中部和北部，民眾仍然記得曾經自己就是自己的主人。他們選出的代表通常堅決抵制上級當局以任何形式干預地方政事。有句義大利俗話是：「每個村莊都是共和國。」不過，義大利行政上的複雜，似乎還反映了另一種特質：對簡單的徹底不信任。

來到羅馬的遊客常常會驚訝地發現，首都裡有許多斑馬線已經很久沒有重新粉刷，以至於很難知道到底還有沒有線，行人可不可以從這裡過馬路。很長一段時間，我都以為是因為缺乏足夠的資金。後來，我和妻子住在一間可以俯瞰這種標示不明確的十字路口的公寓裡。由於駕駛很難看得清楚，尤其是天黑的時候，使得這個路口事故不斷。最後，某天晚上，有個家庭在那裡被撞飛，政府終於採取了行動。一隊工人來了，在馬路上畫出非常白的條紋。從原本對行人若有似無的暗示，一下子變成羅馬那一區最清晰的斑馬線。但是，對於當權者來說，這似乎太刺眼，太篤定了。幾個星期後，另一隊工人來了，在條紋上塗了一層薄薄的模糊物質，讓斑馬線的白黯淡一些，看起來舒服一些。

一條用黑白色劃分的斑馬線，毫無爭議地告訴行人：你們有絕對的權力，從這裡穿越馬路，從一邊走到另一邊。這幾乎確定了一個客觀事實，而客觀事實在義大利往往會引起不安。

也許羅馬天主教的教義與此有關。所有基督徒都被教導了，真理只有上帝知道，由上帝體現。② 但對天主教徒來說，告解的神聖尤其反映了這個概念。與許多非天主教徒（甚至一些天主教徒）所相信的相反，告解室的神父不會原諒罪。當告解者明顯有悔意時，他給予的是一種臨時的赦罪。但「罪」是否真的從一個人在天庭的紀錄中抹去，取決於悔改的誠意，而這只有神才能知道。主觀上的真理也從來不是天主教的教義。事實上，教宗本篤十六世（Pope Benedict XVI）認為「道德相對主義」（即沒有絕對或確定的道德）是一種哲學上的偏差，對基督教構成了嚴重的威脅。

無論什麼原因，從媒體到法律制度，從政治到總體經濟，在義大利社會的許多方面都可以發現：對於可查明的真相，甚至是無可爭辯的事實，大家都缺乏信心。在各個領域，相關問題仍然充滿爭議，無論已經拋出了多少鐵證和事實。

以摩西計畫（Project MOSE）為例。[3] 這是一個在威尼斯潟湖口建造可移動的屏障，以保護城市免於遭受洪水侵襲的計畫。該計畫於一九七〇年代首次提出。面對該計畫支持者和反對者之間無止盡的爭吵，「威尼斯危險了」（Venice in Peril，一個非政府組織）最終決定要以科學來平衡輿論。二〇〇三年，這個組織在劍橋舉辦研討會，聚集了一百三十多名世界上最傑出的土木工程、海洋生態學和潟湖水文學專家。他們的結論很明確：屏障本身並不能解決威尼斯的問題，但可以在短期內成為有價值的貢獻，讓大家能有時間找到更長期的解決方案。

如果「威尼斯危險了」組織認為他們的研討會可以終結義大利境內的辯論，那就大錯特錯了。對於計畫的反對者來說（該計畫終究於那一年啟動），就好像聚集在劍橋的工程師、科學家和環境專家，從未寫過或發表過任何論文。在摩西計畫展開後，有一天，我從威尼斯機場搭乘水上計程車，發現自己和一位非常高層的義大利官員同行。我們聊到了屏障，我說開工對這座城市有好處。一道陰影從他臉上掠過。很顯然，我的篤定惹惱了他。

「嗯。」他不安地動了動，「我在威尼斯的朋友不這麼認為。」

我碰巧知道，這位官員完全清楚劍橋研討會的結論。然而，在這裡，世界各專家的意見，和他威尼斯朋友的意見，竟然對他來說同樣重要。

⁂

這種懷疑能否得出明確結論的態度，從義大利語言中可以找到例子，也可以說義大利語支持著這種懷疑。verità 一詞既是「真實、真相」，也意味著「版本」。一旦發生爭執，就會有我的真相、你的真相，毫無疑問還有其他人的各種真相。義大利報紙上充斥著諸如「波托菲諾謀殺案：伯爵夫人和最新的真相」之類的頭條。

這樣或隱約、或明顯地承認不止一個事實，讓義大利媒體有些獨特的特徵。讓我先直說，就跟許多在義大利的特派員一樣，我對義大利同行的新聞敏銳度充滿敬意：他們的精力、毅力和在瞬間識別故事精髓的能力，都讓人欽佩。但義大利新聞運作的方式，缺乏媒體從業人員渴望的那種清晰。例如，在許多國家的報紙和網站上，通常在新聞報導的開頭，就給予事實清晰的總結：「法庭審理過程中披露，去年在艾克美義大利（Acme Italia）工廠引發工安事件的工頭，在事故前一晚，妻子離開了他。」有一些義大利報紙和新聞網站，特別是金融報紙 *Il Sole -24 Ore*，的確會如此破題。但大多數的全國性日報仍然傾向使用業內所謂的拖延式導言（dropped intro）。

義大利記者會怎麼報導這場審判呢？可能會以在法官頭上徘徊的蒼蠅開頭，隱喻圍繞著案件揮之不去的重重疑點，這個隱喻會巧妙地貫穿整個故事。或者，報導會以事件的重建開始，但很多都是記者自己的假設而非既定事實：「在那命定的星期三，當盧基・羅西尼（Luigi Rossini）在艾克美義大利工廠前步下公車，他腦中想的不是生產線這幾個月來解決不了的麻煩，而是一個女人，而且是一個很特別的女人，也就是他的妻子。」這讓讀者覺得好像讀了一則故事。故事通常寫得很好，既有趣又扣人心弦，但仍舊是故事。

當讀者需要事實來評斷公眾人物所說的話時，媒體同樣不願給予事實。義大利的政治人物和世界各地的政治人物一樣，經常只談論對自己有利的廢話。在其他地方，記者的工作就是檢查政治人物自信說出口的話，與公開的紀錄和統計數據有沒有出入。就像不久之前，義大利總理說，義大利的學校在全歐洲得到最多的政府資助，那麼報導這些話的記者，理應會檢查他的說詞，並可能插入一段文字，說明根據歐盟的統計，義大利的學校經費僅略高於平均。有些義大利記者的確這樣做，但這並非常態，而且會被認為有點不尊重他人。總理和其他人一樣，應該被允許有他的真相（版本）。這並不是說，他的政治對手不會質疑他的主張，也不是說他們的說詞不會被媒體認真報導。但是最終，讀者要自己決定哪一方是正確的。

可以說，在這方面，義大利記者領先全球，在網路掀起媒體革命之前，就已經實踐媒體轉型。義大利報紙的記者，沒有像世界其他地方的同行那樣，擔任仲裁訊息的角色，也就是行話所說的「守門人」。但問題在於，義大利媒體允許政治人物和其他人（尤其是既得利益集團）明目張膽或暗中默默地散播錯誤消息，而且不會受到挑戰。

一個很好的例子出現在一九九〇年代，也就是義大利如何「驅逐」非法移民。那時，愈來愈多非洲人、亞洲人和拉丁美洲人湧入南歐，歷屆義大利政府回應公眾不安的方式，就是用數據告訴人民，在前一個月或前一年，或其他任何時間，有數千名非法移民被捕並驅逐出境。一年又一年過去，公車和地鐵上，黑色和棕色面孔的人數幾乎每天都在增加，人們開始懷疑自己沒有被告知真相。直到世紀末，政府才透過媒體向公眾解釋了「驅逐」

的確切含義。未經授權的移民一經確認，就會收到驅逐令，然後被釋放。這意味著，如果他們再次被捕，可能面臨牢獄之災。但除此之外，他們可以等著義大利已經多次批准的移民特赦，或跑到另一個歐盟國家，在那裡，他們的地位會更加模糊。

現實是，義大利的政治人物和歐洲其他地區的同儕一樣，意識到他們的國家需要移民。私底下，他們承認這件事。由於義大利的超低出生率（見第十章末），義大利需要外國移民，才能使其經濟成長，維持福利制度（尤其是退休金）的永續發展。但義大利的政治人物也知道，移民，尤其是非法移民，對選民來說是一個敏感議題。書面上的「驅逐」，提供了一個很好的解決方法。羅馬諾．普羅迪曾有點誇張地說：「在義大利的政治辯論中，很難分辨得出哪個是真正的問題，哪個是虛構的問題，前者沒人注意，後者大家激烈爭論。」[4]

二〇一一年，義大利在當時歐元區的債務危機中，幾乎即將崩潰。《經濟學人》（*The Economist*）前主編比爾．艾莫特（Bill Emmott）為《新聞報》（*La Stampa*）寫了一篇文章，表示他訝異於經濟討論中竟流傳這麼多神話。他說，這個領域明明很容易檢查事情真實與否。散布這些神話的，不僅是政治人物（他們端出安慰人的說詞），還有著名的金融家、商業代表和官員。例如，有人自信地說，義大利是歐盟第二大出口國（實際上，義大利已跌至第五位）；義大利人仍然是歐洲儲蓄最多的人（事實上，義大利人已經落後德國人和法國人）。而為害最甚的說詞是，義大利南部的負成長抵消了其他地區的經濟成長；現實情況是，義大利南部在前十年的整體表現，比中部和北部都來得好。

另一個更危險的說詞，在當時也沒有受到挑戰，就是：「義大利的鉅額債務（那時已達國內生產毛額一二〇％），只跟義大利人有關，跟其他人無關。」據稱，這是因為國民持有其主權債券（即政府的借據）的絕大部分。但這完全是錯誤的。事實上，當時義大利大約有一半的公共債務是欠外國人的，其搖搖欲墜的公共財政有可能引發全歐洲乃至全世界的經濟危機。然而，很少有人告訴義大利人這一點。

任何在義大利受過審判的人都知道，這種禮貌、不反駁的原則，在法庭上也適用。義大利法律史上最轟動的案件之一，就是美國學生亞曼達．諾克斯（Amanda Knox）和她的義大利籍男友拉斐爾．索萊西托（Raffaele Sollecito），被控謀殺諾克斯的英國室友梅樂蒂絲．科爾徹（Meredith Kercher）。在審判中，兩人都被求處重刑，檢方聲稱受害者是在一場奇怪且暴力的性遊戲中被殺害。但在審判和上訴之間，法院任命的專家對檢方提交的法醫證據嗤之以鼻。因此，當案件回到法庭時，不僅是兩名年輕人受審，連義大利調查和起訴重罪的方法也被檢視。

整個案件攤在大眾眼前。當律師終於準備好總結時，全世界的目光都集中在佩魯賈市那間有壁畫的地下法庭，想知道上訴的結果。令人驚訝的是，在聽取律師的總結時，法官沒有採取任何行動打斷他。律師不斷重複在先前開庭時就被完全駁斥的主張，還當作事實來陳述。這是因為，每個律師都有自己的真相（版本），允許其一吐為快才算公平。坐在法官旁的國民法官究竟要如何理解真相，誰也不知道。之後，當案件結束時，主審法官接受了採訪並表示，無論如何，審判這個案件是不可能的。

「根據審判中所創造出來的真相，我們決定無罪釋放。」他說：「真正的真相仍未解決，甚至可能有所不同。」就連《愛麗絲夢遊仙境》的作者路易斯·卡羅（Lewis Carroll）都沒辦法說得更好。[5]

我有時會想，「真正的真相仍未解決，甚至可能有所不同」應該用大理石刻在合適的紀念碑上，豎立在羅馬的中心。義大利現代歷史的重要轉折，一次又一次地籠罩在歧異和矛盾的濃霧中，因為每個當事人都在宣揚自己的真相（版本）。從法西斯獨裁者墨索里尼的命運就看得出來。

一九四五年四月二十七日上午，在科莫湖畔的東戈（Dongo），一名游擊隊員烏爾巴諾·拉扎羅（Urbano Lazzaro）正在檢查將德軍運出義大利的卡車，發現墨索里尼在一輛卡車的貨物櫃中。墨索里尼戴著眼鏡，裹著一件大衣，戴著一頂壓得很低的頭盔。兩天後，黎明破曉時分，散步的行人在米蘭的洛雷托廣場（Piazzale Loreto）看到了可怕的景象。墨索里尼、他的情婦克拉拉・貝塔奇（Clara Petacci）和三名法西斯高階官員的屍體，被用肉鉤倒掛在一座加油站的屋頂上。但在這四十八個小時之間究竟發生了什麼事，恐怕永遠不得而知。

官方的說法是，處決墨索里尼的決定是在一次游擊隊領導人的會議上做出的，處死他的任務交給了一名共產黨指揮官沃爾特・奧迪西奧（Walter Audisio），他在戰時的假名是科隆內洛・瓦萊里奧（Colonnello Valerio）。但是，烏爾巴諾・拉扎羅在一九六二年所寫的一本書中提及，他看到的那個被指認是瓦萊里奧的人，並不是奧迪西奧，而是路易吉・隆戈（Luigi Longo）這位非常高階的共產黨官員。兩年後，隆戈成為共產黨的領導人。有可能是為了隆戈之後注定登高位，所以他參與其中一事被隱瞞，以便抹去他手上的鮮血。與此同時，奧迪西奧最初表示行刑時拉扎羅也在場，卻在三十年後出版的回憶錄中，點名了另一個人。

官方說，墨索里尼和貝塔奇在被捕後的第二天下午，死在一座俯瞰科莫湖的別墅門口。但在一九九五年，拉扎羅說，在遣送他們前往米蘭進行公開處決的路上，貝塔奇想要從一名游擊隊員手中奪取槍枝，使得兩人因此被殺。拉扎羅的說法又讓事情更加複雜。

大約在同一時間，另一個版本出現了。這個版本來自一位退休的飛雅特公司主管布魯諾・洛納蒂（Bruno Lonati），他曾是一名共產黨黨員。洛納蒂說，他奉一名英國情報員的命令，殺了墨索里尼，處決的時間比其他版本都早一些，在當天上午十一點。二〇〇五年，國營的義大利電視廣播公司（RAI）播放了一部紀錄片，其中包含支持洛納蒂版本的新證據。根據該紀錄片所說，英國情報員的任務是要確保墨索里尼被殺，並拿回邱吉爾寫給他的信，避免邱吉爾的醜事曝光。這位戰時的英國首相，據說曾與墨索里尼祕密考慮過讓德義分開尋求和平的可能性，但這明顯違背了邱吉爾與美國總統羅斯福所達成的協議，也就是在確保軸心國無條件投降之前，同盟國不會停火。

墨索里尼及其情婦的屍體在洛雷托廣場被暴徒用石頭猛砸的時候，即將開啟的冷戰已經展開了第一步。就在幾天前，俄軍一路殺入柏林。五月二日，俄軍在德國國會大廈升起了紅旗。歐洲日後的分裂，讓義大利滋養出更多祕辛。尤其是一九六八年學生革命之後的那幾年，當時革命情緒席捲歐洲，華盛頓和親美勢力愈來愈擔心義大利可能落入馬克思主義者手裡。

一九六九年十二月十二日，一枚炸彈在距離米蘭大教堂幾百公尺的豐塔納廣場（Piazza Fontana）爆炸，造成十六人死亡。直到今天，沒有人能確定是誰放了炸彈，以及為什麼。警方最初鎖定無政府主義者，但證據不足，搜索很快就轉向，懷疑的目光落到了新法西斯分子身上。其中有一人與義大利特勤局的一名官員有密切聯繫，而這名官員本身也是極右派的好戰分子。嫌疑人受到審問，但上訴後被無罪釋放。現在，爆炸案受害者的親朋好友每年都會在事件發生的那天聚集，渴求答案和正義，雖然一切徒勞。

豐塔納廣場爆炸案之後，接下來十五年，有一連串無法解釋的恐怖襲擊事件。火車上有炸彈爆炸；反法西斯集會也被放了炸彈；最嚴重的一次，是一九八〇年波隆那的火車站發生爆炸，超過一百五十人喪生。禍首大多被認為是新法西斯分子和情報單位中不受控管的人員，他們的目的可能是要引起一種持續恐懼的氛圍。在這種氛圍下，人們會傾向支持保守，甚至專制。

然而，炸彈事件並不是唯一讓警方和法官束手無策的謎團。一九七四年，一位年輕的法官揭發了一個名為「風向儀」（Rosa dei Venti）的組織。這個組織涉嫌策畫恐怖襲擊，並與北約設立的一個組織有聯繫。在發出對義大利特務首領的逮捕令後，調查權被轉移到羅馬，但事情就變調了。[6] 自此之後，「風向儀」像是被遺忘一樣，它究竟是個什麼組織、做了什麼，可能永遠都不會明朗。同樣無解的謎團，還包括一九八〇年義大利客機在烏斯蒂卡島（Ustica）墜毀，以及次年教宗聖若望保祿二世（Pope John Paul II）遇刺。

對於喜歡未解之謎的人來說，最讓人百思不解的大概是皮耶．帕歐羅．帕索里尼（Pier Paolo Pasolini）最後一部未完成的小說《石油》（*Petrolio*）。這位詩人、小說家暨電影導演在一九七五年被謀殺，而他的死因本身就是一個謎。人們發現帕索里尼留下了一份長達五百多頁的手稿。這份手稿被劃分為編好號碼的段落，帕索里尼稱之為「筆記」（*Appunti*）。

《石油》的主角是一名在國有石油和天然氣公司埃尼（ENI）工作的男人（在書中後來變成了女人）。這本書直到帕索里尼去世十七年後才出版，但出版時，編號二十一號的筆記已經不見了。帕索里尼的家人一直否認失竊傳聞，但長期以來，一直有人猜測，二十一號筆記是「被消失」的，因為其中講到了關於埃尼公司和（或）其高層主管的醜聞。另一種說法是，佚失的部分論及了一九六二年該公司的老闆恩里科．馬泰（Enrico Mattei）死於飛機失事的關鍵。還有一個假設是，二十一號筆記的消失，與帕索里尼擁有一本小冊子有關。這本小冊子在世界上只有幾本，有人說小冊子裡有後來埃尼公司總裁尤金尼奧．塞菲斯（Eugenio Cefis）的祕密。這本小冊子在一九七二年出版後，立即從市面上消失。

二〇一〇年，皮耶．帕歐羅．帕索里尼已逝世三十五年，而他未完成的奇怪作品也已問世十八年，另一位極具爭議且難以理解的人物馬切洛．德爾烏特里（Marcello Dell'

Utri），在當年於羅馬舉辦的古籍書展開幕前的記者會上，投下了一枚震撼彈。德爾烏特里是一位藏書家、廣告主管、政治家和前總理貝魯斯柯尼的密友。他說，有人要把《石油》手稿的一部分給他。這引起一陣騷動，大家猜測德爾烏特里說的手稿包括了失蹤的二十一號筆記。德爾烏特里表示會在書展期間展示這些手稿，但什麼也沒發生。他只簡單解釋道：「說要給我書稿的人不見了。」

如果那個人（無論他是誰）出現在路易吉．皮蘭德婁（Luigi Pirandello）的戲劇中，應該一點都不奇怪吧。或許，馬切洛．德爾烏特里也可以是角色之一。德爾烏特里和皮蘭德婁都是西西里人，而德爾烏特里在一九九七年被指控與西西里黑手黨勾結而受審。[7]

皮蘭德婁是一位典型的義大利作家，也許是最典型的義大利作家。他的作品永遠在現實與虛構、瘋狂與理智、過去與現在之間掙扎。皮蘭德婁劇作的觀眾不斷感到困惑，沒有方向，沒有明顯的篤定，表面上的事實最後總是虛幻。簡而言之，這很像是在義大利實際生活的樣貌。

他最著名的劇作是《六個尋找作者的劇中人》（*Sei persona in cerca d' autore*），但另一部作品和我們現在討論的情況更相關：《是這樣！（如果你認為是這樣）》（Cosiè〔*se vi pare*〕，英文翻譯通常為 Right You Are (If You Think So) 或 It Is So (If You Think So)）。這齣戲劇猛烈攻擊所謂客觀上的真相，聚焦於一群住在鄉村小鎮的中產階級男女，他們想知道新搬來的龐札（Ponza）一家是什麼樣的人，尤其是難以捉摸的龐札夫人。

他們聽到了兩種說法：弗羅拉（Frola）女士聲稱自己是龐札先生的岳母，龐札夫人是她的女兒，被占有欲強的龐札先生殘忍地關在家裡。另一方面，龐札先生說他的岳母瘋了。他表示，她的女兒是他已逝的第一任妻子，而弗羅拉女士一直以為他的現任妻子還是他的女兒。弗羅拉女士堅持認為瘋了的是她的女婿。後來，他好像證實了這樣的說法，但解釋說，他這麼做是為了不打亂她的幻想。最後，龐札夫人被牽扯進來，宣布她既是弗羅拉女士的女兒，也是龐札先生的第二任妻子。

但龐札夫人也說，「你覺得我是誰，我就是誰。」

註釋

1、他用的詞是帶有明顯貶義的「黑鬼」（negri），與「黑人」（neri）不同。

2、然而，這樣比較有點不公平，因為義大利的許多執法人員履行了在其他國家非屬警察工作範圍的職責。卡賓槍騎兵就是最好的例子：身為武裝部隊的一個分支，他們也參與海外維和任務；財政衛隊的隊員同時擔任稅務檢查員、海關官員和邊防警衛；公安矯正警隊也負責其他業務。

3、很明顯的，MOSE 是縮寫，全名是 MOdulo Sperimentale Elettromeccanico（機電實驗模組）。而 Mosè 是「摩西」的義大利文拼字，計畫名稱指涉紅海的分離。

4、在此需要提一下，羅馬諾·普羅迪的政府也沒有釐清「驅逐」的概念。

5、二〇一三年三月，義大利最高上訴法院（Court of Cassation）維持了檢方的上訴，撤銷了對兩名被告的無罪判決，並下令在佛羅倫斯重新審理被告的上訴。二〇一四年一月，諾克斯和索萊西托再次因謀殺科爾徹，被判有罪。索萊西托的二十五年徒刑有效。諾克斯的刑期從二十六年增加到二十八年六個月。兩名被告的律師表示，他們將向最高上訴法院再次提出新的上訴。

6、在一九八〇年代，負責首都的羅馬檢察署贏得了「迷霧之港」（il porto delle nebbie）的綽號，因為有太多的敏感案件消失在一團司法迷霧中，永遠沒下文了。這個詞是喬治·西默農（Georges Simenon）一九三二年的小說 *Le port des brumes* 義大利文版的標題（英文版的標題是 *Death of a Harbour Master*，即「港務長之死」）。

7、此案在法庭上拖了十七年。二〇一四年，在最高法院針對德爾烏特里對七年刑期的上訴做出最終裁定之前，他在黎巴嫩被捕。他的上訴隨後被駁回，義大利當局要求引渡。

第五章 ◇ 幻想與事實

米克雷・米塞里（Michele Misseri）：「是我。是我。我用這雙手殺死了莎拉。我問上帝，為什麼祂當時沒有讓我被雷劈死？為什麼祂讓我殺了那個孩子？」[1]

採訪者：「米塞里先生，我可以相信你嗎？」

米克雷：「我一直說實話。從一開始，當他們訊問我時，我就說我是兇手。」

採訪者：「您在八個月內給了七個版本。」

——摘自《共和報》（*La Repubblica*），二〇一一年六月一日墨索里尼是義大利的命運之人，率領三十萬名武裝法西斯分子，向羅馬進軍，對國王發出最後通牒：這是一個多麼震撼的畫面。墨索里尼上臺後，學生的課本說，有三千名「法西斯烈士」在起義中喪生。在前往首都的路上，墨索里尼和他的黑衫軍渡過了盧比孔河（Rubicon），就像凱撒在西元前四十九年渡河奪取政權一樣。

但這一切都是無稽之談。大約只有三萬人參與其中，而且大多都手無寸鐵。絕大部分的人是坐火車來到羅馬。那時，他們的領導人已經根據憲法被任命為總理。

墨索里尼什麼也不是，只是一個大膽的幻術師。當希特勒在一九三八年拜訪他時，墨索里尼認為希特勒從機場進來羅馬的路上，要看到至少和自己在一年前看到的柏林一樣，令人印象深刻的城市。因此，沿途的房屋修整的修整，拆掉的拆掉。這也許還沒什麼特別，但墨索里尼更誇張。他下令在沿線放上假樹，每隔一段距離，就立起畫有豪華別墅的硬紙板。希特勒後來遠遠看到的一些大砲槍管，都是用木頭做的。

極權政府使用神話和謊言來統治並不罕見。但令人驚訝的是，在墨索里尼的獨裁政府垮臺後，義大利的民主政權使用了類似的技倆。一直到一九九〇年代，流行的官方版本是：為了反抗德國的占領，以及納粹在義大利的法西斯黨羽，義大利共和國誕生了。基督教民主黨及其盟友很快就壟斷了戰後的義大利政權，而他們會在每年的四月二十五日，也就是解放紀念日（Liberation Day），或是任何一個適宜的場合，向反抗運動和游擊隊的英雄致敬。

這些人的確稱得上是英雄。歷史學者估計，加入反抗運動的十萬名義大利人中，有三萬五千人喪生，這是高得驚人的陣亡比例，遠遠比參加義大利戰役的大多數同盟國軍隊還要多。游擊隊的死亡率顯示，義大利人並非不願意在第二次世界大戰中為自己的國家犧牲。

但重點是，大多數游擊隊員（大約有七十％）是共產黨員。而四十多年來，基督教民主黨和四個曾經結盟的政黨，其執政的核心目標，就是以各種方式確保共產黨永遠無法進入政府。確實，有些游擊隊員是基督教民主黨人，但他們大多數都是在墨索里尼下臺後，才加入反抗運動的。

第二次世界大戰後的冷戰，讓人有很多機會用上義大利文中的 fantasia（幻想）這個詞。幻想的含義大概在「想像」和「創作」之間，某個互相滲透的邊界上。也許，最引人注目的例子，是陸軍第三軍（Terzo Corpo designato d'Armata）。這是一支三十萬人的軍隊，於一九五〇年代部署在威尼斯大後方，作為抵禦蘇聯及其盟國入侵的堡壘。但這支軍隊從未存在過。

這是義大利軍隊想出來的招數，用誇大的虛張聲勢，而不用招募、訓練和武裝數十萬名真正的士兵。有一位真正的中將來指揮這支軍隊，他在帕多瓦有真正的總部和一小群部屬，這些人的工作是產出大量文件，然後把文件洩露給適當的情報部門，向蘇聯集團國家發出訊息：如果他們敢從義大利東北方進攻西歐的話，他們將面臨極大的挑戰。第三軍招募了部隊，其中大部分是虛構的，雖然有人員晉升，有人員退役，也有燃料儲備、彈藥分發，但這一切都是紙上談兵。

第三軍的存在（或者說不存在）在冷戰結束後沒有立即曝光，直到二〇〇九年，才由一家報紙報導了它對軍隊產生的問題。第三軍在一九七二年解散，但因其而生的各式文件無法跟著銷毀。在義大利，官方機密文件只有在解密後，才能被化作紙漿，而且只能由創建的部門或單位來解密。在這件事情中，該單位不再存在。實際上，該單位從未存在過。

從歷史上來看，幻想一直是義大利人最寶貴的資源。幻想讓他們能夠在面對外國人來犯、占領、干涉時，以智取勝。幻想幫助他們創造了無與倫比的文化遺產，而且這也讓義大利在變成戰場時，大家不願意砲擊轟炸義大利城市。[2] 從工程到時尚，幻想一直是創作的靈感泉源，這在義大利生活各個瑣碎的方面都能窺見。在世界其他國家，政治人物幫政黨取的名字總是直截了當且乏味，像是新右派或社會主義工人黨。但在義大利，幻想隨時都在運作。西爾維奧．貝魯斯柯尼使用足球口號「義大利，前進」（Forza Italia!），稱呼他在一九九四年的政治運動，一舉入主國會。他的競爭對手羅馬諾．普羅迪為了反擊，籌組「橄欖樹」（Ulivo）政黨聯盟，其中一個參與同盟的政黨是雛菊黨（Margherita Party，或Daisy Party）。從那時起，我們看到了五星運動（Five Star Movement）的出現。同樣地，那些沒文化的外國人，電視上的節目名稱不是「焦點」，就是「綜觀」，或是「今日世界」這樣無聊的標題。在我撰寫本書時，義大利電視上有「門到門」（Porta a Porta）、「巴拉洛」（Ballarò，巴勒莫街頭市場的名稱）和「野蠻人入侵」（Le invasion barbariche）。

⁂

但幻想是把雙面刃，可以正向，也可以負面，也讓義大利生活充滿騙局。好巧不巧，一則備受大家喜愛的義大利故事，就是以欺騙為主題。《木偶奇遇記》（*Pinocchio*）寫於一八八三年，是告誡了說謊的危險的兒童故事。這個只要一說謊鼻子就會變長的木偶，現在是全世界都認識的故事角色，但在家鄉義大利最能引起共鳴。

就像唐吉訶德（Don Quixote）荒謬的理想主義和敏感的自豪，馬上能引起西班牙人的共鳴一樣，皮諾丘以一種非常特殊的方式，讓義大利人心領神會，從滑稽中看出自身民族的美德和惡習。皮諾丘很聰明（他很快就學會走路），容易分心，心地善良。但他也結合了furbo和fesso的特徵，並且某種程度上被誇大了。他既虛偽又容易上當受騙。每當他被抓住把柄，就會用謊言來脫身。但他並不像自己想像的那麼聰明。皮諾丘以為自己可以不費吹灰之力就變得富有，這卻讓他變成狐狸和貓的獵物，因為他們才是真正的老千。

《木偶奇遇記》的角色在一百多年後仍然受到大家的歡迎，其作者卡洛・科洛迪（Carlo Collodi）當然會很高興。[3]但是，如果他知道皮諾丘的精神在義大利仍然非常活躍，可能沒辦法高興到哪裡去。舉例來說，在義大利的學校和大學考試中作弊，不像在其他大多數社會中受到同樣程度的譴責。作弊被委婉地描述為copiare，這個詞也指稱「複製」。在其他情況下，則是用barare、truffare或imbrogliare來指稱作弊（註：這些詞有作弊、欺騙之意）。

盧卡・克勞德洛・迪・蒙特澤莫羅（Luca Cordero di Montezemolo）是一位受人敬重的實業家，曾擔任飛雅特和法拉利的董事長。有一段時間，他是義大利工業聯合總會（Confindustria）的主席。然而，他在以商學聞名的羅馬路易斯大學（Luiss University）與學生會面時，自豪地透露，「在學校，要比『複製』，我是世界冠軍。」①西爾維奧・貝魯斯柯尼一開始賺錢，就是替其他同學寫文章、交作業。

在義大利媒體上，不用很努力找，就能讀到為考試作弊開脫，甚至是讚揚的文章。例如，《米蘭日報》（*Il Giornale*）的一位專欄作家說：「試圖作弊就代表試圖騙人，當然應該受到譴責。但說實在的，我並沒有從中看到惡意，情節也不嚴重。一直以來大家都這樣做，誰都做過，以後也會有人作弊。這就是人性的弱點：你沒有安全感；你碰巧沒有準備好；只要得到一點幫助，說不定就能解決難題，通過考試。」

義大利學生和大學生在考試中所使用的為自己帶來優勢的設備，證明了他們的聰明才智，讓人不禁暗自欽佩。在許多國家，考生可能用小紙條。但在義大利，有一件服飾配件專門讓人把紙條藏在身上，名為「彈帶」（cartucciera），通常是棉製，類似子彈背帶，所以以此為名，可以穿在普通衣服底下的腰部位置。考試科目可能用得上的紙條，都可以放在彈帶裡，需要時再小心地取出。

隨著網路時代來臨，作弊手段更高超。有網站販賣帶有隱藏隔層的筆、手錶，甚至內衣，讓人可以攜帶小抄。手機讓作弊花招更多，也更加肆無忌憚。智慧型手機更是如此。教育當局迅速禁止手機，但禁令總有辦法規避：帶兩支手機在身上，上繳一支就好。

數位科技帶給考試最大的挑戰就是網路駭客。過去，試題以郵寄方式送到義大利各地的學校，由班主任保管到考試當天。理論上，試卷可能被偷，儘管這很少發生。就算有這種情況，訊息也只對個別學生有用，或者最多對幾位同學有用。然而，一旦試題存在雲端，透過網路傳輸，一位執著的青少年駭客就有可能拿到手，並發送到全國。

義大利學生求學生涯中最重要的考試，就是可怕的中學考試（maturità）。學生得在中學修畢後參加這場考試，其成績將決定他是否可以申請大學。連續幾年，在為期三天的筆試之前，相關科目的準確報告都會在網路上公布。到了二〇一二年，當時的羅馬教育部部長表示，他們部署的應對措施是中央情報局等級。考試題目在羅馬教育部一個地下防空洞中擬定，有監視錄影機，也有憲兵的保護。只有八個人被允許進入。從那裡，考題被裝進所謂「數位信封」中，發送到義大利各地的中學，該信封只能以分為兩部分且同時包含字母和數字的二十五字元密碼打開。第一份密碼在考試前幾天發出，第二份在每次考試開始的前半個小時發出。任何沒有網路的學校，可以從國營義大利電視廣播公司的第一個電視頻道獲得密碼，該頻道從早上八點半開始，會以字幕播出密碼。如果連電也沒有，或者電都被切斷了，校長可以要求索取紙本的密碼。這個密碼被存放在省長辦公室的保險箱裡，他會下令用一輛憲兵巡邏車以高速將它送達學校。

在一本關於這個主題的書《大家，來複製吧！》（*Ragazzi, si copia*）中（作者可以找到足夠的素材寫成一本書，就足以顯示作弊在義大利的普遍程度），一項針對十到十三歲的學生調查發現，只有二十六％說他們從未作弊。這本書還幫作弊的學生找了理由：「作弊代表再次加工，所以在作弊之前要懂。」不過，這條評論的驚人之處在於，這不是學生說的話，而是米蘭一所學校的校長說的。難怪幾年前，在杜林舉行校長資格考時，四百六十名考生中，有九名因夾帶小抄在字典裡而被取消資格。

⁂

在義大利的某些地區，只要稍微補貼某些人，他就會為你出庭作偽證。如果你因為走錯邊而造成事故，就可以指望這個人發誓說，你其實在正確的那一邊。二〇一〇年，調查人員在那不勒斯發現一場名副其實的偽證交易。事件主要發生在太平紳士（Justice of the Peace）法庭，涉及一百多名受雇證人，他們的證詞可以用二十五歐元到一百歐元之間買到。在羅馬的另一項調查中，警方偵聽了兩名私家偵探，他們以一千歐元將一名職業騙子帶到首都，並支付了所有費用。

不過，作偽證並不總是為了錢。在很大程度上，義大利的審判，尤其是高知名度的審理，可能成為矛盾證據的泥潭。一名妻子原本告訴警察，她在廚房裡聽到尖叫聲，現在說她根本不在房子裡，而一位朋友出面說，他在超市看到了這名妻子。與此同時，曾作證說他那天不在地區首府的羅薩里奧叔叔，被發現從未離開過他的家鄉。他的妻子原本說，她清楚聽到走在碎石子路上的腳步聲，現在換了故事，說只有一個人從犯罪現場逃跑，不是兩個人。

「他們把我們當白痴。」奧斯塔的一名法官在審判過類似的案件後說：「令人難以置信的是，他們在法官面前說謊說得面不改色……對他們說的故事合理與否毫不在意。」他估計，在他面前說出真相的證人，大概只有二十%到三十%。「說謊讓人覺得有趣，也帶來開心。」他說：「大家不會因此瞧不起你。」

「無法了解真相」也許是義大利盛行竊聽的原因。馬克斯普朗克研究中心（Max Planck Institute）二〇〇三年發表的一項研究指出，義大利每年發行的監聽許可，每十萬人中有七十六人被監聽。這高於任何其他接受調查的國家。相比之下，在德國，每十萬人中有十五人，法國有五人，英格蘭和威爾斯為六人，在美國則不到一人。[24]

少數成功打入義大利市場的外國公司裡，有一家是總部位於英國的電信商沃達豐（Vodafone），於二〇〇〇年收購了義大利公司奧尼特爾（Omnitel）的控股權。此後，沃達豐占有了義大利三分之一的電信市場。沃達豐的成功有很多原因。它最早的宣傳活動主打梅根·蓋爾（Megan Gale），她是在澳洲出生的毛利人，外貌獨特的模特兒兼演員，所拍的廣告帶來巨大的影響。從那時候開始，沃達豐用了一連串琅琅上口的口號，精明地瞄準義大利人的喜好，讓公司一直出現在大眾眼前。

但我懷疑，沃達豐的成功，部分原因是它提供了獨特的服務。這個服務被稱為「另我」（Alter Ego），也就是讓客戶能夠在同一張 SIM 卡上，擁有兩組門號。沃達豐說：「您可以使用選單，來快速轉換要使用哪個號碼，或是同時使用兩個號碼。」這個服務非常適合出軌的丈夫或妻子。說實在，對任何想要讓自己暫時失蹤的人，這都非常有用。沃達豐說，「另我」僅適用於義大利。一位公司發言人說，這是一項專為「本地市場」提供的服務。

•••

似乎也可以推測，義大利人這麼迷戀假象，跟他們特別明顯的面具文化有關。古羅馬的貴族家庭會保留他們祖先的死亡面具（註：以石膏或蠟將死者的容貌保存下來的塑像）。面具也是十六世紀在威尼斯出現的義大利即興喜劇（Commedia dell' Arte）不可或缺的一部分。大約在同一時間，面具舞會也在威尼斯流行起來。

面具舞會中的面具是用來隱藏身分的，利用假面隱藏真實的面孔。這與榮格（Jung）選用拉丁文的「面具」（persona）一詞，來解釋「表面上的自我」，意思相近。但是，面具的目的不只一個。在義大利即興喜劇中，面具的作用不是迴避現實，而是誇張地呈現角色的個性，讓觀眾更意識到現實。在古羅馬，面具反映的是現實：專業哀悼者會戴上死亡面具，參加家祭。

假象和謊言當然可以用來欺騙，但也可以用來交流。莎士比亞所撰寫的《奧賽羅》

（*Othello*）的情節，從未真正發生過；米開朗基羅的〈大衛像〉不是一個真正的男人；波提且利所畫的維納斯，不是一個真正的女人。但沒有人會說莎士比亞是騙子，或指責米開朗基羅和波提且利欺騙人。他們的創作已經無關真實與否，而是用來傳達思想，勾勒理想。世界上沒有任何地方，比義大利更了解創作的力量，可以道盡一切，可以燦爛繽紛。

部分原因是，義大利人和其他南歐人一樣，是天生的演員。當然，也有例外。我認識很多比瑞典人還要沉著的義大利人。但是，只需要花點時間在義大利生活，特別是去酒吧和餐館，就可以看到人們表情十足、手舞足蹈地談天說笑。簡單來說，就是比溫和沉靜的北歐還要充滿戲劇效果。

這常常讓義大利人和在義大利的外國人之間，關係變得複雜。當我第一次在義大利工作時，另一位在羅馬的外國記者曾在亞洲工作過很長一段時間。他覺得義大利人對上北歐人和北美人的關係，有點像歐洲人和美國人對上亞洲人的關係。

他曾經說：「大部分的東南亞人和東亞人，都用我們無法辨別的方式，表達他們的情感，因此我們總是說他們缺乏感情，或者直接忽略他們可能有的情緒，因為我們覺得對方『難以理解』。我認為，很多義大利人以同樣的方式看待我們。我們表達的驚訝、失望或煩惱，或者其他任何情緒，和他們相比，都不那麼明顯，以至於他們常常注意不到。」

要讓義大利人知道你在生氣真的很難，所以漸漸地，你就會養成一種隨時可以發脾氣的能力。當你提高音量，並且肢體動作愈來愈大時，有時就會發現與你打交道的人的臉上，出現「懂了」的表情，還混雜一些好像很開心的驚喜：突然間，在某種程度上，你說了他們的語言，雖然這與語言學或語義無關。

···

如果說皮蘭德婁是典型的義大利作家，那麼將灼熱的情感毫無保留地表達出來的歌劇，就是義大利典型的藝術形式，光是歌劇在十六世紀晚期出現的過程，就很義大利。歌劇源於佛羅倫斯小廳集（Camerata）的討論和實驗。一群佛羅倫斯的作家、音樂家和知識分子，想要復興古典希臘戲劇中文字和音樂的結合方式。[5] 一五九八年，雅各布·佩里（Jacopo Peri）創作了最早的歌劇《達芙妮》（*Dafne*）。一六三七年，第一座公共歌劇院聖卡西安諾劇院（Teatro San Cassiano）出現在威尼斯。

在十九世紀，歌劇與義大利的國族意識緊密連結（這可以類比為華格納和德國國族意識的關係，只是華格納對德國造成的影響不太好）。其中的重要人物是朱塞佩·威爾第（Giuseppe Verdi）。[6] 他的歌劇《納布科》（*Nabucco*）描述了猶太人被巴比倫人囚禁的故事。劇中最經典的段落就是鼓動人心的「奴隸大合唱」，通常以開頭第一句的「飛吧！乘著思念的金色翅膀」（Va Pensiero）[7]來稱呼。在這首合唱中，猶太人唱著他們對美麗但已失去的祖國的渴望。近年來，學者探討威爾第是否藉著《納布科》傳達政治訊息。毫無疑問，威爾第熱衷於民族運動，而這首合唱曲也極有可能在接下來被視為義大利臣服於外國勢力的隱喻。威爾第之後的一些歌劇，像是《萊尼亞諾戰役》（*Battaglia di Legnano*），明顯與民族運動有關。一八六一年，威爾第成為義大利第一屆國會議員。

現在，義大利政治仍與歌劇之間有著密切的聯繫，或者至少說，政治常常看起來像歌劇一樣誇張。你可能會以為，在義大利的所有政黨中，北方聯盟應該是最貼近人民的（順便說一下，〈飛吧！乘著思念的金色翅膀〉已經被當作該聯盟的代表歌曲）。聯盟的創始人翁貝托．博西（Umberto Bossi）說自己代表波河河谷的那些刻苦耐勞、不那麼張揚的人民，他們不是花俏的拉丁民族，而是幾個世紀以來，定居在義大利北部的高盧人、哥德人和倫巴底人的後裔。這些人喜歡認為自己生活在「努力工作的義大利」。博西把義大利北部稱為「帕達尼亞」（Padania），也多次提到北部應該自治或獨立。

在一九九〇年代中葉，翁貝托．博西覺得他需要透過分離主義路線來為其政治運動定位。在任何地方，處於相同情況的黨魁，都會召開臨時代表大會，發表振奮人心的演說，大聲疾呼獨立，然後成立工作小組和政策委員會，來重新制定黨綱。但博西選擇了另一種方式。當時一位報紙專欄作家說：「這是歐洲有史以來最大型的政治鬧劇。」

翁貝托・博西的鬧劇在一九九六年的某個星期天揭開序幕。博西和他的高層一起到阿爾卑斯山，爬了兩千多公尺，找到波河源頭的泉水。他慎重地拿了一個玻璃小瓶，裝滿「波河的聖水」。然後，他和支持者乘坐小船順流而下，將小瓶帶到威尼斯。博西在那裡宣讀了一份獨立宣言，該宣言以美國開國元勛之一湯瑪斯・傑佛森（Thomas Jefferson）的一句話開場。

「我們，帕達尼亞的人民，鄭重宣布帕達尼亞是一個聯邦，是一個主權獨立的共和國。」他朗誦著。然後，一面義大利國旗被降了下來，聯盟的綠色和白色旗幟升起，取而代之。在此同時，一份發下去的「過渡憲法」明確表示不會立即獨立。這份憲法授權了由博西組建的「臨時政府」與中央政府協商，談判如何在接下來分道揚鑣，期限設在一九九七年九月。在那之後，如果未能達成協議，聯盟單方面的獨立宣言就會「全面生效」。

這會導致開戰吧？

但在義大利不會。一位憲法法庭前院長呼籲逮捕翁貝托・博西，但沒有成功。警察與抗議博西的極左派和極右派示威者發生衝突。但絕大多數義大利人都明白他渡河而下的意思：這只是一場精心的作戲。他們這樣想是對的。一九九七年九月到了，也過了。帕達尼亞（如果真的有存在過的話）仍屬於義大利。事實上，沒有人注意到最後期限已經過了。

但是每個人都意識到，這個聯盟的方向已經改變了，至少在下一次戰術轉變之前是這樣。

• • •

義大利黑幫的部分魅力，也在於他們擅用符號表達。在翁貝托．博西渡河後不到一年，我在義大利的另一端，在埃特納火山腳下的卡塔尼亞，坐在一輛代號為「鯊魚」的警車，穿過犯罪猖獗的後街。當時，卡塔尼亞是義大利最暴力的城市，西西里黑手黨在這裡與其他組織犯罪集團爭搶地盤。這個城市的面積跟美國辛辛那提（Cincinnati）或英國赫爾（Hull）差不多（註：約臺北市的三分之二大），但每個星期會有兩起黑社會之間的兇殺事件。

在我到達的那天晚上，最新的受害者剛被找到。他的臉部和喉嚨中彈。不知道是死前還是死後，他的頭部被石頭重擊，死狀悽慘，但如果他是在莫斯科或澳門被仇家的流氓殺害，大概也是這種情況。讓這起事件特別不同的是，他的死顯然是經過安排，要傳達某個訊息：一把西西里黑手黨愛用的那種烏茲衝鋒槍，橫躺在屍體的膝蓋上方。

那位一整個上午都跟我在一起的警察，覺得這有確切的意思，而且至少有一個黑幫分子可以一看就懂。如果警方知道怎麼解碼，將十分有助於調查肆虐的幫派戰爭。警察一邊巡邏，一邊討論著：為什麼那把槍會被放在那個地方？那把槍是否真的是西西里黑手黨的？保險栓的位置是否有任何意義？受害者四肢的排列方式是否有任何意義？

這些警員的表現，就是一般義大利人在面對新的、充滿戲劇張力或不尋常的事物時，會有的本能反應。沒有什麼會是偶然的。這可能是北歐人與南歐人，尤其是義大利人，在世界觀上最大的不同。北歐人大多帶著些許鄙夷的態度，認為南歐人沉迷於陰謀論。但事實是，南歐人，尤其是義大利人，最習慣編故事、搞計畫。更重要的是，他們常使用隱喻，借符號表達。既然這麼多的東西不是騙人的，就是假的，那麼，若要在簡單的解釋和曲折的解釋間做出選擇，不如就擁抱後者吧。

這也是所謂陰謀論（dietrologia，字面的意思是「找尋背後」）的基本原理。這是一種獨特的義大利藝術，用於臆測事件背後真正的動機或原因。如果一位部長成功為殘障人士爭取到更多資源，陰謀論者連一秒鐘都不會相信這是因為這位部長為殘障人士著想。陰謀論者會注意到，部長的姊夫在一家製造義肢的公司擔任董事會成員。如果一家報社號召群眾去反對一家公司，說該公司祕密向一位糟糕的外國獨裁者出售竊聽設備，陰謀論者則會指出，該報紙有一位股東經營類似的事業。陰謀論的本質是，不認為有人可以純粹出於道德信念而採取行動。

但在義大利，看到的或聽到的不一定是真的。有一次，我和一位記者同事喝咖啡，聊到了那個星期的新聞事件。投票日快到了，西爾維奥・貝魯斯柯尼準備在羅馬結束競選活動。民意調查一致認為，首都對投票結果至關重要，但對於來自米蘭的貝魯斯柯尼來說，羅馬一直都是艱困選區。因此，當羅馬體育俱樂部足球隊（AS Roma）的隊長弗蘭西斯科・托蒂（Francesco Totti），表示他在同時舉行的市長選舉中，不會投給貝魯斯柯尼的候選人時，不難理解貝魯斯柯尼陣營的反應。托蒂在羅馬球迷心中屬於半人半神的地位。在羅馬，足球對許多人來說，不只是運動，更像是一種崇拜。因此，托蒂的言論可能會改變選舉結果。在前一晚，事情被貝魯斯柯尼弄得更糟，因為他說托蒂「瘋了」。

但是隔天早上，他突然改變了說法。在一場電臺採訪中，他稱讚托蒂是「很棒的小伙子和偉大的足球員」，接著說：「我一直都很喜歡他。而且，無論如何，他的妻子在我集團底下的電視臺工作。」

在走回報社的路上，我說：「所以，貝魯斯柯尼的性格轉變了，人變好了。」

但我的義大利同事僵在街上，非常驚訝地看著我。

「你真的不懂？」她問。

「什麼？」

「才不是這樣。對我來說，這是一個警告。他說：『看好，托蒂。你給我記住，你的妻子在我公司工作。在投票日之前，你再發表這樣的言論，那她就準備去其他地方找工作吧。』每個義大利人都會這樣想。」她說道。

符號和隱喻的使用、假象與現實之間無休止的相互作用、無法了解一個普遍接受的事實，這些都讓義大利令人又愛又恨。相應而起的是另一個問題：為什麼一個花這麼多時間挖掘面具背後、表層底下的意義究竟為何的民族，會這麼注重外表，在意他們在表面上看到的東西？

註釋

1、米克雷．米塞里是受害者莎拉．斯卡齊（Sarah Scazzi）的姨丈，莎拉．斯卡齊於二〇一〇年八月二十九日失蹤。

2、在第二次世界大戰中，德國軍隊撤退時，並沒有在羅馬或佛羅倫斯進行任何軍事行動。奧爾維耶托城則是在當地英國和德國指揮官達成協議下，沒有遭到破壞。

3、卡洛．科洛迪是筆名，他的本名是卡洛．洛倫齊尼（Carlo Lorenzini）。

4、然而，可以說，英國和美國的數據沒有真實反映官方進行的竊聽。美國國家安全局包商雇員愛德華．史諾頓（Edward Snowden）就曾透露，英國人和美國人受到其他方式密切監控。

5、小廳集最具影響力的成員之一是伽利略的父親：文森佐．伽利略（Vincenzo Galilei），他提出聲樂伴奏從複音音樂變成單音音樂的決定性理論。

6、威爾第（Verdi）的姓氏也巧合地具有象徵意義。為義大利帶來統一的國王是維克托．伊曼紐爾二世（Vittorio Emanuele, Re d'Italia），名字首字母的縮寫，剛好是 Verdi（威爾第）。因此，當觀眾一起高呼「威爾第萬歲」時，他們會覺得自己不只是在讚美作曲家。

7、編註：原文名稱 Va Pensiero 的意思是「去思念」，華文界的歌名通常翻譯自整句歌詞：Va, pensiero, sull'ali dorate。

第六章 ◇ 面子值多少

了解一個人唯一可靠的方法，就是看外表。

——安東尼奧・阿穆里（Antonio Amurri），《我在這裡說，在這裡我否認》（*Qui lo dico e qui lo nego*），一九九〇

桑德羅・韋羅內西（Sandro Veronesi）的小說《過去的力量》（*La forza del passato*）①中，主角與父親不和，而他已故的父親是（或至少看起來是）一個頑固的右派分子。韋羅內西的主角以第一人稱敘述回憶，在一九七〇年代的某一天晚上，他們正在看電視，而走新法西斯路線的義大利社會運動（MSI）的創建人喬治・阿爾米朗德（Giorgio Almirante），正在開記者會。母親則在廚房裡烤蛋糕：

就我們兩個人，沒有中間人，這是最適合讓事情變糟的場景。阿爾米朗德正在說話，我保持安靜，先看父親有什麼反應，以便決定發動哪種攻擊。但奇怪的是，這一次他也保持沉默，並沒有像往常那樣出言挑釁（比如，他會說：「他說得很對。」）阿爾米朗德已經回答到第四個問題，我們誰也沒有說一句話，最後，父親開口了。「永遠不要相信那些在西裝外套下穿短袖襯衫的男人。」他說。

說故事的主角驚訝極了，更仔細地觀察了一下阿爾米朗德。這位膚色曬得健康的社會運動領導人，表面看起來一絲不苟，「但他光溜溜的手臂從筆挺的藍色西裝外套袖子底下露了出來，一旦注意到這個細節，整個人看起來就隱約有些不得體。」

很多人（尤其是美國人）喜歡他們的政治人物看起來體面。但義大利人不僅希望他們的政治人物穿著完美無瑕；義大利人與義大利媒體無止盡地審查他們所謂的「外表」，也就是政治人物的打扮，以尋找透露人物真實個性的線索。我記得曾經有一份全國性日報花了一整個版面，比較了西爾維奧・貝魯斯柯尼和當時的總理競選對手羅馬諾・普羅迪的衣著及偏好風格。從他們的領帶開始（貝魯斯柯尼死守深藍底白色鳥眼圖案的領帶，而普羅迪則偏愛軍團風格的各色斜條紋領帶），然後一步一步比較，最後到他們的內褲。普羅迪顯然穿寬鬆的四角褲，而貝魯斯柯尼則喜歡貼身的三角褲。這些關於他們內褲的訊息來源，並未被披露。

每當有新人當選時，他的打扮就會從頭到腳被好好評論一番。義大利第一位擁有共產黨背景的總統喬治・納波里塔諾（Giorgio Napolitano），他的時尚讓媒體傷透腦筋（嗯，對一個八十歲出頭的男人，你能期望什麼呢？）但這並沒有讓時尚界人士卻步，還是詮釋他的風格為「南部有教養的中產階級」。從他的博爾薩利諾牌（Borsalino）頂級手工帽到繫帶鞋，讀者讀到一本正經的分析，告訴他們，即將上任的總統，「喜歡黑色或棕色的衣著，而且總是皮製的。」

這種瞇起眼睛打量別人衣著的目光，同時也在審視外國政客。當義大利裔的南西・裴洛西（Nancy Pelosi）被選為眾議院議長時，她「故鄉」的報紙當然自豪地報導了這個事件，但報紙的重點可能會讓她大失所望。報紙放了一張裴洛西的照片，底下大大標註「六十六歲的南西・達歷山德羅・裴洛西（Nancy D' Alesandro Pelosi）」。這位剛剛成為美國史上層級最高的女性政治人物，「在巴爾的摩出生，搬到加州。喜歡穿亞曼尼。」

幾年後，英國舉行大選時，我在《晚郵報》的羅馬辦公室。電話響了。打電話來的是《衛報》（*Guardian*）政治部的一位同事。

「約翰，我剛接到一通很誇張的電話，那個人說他在《晚郵報》工作。」她說。

「那個人不是在開玩笑。」我說：「是我把你的號碼給她的。」

「哦，這樣，那就好。」我的同事說：「你看，關於候選人，她只想知道他們妻子的穿搭。這很奇怪。」

現在，我面前有那篇最後刊登出來的文章，標題是「時尚評比」。在一張橫跨整頁的圖表中，每個主要政黨的黨魁都站在妻子身邊。每位女性的時尚品味都有一句整體評價。除此之外，還有一些放大了局部照片的小圓圈，帶讀者看衣著上的細節：工黨領袖的妻子莎拉・布朗（Sarah Brown），「紅色厚底涼鞋和藍色緊身褲（六十三歐元）」；米利安・岡薩雷茲・杜蘭蒂斯（Miriam González Durántez），自由民主黨競爭者尼克・克萊格（Nick Clegg）的西班牙配偶，「一千個錫罐拉環製成的提袋，巴西製（五十二歐元）」；莎曼珊・卡麥隆（Samantha Cameron），保守黨候選人的妻子，「拼貼腰帶（三十三歐元）」。

報紙告訴讀者，莎曼珊・卡麥隆選了不貴但時尚，同時又不過度炫富的配件。至於莎拉・布朗，雖然她的混搭曾被批評，但有人覺得她是故意這樣穿的，以便與太完美的莎曼珊・卡麥隆形成對比。

英國報紙不可能這樣分析義大利候選人的衣著品味，更甭提他們的妻子了。但是在義大利，所有的表面都會被放大檢視，看看有沒有線索能透露藏在底下的東西。這和前一章的結論有關係：義大利人之所以這麼重視表象，是因為他們覺得表象代表某些內裡、眼睛無法察覺的東西。既然義大利社會依賴象徵與手勢傳達意思，這一切其實在意料之中。

●●●

義大利人比其他人都更會用視覺表達自我。全世界都有手勢，而有些手勢也是全世界通用的，大家都知道把大拇指和食指搓一搓，是什麼意思。但只有義大利人能有這麼多各式各樣的手勢，每個都具有精確的意思。有時候，如果你聽不到對話，用看的也可以約略知道內容。

有手勢代表飢餓、同意、不以為然、結婚、狡詐、堅持、否定、爆炸、同謀。喝水和喝酒有不同的手勢。有的手勢可以代替整句話，像是「待會見」或「趕快說」。有一次，我列了一張手勢的清單，隨便就列了九十七項。

用手勢表達情緒的方式，每個人都大相逕庭，每個情境也都不同。一般來說，談話愈激烈，談話者就愈有可能手舞足蹈。另外，社經地位愈高，通常手勢用得愈少。比如說，你的律師不太可能在你面前抬起下巴，用食指指著他張開的嘴巴。他應該會直接告訴你，他覺得有人太貪心了。但是，如果這時有個他認識的漂亮女人走了進來，穿著優雅，他可能會不禁敞開雙臂，手掌向上，表示「妳實在太美了」。

這是另一個為什麼表象那麼重要的原因：義大利生活熱衷追求美。除了古典時期之外，義大利人沒有十八、十九世紀的帝國榮光可以自豪。就算是威尼斯帝國，與西班牙、葡萄牙，或者更晚一點的英法帝國相比，根本是微不足道。義大利北部和中部的小國家，在過去曾經是歐洲最有錢的地方。從伽利略到恩里科．費米（Enrico Fermi），義大利在科學發現上也有一席之地。但義大利人帶給人類的最傑出貢獻是藝術，尤其是視覺藝術。歷史上來看，只要是跟視覺相關的領域，義大利人鶴立雞群，無論是文藝復興的藝術成就或是現代的汽車設計。他們超群的領域，包括了繪畫、建築、雕塑、電影。當然，以視覺表現音樂的歌劇也是。至於時尚，他們一直以來都引領著世界潮流。莎士比亞的《李察二世》（*Richard II*）中，約克說：

> 對於義大利的時尚，

我們這個學什麼都慢的國家，
只能一跛一跛地模仿。

通常，外表在義大利比其他實際的考量來得重要。在其他地方，電腦或3C產品的廣告，都會強調配備和效能：記憶體多大、顯示器畫素、路由器的數量等。但在給義大利人看的廣告裡，這些細節可能都沒有。比方說，二〇一〇年臺灣華碩的廣告中，在最新型的超薄筆記型電腦旁，放了一排倒滿香檳的玻璃杯，上面的標語寫著「科技有型」，「有型」兩個字還印得特別大，幾乎占滿整頁。

很多國家的女警被要求把頭髮剪短，以免長髮被暴徒抓住。在義大利，這根本是不可能的事。一頭長髮從警帽底下流瀉而出，是稀鬆平常的事。國家憲兵隊有規定長髮要綁起來，但沒有規定女性隊員的外表。在我的羅馬辦公室附近的車站，就有一位女隊員，她深黑的長髮紮成辮子，從帽子後面垂下，落在肩胛骨之間。

幾年前，正值冬天，有一份報紙刊登了一篇文章，告訴讀者，在不舒服的同時還是可以很時尚。標題是：「發燒？我穿得超性感。從性感內衣到圍巾：如何華麗度過感冒」。文章裡給了很多建議，包括如何不在第一聲噴嚏就丟失自己的自尊，還有要穿性感睡衣和亮色的厚襪，而不是很掃「性」的家居拖鞋。熱水瓶不可或缺，但讀者最好選擇有品牌的。

文章旁有一張照片，模特兒頭髮微亂，端著一個馬克杯，裝些熱飲。但她的睡衣開到肚臍，只有單單薄紗一縷，如果她真的感冒，應該很快就會變成肺炎。

義大利店員在包裝禮物上花的時間和精力相當驚人。花多少錢買東西不是重點，就算你是買一本打折的書，他們也會像是在包一對鑽石耳環那樣精心包裝。店員無視於你身後愈來愈長的隊伍，很有耐心地把每個角摺成等腰三角形；選用不同顏色但精心搭配的包裝紙，在包裹上折出對角條紋，然後用一段絲帶繫好，絲帶末端會是精緻的螺旋，再穩重地將完成的包裹交給你。

現代義大利任職時間最長的政治人物是一位電視大亨，這與義大利人強調視覺的邏輯相通。事實上，西爾維奧．貝魯斯柯尼並不是一開始就涉足媒體。他起先是房地產開發商，在三十歲出頭的時候，開始在家鄉外圍蓋一個巨大的住宅區，稱為「米蘭二號」。他第一次接觸電視，是因為要為居民提供有線電視服務。直到後來，他才萌生打破國有電視頻道壟斷的想法。他併購了地方電視臺，並讓每個電視臺在同時段播放相同的節目。在社會黨領袖和總理貝蒂諾．克拉克西（Bettino Craxi）的幫助下，貝魯斯柯尼買下了義大利七個頻道中的三個，得到在其他民主國家從沒見過的媒體影響力。

在克拉克西陷入醜聞並逃離義大利後，貝魯斯柯尼投入政治。一九九四年，他宣布參加當年的大選。他宣布的方式，為接下來在公眾目光下的政治生涯定下基調。其他候選人可能會發表新聞稿，或在一些高調的聚會上宣布自己的意圖。但貝魯斯柯尼並沒有這樣做。他向所有主要的電視頻道發送了一段精心製作的影片，讓他們在新聞上播放。就像首相和總統向全國發表電視談話那樣，貝魯斯柯尼坐在辦公桌後面，毫無遮掩地表現出大權在握的樣子。他的措辭更突出自己的紆尊降貴：他不做任何平庸的事情，比如參政、成為候選人或接受挑戰。不，他說，他已經決定要 scendere in campo。這是一個體育術語，可以譯為「進到球場」，但在義大利語中，使用的動詞是「下降」（scendere）。在九分半鐘的談話裡，他把自己說成是個人自由、經濟自由主義和政治創新的擁護者。

最後一個說詞並沒有錯。他的政黨「義大利前進黨」不同於以往的任何政治運動。當時，義大利前進黨成立不到一年，主要是由貝魯斯柯尼媒體帝國的廣告部門負責人馬切洛·德爾烏特里一手促成（見第五章）。前進黨最初的許多官員，都是德爾烏特里的部屬。幾乎沒有人在貝魯斯柯尼開始競選時，覺得他會選上，尤其是他的主要盟友是特立獨行的北方聯盟，以及索里尼意識形態的繼承者，新法西斯的政黨。但在兩個月後舉行投票時，他們漂亮地贏得了選戰。

貝魯斯柯尼的第一個任期並沒有持續多久。北方聯盟那時尚未極度右傾，不斷和新法西斯主義者（儘管他們聲稱自己是「後法西斯主義者」）不和，並且經常與貝魯斯柯尼本人意見相左。不到八個月，北方聯盟的翁貝托．博西就命令他在國會的盟友投奔在野黨，讓政府垮臺。對貝魯斯柯尼來說，這時他走上了在政治界流浪的漫漫長路。但是，二〇〇一年，他在引誘博西加入新的聯盟之後，獲得壓倒性的勝利，於接下來的五年重新執政。

貝魯斯柯尼在二〇〇六年的大選中，以些微差距落敗，兩年後又再度出任總理。他的第三個任期有好的開始。[1] 但在選舉獲勝一年後，他捲入了一系列私生活的醜聞。貝魯斯柯尼被披露他參加了一名很想紅的歌舞女郎的生日派對。隨後，他的妻子發表了一份非同尋常的聲明，稱她的丈夫「有病」、「與未成年人交往」。接下來的兩年，貝魯斯柯尼不斷被爆料，說他在羅馬的宮殿舉辦了派對，女性賓客與男性賓客的比例是四比一。有一段聲稱記錄了他與妓女親密枕邊談話的錄音，被上傳到網路上。他也被指控為了摩洛哥逃家少女「瑪洛」（Karima el-Mahroug）介入警方的辦案。瑪洛是夜店舞孃，曾在十七歲時參加貝魯斯柯尼在米蘭家中舉辦的淫亂派對。[2]

但民意調查顯示，義大利選民更看重的是貝魯斯柯尼在全球金融危機時的反應。這場危機始於二〇〇七年的美國，當時次級房貸市場崩潰，導致歐元區在二〇〇九年也陷入動盪。貝魯斯柯尼的原則就是始終保持樂觀。早在他進入政治界之前，就跟業務員說，他希望他們口袋裡裝滿陽光。②因此，他面對罩頂的金融風暴，採取矢口否認到底的態度，不認為義大利會受到影響。

從某種意義上來說，他是對的，因為義大利的銀行沒有像美國、英國和其他地方的金融機構，遇到同樣的災難。但危機之後，義大利整體經濟受到的衝擊，遠超過歐洲其他國家。二〇〇九年，隨著貝魯斯柯尼仍然對外報佳音，義大利的國內生產毛額下降了五．五%。有一段時間，貝魯斯柯尼的策略奏效（詳見後文），但隨著失業率上升，破產情況飆高，愈來愈多義大利人意識到情況並不像他們的總理所堅持的那樣樂觀。

在此同時，投資者愈來愈擔心義大利拖欠的巨額公共債務可能會違約。政府的借貸成本開始攀升，起初很緩慢，但隨後驚人地竄高。然而，貝魯斯柯尼似乎無法承認局勢的嚴重性，也不知道如何採取極端但必要的措施來應對。隨著國際市場恐慌，貝魯斯柯尼於二〇一一年底下臺，由經濟學家暨前歐盟執行委員會委員馬力歐．蒙蒂領導的無黨派政府接手。

大家似乎同時鬆了一口氣。貝魯斯柯尼在向總統遞交辭呈後，溜出宮殿的側門，避開經常在外面唱著韓德爾（Handel）的〈哈利路亞〉（Hallelujah）的群眾。很少有總理在如此屈辱的情況中下臺。

儘管貝魯斯柯尼的許多批評者可能不想承認，但他可以稱自己是現代世界上最成功的政治家之一。雖然人們普遍預測這次的辭職標示著他政治生涯的結束，而且兩年後，他也因為逃稅而被定罪，但這位電視大亨在縱橫政界二十年後，仍然是義大利社會的一號人物。自墨索里尼以來，沒有一個義大利人給他的國家留下如此深刻的印象，也沒有任何一位前共產主義集團以外的歐洲政治家，成功地引起這種個人崇拜。從他還是媒體大亨時，這位身材矮小的人物就一直是眾人目光的焦點。

前法國總統夏爾・戴高樂（Charles de Gaulle）在參加政治集會時，沒有歡迎他出場的主題曲。而貝魯斯柯尼的支持者會唱〈幸好有老貝〉（Menomale che Silvio c'è），歌曲開頭如下：

有一個偉大的夢想
在我們心裡，
我們是自由的人民
總理，我們與您同在

柴契爾夫人也沒有網路上的粉絲團④，賣著紀念T恤、包包和圍裙。網站上還有一段引文傳達了粉絲的民主觀，據說這是引用自亞里斯多德（Aristotle）的文章，告訴瀏覽該網站的人們：「一個國家最好由一個好人來管理，而不是由好的法律來管理。」[3]

他到底是怎麼辦到的？他到底怎麼說服數以千萬的義大利人，相信他是他們需要的「好人」？為什麼他們把票投給他，不是一次，也不是兩次，而是三次？

這個問題有幾個答案。

反對他的人，在政治上若不是來自舊的義大利共產黨，就是基督教民主黨的左翼。這些人在意識形態上不盡相同，總是爭吵不休。義大利前進黨及其盟友也是如此，但左派和中間偏左的政黨代表了兩個已經失敗的信仰。柏林圍牆倒塌後，基督教民主路線可能沒有像共產黨那樣被貶低，但在義大利，基督教民主黨身為執政者，卻深陷日益腐敗的制度，其領導公信力已不復存在。這樣的體制一直以來都把持著國家，直到一九九〇年代初期。

貝魯斯柯尼成功的另一個重要原因是他的話術。從一開始，他就用樸實無華的義大利語言與選民交談，從家庭生活中汲取隱喻，避開虛擬的語氣，使用簡單（甚至鄙俗）的詞彙，讓世俗百姓一下子就聽懂了。

對於一個看起來不像政治家的政治家來說，他還有不可估量的優勢。從一開始，他就向選民說自己是政治外行；在許多方面，他仍然如此。他的助手常說，貝魯斯柯尼最成功的時候，就是脫稿演出的時候，不謹慎、不尊敬、不嚴肅。他不斷地說錯話，只是讓支持者更相信，他真的是「他們其中的一分子」。

貝魯斯柯尼出生在米蘭中下階層的家庭，對於許多有相似背景的義大利人來說，尤其是那些自雇人士，他最大的吸引力之一就是，他似乎覺得逃稅沒什麼。他形容自己是一個自由主義者。而在大家眼中，他提供的自由是許多義大利人渴望的自由：做任何自己喜歡的事情。這在稅務方面看得最清楚。

當然，總理不能公開告訴人們，他對逃稅可以視而不見。貝魯斯柯尼也從未這樣說過。但他在二〇〇四年，曾對這個問題提出了自己的想法。當時他作為總理，出席了一個紀念金融衛隊成立週年的儀式。金融衛隊的官員履行了許多稅務監察員的職責。「有一條自然法規定，如果國家向你收取辛勤工作收入的三分之一，這似乎是個公平的要求；你把錢交出來以換取國家的服務。」他告訴聽眾說：「如果國家要求你給多一些，或更多，那麼你就被追討得無法喘氣，所以開始找一些方法來迴避或逃避，認為這樣才符合自己個人的道德意識，也不因此感到內疚。」四年後，貝魯斯柯尼宣稱，如果「稅率在五十％到六十％之間，那就太高了，因此人民有理由避稅或逃稅」。⑤但很諷刺的是，他的政府並沒有減稅。二〇〇八年，他兌現了一項選舉承諾，取消了一項非常不受歡迎的房屋稅。但總體稅收負擔仍然增加。

• • •

說了這麼多，貝魯斯柯尼進入政界有兩個特殊的優勢。首先，他是世界上最富有的人之一。他是一個商業帝國的負責人，此商業帝國的範圍遠遠超出媒體，還涉足零售、保險、資產管理。當然還有體育：也就是AC米蘭足球隊（AC Milan）。根據富比世（Forbes）的調查，貝魯斯柯尼的財富在二〇〇〇年高達近一百三十億美元。⑥

有這麼多現金，當然可以在政治上派上用場。貝魯斯柯尼花了三百七十億里拉（兩千六百五十萬美元），印製自己的傳記，並發送給義大利的每個家庭。結果在隔年大選後，他就重新執政。他的政治對手一再宣稱，貝魯斯柯尼幾乎無限的資源，讓他度過許多關鍵的不信任投票，繼續執政。有一次，在不信任投票的前夕，有超過十名眾議員，轉向支持貝魯斯柯尼。二〇一三年，一位在七年前離開中間偏左派的參議員聲稱，貝魯斯柯尼給他三百萬歐元，要他這麼做。貝魯斯柯尼否認這一說法，但隔年法庭審理後，賄賂罪成立。

當然，他的另一個巨大優勢是對媒體的掌控。他進軍政壇時，是蒙達多利出版集團

（Mondadori）和《視野週刊》（*Panorama*）的老闆；他的兄弟是《米蘭日報》的老闆。除此之外，最重要的是貝魯斯柯尼對電視的掌控。

義大利人非常依賴電視來獲取新聞和資訊。在網路流行之前，只有不到十分之一的義大利人會每天買報紙。就算在二〇一四年，網路已經普及了，但一項樣本眾多的民意調查發現，超過一半的人主要或完全從電視上獲取新聞。⑦

在野時，貝魯斯柯尼能夠依賴「媒體集團電視公司」（Mediaset）底下的三個頻道來支持他。當他執政時，也可以對屬於國營義大利電視廣播公司的另外三個頻道施加壓力。這種電視媒體霸權的影響力無法量化，但可以舉例說明。

二〇一〇年，有一項民意調查詢問義大利人對經濟的看法。其中一道選擇題問：「你覺得近年來什麼時候失業率最高？」事實上，自從貝魯斯柯尼政府在兩年前上臺後，失業率就不斷攀升。然而，最多的受訪者給出的答案是二〇〇七年到貝魯斯柯尼重新執政的前一年。對經濟的整體情形也存在類似的誤解。平均而言，參與調查的人大大低估了經濟的萎縮程度。直到隔年，義大利人才開始意識到情況有多糟糕。

自一九九四年以來，貝魯斯柯尼及其在媒體界的黨羽，不僅成功地改變了觀念，也改變了文字的含義。這位媒體集團電視公司首領的政治之路，一開始其實有個巨大的難關。他四處尋求支持，但除了北方聯盟之外，唯一能找到的是新法西斯主義者，也就是戰後義大利政治的賤民。當他首次表達對新法西斯主義者的支持時，大多數人都深感震驚。

不過，貝魯斯柯尼並沒有承認自己是一個極右派聯盟的領導人，而是開始將他的追隨者和盟友稱為「溫和派」。他的聯盟則是走「中間偏右」路線。起初，人們認為這不過是胡說八道。但貝魯斯柯尼和他的電視頻道不斷放送這些詞彙：「溫和」和「中間偏右」。幾年下來，這樣的說法漸漸被大眾接受。

義大利反建制（anti-establishment）[4]「五星運動」的共同發起人，網路大師吉安羅貝托・卡薩雷喬（Gianroberto Casaleggio）曾打趣說，住在貝魯斯柯尼的義大利，就像是置身於一九九九年上映的科幻電影《駭客任務》（*The Matrix*）裡的模擬現實中。⑧當然，國內的看法與國外明顯不同。我也認為，這可以解釋近年來一種弔詭的情形：為什麼一個在歐洲其他地區被看作是丑角的人，能夠得到一個社會這麼廣泛的支持，尤其這個社會明明這麼注重自己留給別人的印象。

不是義大利人的人，很多都在義大利聽過「bella figura」（好印象）這個詞，但很少人了解其中真正的含義，因為在英文中找不到它的對應詞。在英國和美國，「美」與「美德」

幾乎完全無關。但在義大利，這兩個概念是相重疊的。Bello（陰性是bella）翻譯為「美麗」、「漂亮」、「英俊」。但這個字也有很棒、良善，好的意思。[5]「善事」是una bella azione。

至於figura，這個字涵蓋了一系列的含義，從「圖片」到給他人留下的印象。也許image（形象）是英文中最接近的對應詞，但figura指的是你在別人眼中的樣子，而不是你希望投射的效果。

Fare una bella figura是指給別人留下好印象，儘管不一定是在視覺上。包裝禮物的店員可能會告訴你，如果你帶著一大盒果凍或一瓶陳年威士忌拜訪別人，[6]你會fare una bella figura（他沒有說出來的是，如果禮物包裝精美，你會給主人留下更好的印象；事實上，無論你買多貴的禮物，如果只用紙袋裝，然後出現在主人家的門口，你會留下一個糟糕的印象）。

在幾個方面，figura接近東亞所謂的「面子」。義大利人普遍覺得「避免丟臉」很重要，因此他們像中國人或日本人一樣，竭盡全力確保其他人也不會丟臉。一位對公司營運完全處理不當的執行長，通常不會在年度股東大會上受到公開的譴責，也不會在金融媒體上受到嚴厲的批判。所有相關人員會在私底下達成共識：他無法勝任這份工作。屆時，這個人會以最謹慎的方式解職，並讓他保持尊嚴和名譽。

對留下壞印象（facendo una brutta figura）的恐懼，在義大利社會無處不在。這解釋了為什麼洗衣店這麼少，以及為什麼就算有幾間，也只有貧窮的移民和外國學生在使用；這也是為什麼義大利人要去海灘或游泳池前，會先塗好防曬油；這也是為什麼市鎮政府安排他們最好看的警察在主廣場指揮交通；以及為什麼高於一定社會地位的義大利人，不願意乘坐公共交通工具。

「好印象」也是為什麼義大利人無論男女，都會為了維持形象而忍受不適。在整個地中海的其他地區，從西班牙到以色列，男性上班族在六月左右的某個時間，會換上短袖襯衫來應對夏季的炎熱。但在義大利，這樣做的話，就有可能像喬治．阿爾米朗德一樣，看起來「隱約有些不得體」。因此，即使在七月下旬氣溫攀升至攝氏四十度時，那些穿著全套西裝上班的義大利人，仍然頑固且心甘情願地被囚禁在可以讓他們伸手就露出袖扣的衣著裡。往下看，你可能還會看到他們穿著厚重的皮鞋和長襪（因為在義大利，衣著上最糟糕的缺失，就是在襪子和褲管之間露出一大塊皮膚）。在此同時，女性可能會穿著合身的上衣和緊身的裙子或褲子。就跟男人一樣，她們不會感到舒適，但會覺得自己是在「給人留下好印象」（facendo una bella figura），這比單純的舒適重要多了。

整形手術需求激增，似乎來自同樣的原因：義大利人需要獲得他人的認可。這個領域的國際統計數據異常不完整，但從國際美容外科醫學會（ISAPS）整理的一份報告中，二〇一〇年的統計數據顯示，義大利人非常願意接受各種整形手術。在二十五個國家的相互評比中，義大利每十萬人的整形外科醫師人數，僅次於希臘，排名第二。在手術（外科和非外科）相對於人口的數量，排名第三，僅次於南韓和希臘。二〇一〇年，義大利進行的整形手術數量，比美國高了三十％以上。與之相比，法國、西班牙和德國均落後，而英國的數字僅為義大利的四分之一。

讓這些數字更引人注意的是，義大利是一個被廣泛認為盛產俊男美女的國家。舉例來說，我很震驚義大利有非常多女性動過豐唇手術，其證據殘忍地清晰，因為很多人顯然動的是廉價和拙劣的手術。結果是雙重悲劇，因為大多數義大利女性的嘴型豐滿又好看，不需要人工整形，這個手術可能從一開始就完全沒必要。

這也讓人想起罹患厭食症的青少女，她們看著鏡子裡的瘦削女孩，卻看到一個胖女生在盯著她看。如果美國營養公司賀寶芙（Herbalife）的一項調查結果可信，那麼大約有七分之一的義大利人這樣想。二〇〇五年，民意調查機構發現，雖然有四十％的義大利人認為自己過重，但實際上只有二十六％的人超重。

在大多數情況下，執著於「好印象」是無害的。可以說，這樣的執著讓義大利的人文景觀充滿細緻元素，義大利的生活也因此更具吸引力和樂趣。想留下「好印象」的心態中，有一些因素是為了融入社會。在某些方面，這抵消了義大利人所說的 menefreghismo：漠然、不在乎其他人。[7]

但「好印象」的心態也指向一種根深柢固的不安全感，弔詭地與「不在乎其他人」互相衝撞，因而呼應了義大利人歷史上的脆弱和不穩固的民族認同。更重要的是，隨著所有對美好事物的崇敬，相應而生的是鄙視、迴避和隱藏任何醜惡的事物，或者更確切地說，任何被判斷是醜惡的事物。

有時需要幾個月，也可能需要幾年，一個人才會注意到一些奇怪的事情：義大利的殘障人士非常少見，就像在街頭、酒吧和餐館裡不常看到紅頭髮的人。大城市裡肯定有殘障和乞丐，但他們幾乎都是外國人。你看到的那些坐在輪椅上被推來推去的遊客，也大多是如此。

那麼，身體上有明顯殘疾的義大利人，究竟在哪裡呢？盲人和半身不遂的人在哪裡？在這些美麗的人當中，患有唐氏症或腦性麻痺的義大利人在哪裡？可悲的事實是，很多人都在家裡，沒人看到——他們被關在家中。在許多情況下，他們的親屬感到羞恥、不適和尷尬。而在另一些情況下，是因為社會缺乏為殘障人士提供的設施，社會似乎從來沒有真正為他們做好準備。

義大利的殘障人士被藏了起來，就像社會上的其他許多事情一樣，這與羅馬天主教會有關。有些從中古世紀發展出來的思想雖然早就被唾棄，但仍在暗中繼續發揮著作用，其中一點就是認為「殘障是上帝的懲罰」。

殘障的義大利人並不是唯一不被看見的人。我個人和朋友的經驗是：義大利人在病重或患絕症時，非常不願意被人看到。同樣值得注意的是，在義大利，女性於懷孕的最後幾個月，就不會在公共場合出現。這很自相矛盾，因為義大利用歡悅的言辭來包裹懷孕，把待產的女性稱為「處於甜蜜的期待中」（in dolce attesa），這句短語不僅是關心人的老太太會說，在機場廣播中也會聽到，告訴孕婦，她們可以直接到隊伍的最前端。在生活中，以及在理論上，即將成為母親的女人都受到尊重。但那也是因為義大利覺得這些女性的身體正包覆著最珍貴的禮物——生命。

註釋

1、從技術上講，這是他的第四段任期，因為二〇〇五年有內閣改組。參見第三章註六。

2、瑪洛的藝名是「偷心露比」。她當時的年齡可以參加派對，但在性交易上則未達到法定年齡。貝魯斯柯尼於二〇一三年被判有罪，罪名是與未成年妓女交易，並利用公職脅迫警方。二〇一四年，在他上訴後，這兩個罪名都改判無罪。在我撰寫本書時，尚不清楚檢方是否打算向最高法院提出進一步上訴。

3、事實上，亞里斯多德從來沒有寫過類似的東西。他是把這句話當作問題拋出來：「現在，我們首先要考慮的是，最好是由一個好人來管理，還是由好的法律來管理？」

4、編註：反建制主義是指反對傳統社會、政治和經濟原則的一種政治哲學。

5、這一點可以進一步討論。德文中的 schön 和其他語文中的類似形容詞，當然跟義大利文一樣，有很多意思。但令人驚訝的是，bello 和 bella 在義大利的使用頻率很高。當稱呼女人時，bella 也可以表示「親愛的」或「甜心」，而陽性的 bello 更值得一提。在稱呼男人時，英國人可能會用 mate；美國人用 buddy；西班牙人用 tio 或 macho；義大利人則是用了這個也可以表示「英俊」的詞。

6、在一九六〇年代初期，義大利人開始愛上威士忌。直到一九九〇年代初期，他們是世界上最狂熱的威士忌消費者，尤其格蘭冠威士忌（Glen Grant）已於二〇〇五年被金巴利（Campari）集團收購。然而，在二〇〇五年，整體消費量已經開始下滑。義大利仍然是世界第五大的威士忌市場，但最近的數據顯示，其銷售額僅為巔峰時期的三分之一。

7、menefreghismo 這個字來自 me ne frego，意思接近「關我屁事」。

第七章 ◇ 人生即藝術

世界上唯一的快樂就是開始。

活著是美好的，因為活著就是開始，總是如此，在每分每秒。

——切薩雷．帕韋斯（Cesare Pavese），《生活的技藝》（*Il mestiere di vivere*），一九五二

泰森是有四條腿的麻煩東西。

這隻野獸的巨顎透露著牠的血緣。牠的祖先在古代是為了在暗穴中戰鬥而培育出來的。不幸的是，沒有人告訴泰森，那些日子已經不存在了。牠蓄勢待發，想要痛擊附近的任何一條狗。泰森的主人向我們保證，牠對人類非常友好。但是，在我妻子想要摸牠的那一天，還好她及時收了手，因為主人的保證一點都沒用。

其他人可能很難看得出泰森的優秀特質，但牠的主人很愛牠。隨著泰森漸漸衰老，他們對牠的關注也愈來愈多，說他們對寵物完全無私奉獻，一點也不誇張。

隨著時間流逝，很難讓人不去想：如果他們讓泰森不再痛苦下去，可能是在幫牠。每天晚上，泰森被牽出家門時，牠幾乎無法站立，更不用說走路了。牠在主人的鼓勵之下，拖著自己的身體，顫抖地前行，到街上撒尿。最後，這樣的例行公事也變得不可能。泰森最終安息了。

牠的情況絕非特例。我認識的一位外國獸醫說，義大利飼主很明顯比英國人或美國人更不願意讓寵物安樂死。「生命」在義大利有無比的重量，這種信念也延伸到動物：生命是如此寶貴，必須在任何情況下延長和保護，直到最後。

所以，義大利人反對死刑。無論義大利政治人物在其他方面多麼保守，都會像狂熱的激進分子一樣，對美國常見的死刑處決感到震驚。偶爾，一些被判死刑的美國人案件被報導，出現在雜誌或電視紀錄片中，然後這案件在義大利就會變成全國性的醜聞。有時，面臨處決的囚犯是義大利裔美國人，而人們通常會對罪犯的罪行存有懷疑。案件曝光後，一連串要求釋放的信件和電子郵件，讓美國的州長困惑極了。隨著時間流逝，愈來愈接近處決的時刻，全部的壓力就會落在義大利的政治人物和義大利在華府的外交人員身上，要他們遊說暫緩行刑。通常再怎麼遊說也不會有用，這時義大利就會舉國譁然。不管義大利人在其他方面可能如何相左，在這個問題上幾乎意見一致。

為什麼呢？顯而易見的答案是因為羅馬天主教關於生命神聖的教義。但這是正確的答案嗎？教會的「生命神學」是其思想體系中相對較新的演變。對死刑抱持這樣的態度，可以讓教會在人工節育、體外受精和幹細胞研究等問題上，維持教義一致。但事實是，處決在之前的教宗國司空見慣，梵蒂岡城邦直到一九六九年才廢除死刑，比美國第一個廢除死刑的密西根州，晚了一百二十三年。[1]

或許有人會說，由於義大利人對天主教會的影響如此巨大，正是他們對生命的敬畏和熱情，塑造了梵蒂岡的教義；在這個議題上，不是教會影響了義大利人，而是反過來。近代第一個廢除死刑的國家，是一七八六年義大利的托斯卡尼大公國。該國在十一月三十日從刑法中廢除死刑，而這個日期在二〇〇〇年被宣布為托斯卡尼的國定假日。當時，托斯卡尼的統治者是奧地利人，但他受到義大利人切薩雷．貝卡里亞（Cesare Beccaria）的啟發，實施了改革。貝卡里亞可以說是世界上第一位刑罰學家。一八四九年，短命的羅馬共和國是下一個廢除死刑的國家，而聖馬力諾（San Marino）共和國也沒有落後太久。

生命極其寶貴的觀念，與義大利人盡興生活的決心息息相關。他們會盡可能地改善俗不可耐的現實，盡量減少沉悶，最大限度地增加令人愉快的東西，消除存在的不完美。

所以奉承無所不在。想像一下，你在羅馬，剛坐上一輛計程車，要去一條不是每個人都聽說過的路。你把路名告訴司機，他說：「我知道，是在塞冬布里尼路和法拉利路中間的那一條。」這時候，倫敦人可能會說「沒錯」，紐約人可能會說「是的」，但在義大利，如果你不喊「Bravo!」（這大概是「幹得好」的意思，但還有「聰明」的含義），那氣氛就會僵住了。現在，變成司機有責任讓剩下的旅程盡可能愉快。同樣地，所有的女人都自然而然地被稱呼為「美女」（belle），而真正漂亮的女人則是「美人兒」（bellissime）。

⁂

義大利人一整年都擅長用魔法點亮人生，但也許這個技能在四旬期（Lent）期間發揮了最大的功用。在天主教傳統中，四旬期是一年中最嚴酷的四十天，一個悔改和克己的時期，包括耶穌受審日與遭十字架釘死的受難日，直至復活節為止。但在義大利，情況似乎從來沒有那麼糟糕。

首先，和許多國家一樣，在漫長的幾週禁慾之前，會有狂歡節，一段短暫的自我放縱。在義大利，你會看到街上有小孩穿著各種奇怪的服裝，有的扮成公主，有的扮成食屍鬼、超級英雄、海盜等。每年，狂歡節會在二月初至三月初的某個時間點舉行，而孩子的服裝為一年中大自然不那麼好看的時候，增添了一抹色彩。

狂歡節就跟義大利的其他節日一樣，會帶來一系列的當季美食，例如酥炸甜脆餅（sfrappole，油炸後撒糖的薄糕點條）、油炸甜甜球（castagnole）或炸甜甜圈（frittelle，撒上糖、塞滿奶油的小甜甜圈）。這些高熱量的美食，在四旬期開始前就應該被一掃而空。但不知何故，在聖灰星期三（四旬期的起始日）之後的幾個星期，都仍然誘惑人心地持續供應，要到聖約瑟日（每年的三月十九日）都快到了，才開始從架上消失。

聖約瑟日總是落在四旬期期間，天主教徒將其標記為禁食日，在這一天不吃肉。但是，至少在羅馬以南的義大利南部，炸泡芙（zeppole）的出現大大減輕了齋戒時的困頓。這種炸泡芙的上面，通常還放著糖漬水果。當最後一個泡芙被吃光時，四旬期也就快要結束了。

然而，在四旬期結束前，要先度過基督教日曆中最淒涼的一天——耶穌受難日。祭壇上的裝飾品會被拿下來，牧師穿著黑袍主持儀式，沒有鐘聲。這個最悲傷的節日，在許多被義大利人視為半異教徒的國家反而是假日，包括英國、丹麥和瑞典。在有些基督教人口不占多數的國家，像是印尼，這也是一個國定節日。但在義大利，這不過是尋常的一天。商店有開門，銀行和劇院也照常運作。你不禁會想，這是不是因為耶穌受難日是義大利人一年中覺得最醜惡的一天。

無論如何，一旦過了耶穌受難日，這個國家就準備好迎接復活節和一連串的慶祝活動。除了巧克力蛋，還有更多不一樣的節慶美食，包括鴿子形狀的復活節蛋糕（colomba）、那不勒斯甜派（Neapolitan pastiera），還有在溫布利亞和義大利中部其他地區的人們會吃的乳酪味海綿蛋糕（pizza pasquale）。

換句話說，人生愉快地恢復正常。而且，在許多方面，義大利的正常生活（至少近幾十年的演變），絕對充滿歡愉。有城鄉之美、衣裝的優雅，當然還有陽光。

●●●

「我無需財富，只要安寧。」（Più tosto che arricchir, voglio quiete），詩人阿里奧斯托（Ludovico Ariosto）寫道。他的同胞大多持同樣的觀點。義大利人當然不懶惰。很多人都非常努力地工作，尤其是在家族企業中。但他們大多將工作視為必要之惡。二〇〇六年，由《視野週刊》委託進行的一項調查發現，如果每個月保證有五千歐元的收入，三分之二的義大利人會放棄工作。同樣地，退休通常被看作是好事。在義大利，似乎沒有像英美社會一樣，有任何關於如何應對身分喪失的煩惱。我認識很多退休的義大利人，有時在街上碰到，或者他們回來曾經工作的辦公室。他們每個人都說，不用再工作，真是太開心了。

我曾在兩家義大利報社作過客。在這兩家報社的辦公室裡，不會有任何額外的活動要把工作變得愉快。在義大利，這似乎是一種共識，認為要讓工作愉快只是徒勞。除了可能在聖誕節喝一杯之外，英國和美國的辦公室裡任何用來提振企業士氣和培養團隊精神的活動，這裡都沒有。這裡也沒有任何紀念儀式，記錄一個員工的進程。當員工退休的時候到了，他們就會消失。前一天，他們還坐在辦公桌前；隔天，他們就不見了。不會有在老闆辦公室裡的小聚會說「謝謝，祝你未來一切順利」；員工之間不用籌資來買餞別禮物；也不會有一塊軟木板，上面貼了字條告訴大家：「朱利奧或朱利亞在公司工作了十年、二十年甚至三十年後，要說再見了。」人就直接走了，就像路易斯．卡羅的蛇一樣，「輕輕地突然消失不見」。

這完全符合大多數義大利人在工作和休閒之間劃定的清楚界線。有時候，我喜歡隨身帶著一份報告或文件，一邊吃午餐，一邊趁空檔閱讀。但有很多次，義大利同事以驚訝夾雜不認同的態度走了過來。

「你知道嗎？這是一個很不好的習慣。」一位資深的報社主管對我說。他看到我在辦公室附近的一家咖啡廳吃東西時，正在翻閱一些文件。午餐和其他正餐一樣，是神聖的場合，坐在餐桌旁的人應該只專注於擺在面前的食物和美酒，或者享受談話的樂趣。

義大利人珍視休閒，但飲食的日常樂趣才是無比神聖。英國烹飪作家伊麗莎白・羅默（Elizabeth Romer）寫道：「我曾經在義大利的火車上，無意間聽到兩個互不相識的商人在對話。在整整兩個小時的旅程中，他們熱切地討論製作培根蛋汁麵和其他義大利麵的獨家方法。」任何在義大利生活過的人，都會有類似的經驗。在某種程度上，美食之於義大利人，就像天氣之於英國人，是一個適合陌生人之間交談的話題，不用觸及政治、宗教和足球。但這也不一定。有時你會聽到激烈的爭論，仔細一聽，結果是關於到底該用未燻製的培根，還是燻製過的培根。如果關鍵問題是「是否該用鹽漬豬頰肉（guanciale）」來代替培根，那麼爭論可能變得非常火爆。在義大利中部，有些人寧願花費一個月的工資，也不願意承認辣味培根番茄麵（bucatini all'amatriciana）可以不用豬頸肉。

有一部分原因是美食和家庭連結在一起。食譜由母親傳給女兒，成為家庭認同的一部分。食物也在家庭連結上扮演重要的角色。無論孩子有什麼外務，他們都要回家吃晚餐。這是討論當天事務、解決問題和抱怨的地方。孩子長大後，在星期天回家吃母親煮的午餐是社會常規。要是你住在城市裡，要記得，星期天午餐前的交通總是特別壅塞，因為大家在回家吃飯的路上，通常會在途中買個蛋糕或派之類的當甜點。

• • •

「餐桌」在義大利生活中的重要性，在各式廣告中不斷地被強調，甚至在語言的語法上也得到體現。**Il tavolo** 是物理上實質的餐桌，而 **la tavola** 是同一個詞，但是是陰性，很難翻譯。它的內涵包括餐飲及其準備、品質和食用，以及最重要的享受過程。**Il tavolo** 是一件用來放置盤子和切菜的家具。**La tavola** 意味著一段經驗，瓷製的碗盤、玻璃杯和刀叉只在其中發揮很小的功能性作用。例如，當義大利人想要描述美食的樂趣時，他們會說 **i piaceri della tavola**。

然而，直到最近，義大利料理才被認可，而不是次於法國的二流等級。即使是義大利人自己也有這種想法。朱塞佩．普雷佐里尼這位把同胞分為 furbi 和 fessi 的作家，遠遠走在時代前端（至少就國際輿論而言），但他在一九五四年問道：「與義大利麵條相比，但丁的榮耀是什麼？」在接下來的十五年，大家想到義大利飲食時，普遍仍想到用稻草包著酒瓶的廉價葡萄酒和成堆的義大利麵，全部放在方格桌布上。

從那時起，有幾個因素改變了大家的觀念。第一，義大利葡萄酒的品質顯著提升。第二，愈來愈多人注意到地中海飲食的好處。在過去的幾個世紀，外國遊客對義大利飲食中缺乏肉類感到遺憾和不屑。動物脂肪和蛋白質被認為是最好的食物，與不健康沾不上邊。推翻這一觀點的重要人物，是美國生理學家安塞爾・凱斯（Ancel Keys），他揭露了飽和脂肪與心臟病之間的關係。他和妻子瑪格麗特在一九七五年出版的《如何以地中海方式吃得好並保持健康》（*How to Eat Well and Stay Well the Mediterranean Way*）提供了一種替換掉肉類但仍然美味的飲食，富含橄欖油、蔬菜、豆類和魚。[2] 也許最重要的是，義大利料理的準備工作非常簡單，隨著人們開始期待在家中也可以享用像餐廳和飯店一樣的佳餚，這一點變得愈來愈重要。

但是，在伯明罕或波士頓，要重現在托斯卡尼的難忘黃昏或是俯瞰那不勒斯灣時，所品嚐的美味佳餚，並不像說起來的那麼容易。與其他國際知名美食相比，義大利美食的祕訣並非在於複雜的醬汁或特殊的香料，而是在食材的品質。如果過篩的番茄泥（passata）是用最好的番茄做的，那麼一道非常普通的菜餚，像是佐羅勒和番茄醬的短管麵，也可以在瞬間轉化成最精緻的美食。即使在今天，義大利許多住在城市的人們，仍然用他們或親戚擁有的土地上種出來的番茄，製作自己的番茄泥。

這種食材品質和美食之間的密切關係，是慢食運動的核心。慢食運動於一九八六年開始，以抗議麥當勞在羅馬的西班牙階梯（Spanish Steps）附近開設分店。慢食的目的是保存地方美食，使用當地種植的蔬菜和飼養的牲畜。雖然此運動沒有特別強調有機，但許多堅持原則的餐廳都使用有機食材和有機葡萄酒。慢食運動吸引了超過十萬名成員，大約分散在一百五十個國家。二〇〇四年，其創始人、飲食記者卡羅．佩特里尼（Carlo Petrini），在其家鄉杜林附近的布拉鎮（Bra），創辦了一所食品科學大學。這所大學還包括了一家米其林星級餐廳和一家旅館，教授的學科包括營養學、味覺化學，以及食物的歷史、美學和社會學。

相比之下，速食對義大利的影響有限。麥當勞大約只有四百五十家分店。① 與之相比，人口規模大致相同的法國和英國，都各有超過一千兩百家麥當勞。至於星巴克，在二〇一五年尚未進軍義大利。星巴克在美國以外的六十多個國家都有展店。德國、法國、西班牙等國的咖啡水準很高，也都有星巴克。但在義大利卻一間星巴克也沒有。被問及原因時，星巴克的執行長霍華德．舒爾茨（Howard Schultz）曾說是義大利的「政治和經濟問題」。②（編按：義大利首家星巴克於二〇一八年在米蘭開幕。）

⬤⬤⬤

一些義大利食品和菜餚，已經存在好幾個世紀。一五七〇年，教宗庇護五世（Pope

Pius V）的廚師巴爾托洛梅奧・斯卡皮（Bartolomeo Scappi）宣稱，義大利最好的乳酪是帕瑪森和馬佐利諾（Marzolino），這兩種乳酪現今都可以在任何義大利雜貨店找到。斯卡皮還提到了Casci Cavalli，顯然是指現在產自義大利南部的「馬背乳酪」（Caciocavallo）。

以前，那不勒斯以一種由一層麵團組成的菜餚而聞名。這種麵團不到一英寸厚，沒有頂部，當地人稱為「披薩」。但這樣的用詞不完全可信。在義大利，過往的詞彙經常與我們現在了解的食材和菜餚不同。在薄伽丘的《十日談》（*The Decameron*）中，惡作劇者馬索・德爾薩焦（*Maso del Saggio*）形容巴斯克（Basque）地區的一座山為「所有居民都住在磨好的帕瑪森乳酪上面，大家除了製作macaroni和raviuoli之外，什麼都不做」。他指的不是我們現在在小餐館裡會吃到的東西。他的macaroni應該是指用乾豆做成的餃子，而raviuoli應該是肉丸。薄伽丘還讓他的角色想像「一條流著Vernaccia的小溪」，但這是否與今天托斯卡尼爽口的白酒相同，我們不得而知。又比如說，現今奧爾維耶托城所產的白酒大多不甜，但幾個世紀以來都是像蜂蜜一樣甜。

橄欖油在義大利已經存在了好幾個世紀，甚至幾千年。但直到最近，在許多地區，橄欖油還是一種昂貴的奢侈品。豬油是中世紀大多數義大利人使用的烹調用油。從十五世紀開始，奶油在義大利南部和北部變得愈來愈流行。

同樣地，義大利麵長期以來都是義大利美食的一部分，但直到最近，才有了現在這種普及的地位。最古老的義大利麵形式應是千層麵，在古羅馬時代就有，儘管煮的方式不像今天這樣。乾義大利麵似乎是另外在北非發明出來的，做為沙漠商隊的食物。之後，很可能是由占領西西里的穆斯林傳到島上。在一一五四年出版的一份手抄本中，一位名叫阿爾依德利希（al-Idrisi）的摩洛哥地理學家和植物學家，描述了巴勒莫附近蓬勃發展的麵食製造業，穆斯林和基督教地區皆進口它們的產品。其中有一種像繩子一樣的義大利麵，當時稱作 itrija。就像駱駝商隊那樣，對船員來說，乾義大利麵也有一樣的好處，所以果不其然，乾義大利麵接下來出現在熱那亞，在一份一二七九年的文件中提及。十四世紀就有細麵條（vermicelli）的生產，這仍是熱那亞的特產。儘管如此，食用義大利麵在此時仍被認為是西西里島的習慣。直到十八世紀，那不勒斯人逐漸有了「吃麵的人」（mangiamaccheroni）的綽號。到了一七八五年，那不勒斯有兩百八十家麵館。

磨碎的乳酪從早期就被用來調味，但糖和肉桂也被認為是美味的佐料。義大利麵通常以完全不同的方式烹煮，有的不用白開水，而是用肉湯或牛奶。阿貝托・卡帕蒂（Alberto Capatti）和馬西莫・蒙塔納里（Massimo Montanari）在對義大利美食歷史的研究中，引用了一位早期烹飪作家的說法，提到「彎管麵（macaroni）必須煮兩個小時」。③

也是直到最近，義大利人才開始在料理中加番茄醬。幾乎可以確定的是，番茄是從西班牙傳進義大利，最早在一五六八年有了名字：pomo d'oro，也就是「金蘋果」。但義大利人（事實上，美國人和許多人也是）都對番茄抱持懷疑，所以番茄直到非常晚才被義大利料理接受。食譜中第一次提到番茄是在十七世紀末。在接下來的一百年，番茄似乎在那不勒斯料理中占據了一席之地。但直到十九世紀末，在義大利中部更常見的是用一種由酸葡萄製成的混合物，名為 agresto，來增加食物的酸味。

從新大陸引進而迅速在義大利流行的食物是玉米。玉米很快就被種植在威尼托，原本就有的 polenta（中譯為玉米糕），以前是用蕎麥製作，現在改用玉米粉。

不少外國人已經指出，義大利料理是最療癒人心的食物，義大利人自己也知道。在由埃托雷・斯科拉（Ettore Scola）執導並得獎的喜劇電影《我們如此相愛》（*C'eravamo tanto amati*）中，有一個角色說，義大利麵「比愛情更能解決所有苦難，帶來慰藉」。就像前幾章提到的，幾個世紀以來，義大利人真的需要大量的安慰。

總是會導致貧困的戰爭和內部騷亂，都豐富了義大利的美食文化。把芝麻葉（eruca sativa）加到沙拉裡，在一九九〇年代傳到英美等國，但這源自義大利人在第二次世界大戰期間和之後，採集可食用的雜草的行為。卡帕蒂和蒙塔納里寫道：

> 在饑荒時期發展的烹調技術，把來自土地的最小、最基本的資源變得能吃，例如用野生漿果和葡萄籽來做麵包，這在許多中世紀和現代編年史中都有記載。還有，像是用灌木

叢植物的根和溝渠中的草煮成湯。這一切都清楚證明了人們生活的困苦，日常中不斷受到各種災難的威脅。

義大利料理不斷演進，但很諷刺的是，今天的義大利人對任何一種烹飪創新，仍抱有很深的懷疑。大城市的豪華餐廳和五星級飯店的廚師，可能會即興創作和嘗試，但在家裡、街角的酒吧、鄰近的小餐館，食物要獲得認可的方法，就是和上個星期、上個月、去年，做完全一樣的東西。

以下的情形總是讓我驚訝。如果走進一家由義大利移民或義大利後裔在倫敦或紐約經營的三明治店，會有一大堆令人眼花繚亂的餡料。然而，回到了義大利，除了一些自覺時髦的店以外，三明治裡會包什麼，完全可以想見：火腿和莫札瑞拉乳酪、莫札瑞拉乳酪和番茄、番茄和鮪魚、鮪魚和朝鮮薊等。這些都很好吃，但總是完全相同。

⁂

很多義大利人仍然對異國美食深深地不信任，以至於許多異國餐館是開給移民吃的。就像英國人看待印度料理的方式，對義大利人來說，如果想吃便宜又非正式的食物，他們可以接受中國料理。但中國料理與義大利料理有些相似：都有餃子，也都有麵條。令人驚訝的是，唯一在義大利流行起來的外國料理，可能是最異國的食物：壽司。即使如此，在書寫當下，根據貓途鷹（TripAdvisor）網站提供的餐廳總數來計算，在羅馬，日本餐館占了一．二五%，而所有異國食物的比例不到六%。在國際化的米蘭，整體數字是十七%，在那不勒斯是七%。

同樣地，大多數人仍然對進口食品深表懷疑。製造商也知道消費者的敏感之處，所以盡可能在產品上強調是義大利製或來自義大利。一位父母分別來自英國和義大利的女性跟我說，當她還小的時候，有一次到義大利和祖母一起過暑假。剛到沒幾天，她的祖母發現她帶了一罐花生醬，便拿起花生醬，一臉憐惜地看著她。

祖母所說的「Figliola mia, Ma come ti sei ridotta」，不太好翻譯，但意思大概是「親愛的，你淪落到這個地步了嗎？」

在加入歐盟單一市場幾十年後，義大利超市裡仍然沒有多少外國產品。當然，會有德國啤酒，以及一些大量生產的法國或荷蘭乳酪。如果還有什麼其他的品項，則會被放在小小的異國食品區，外國人可以在那裡滿足他們對竹筍和鹹牛肉的渴望。

缺乏優質的外國乳酪尤其引人注目，因為義大利對世界乳酪的貢獻只能算是一般。當然，義大利有莫札瑞拉乳酪和帕瑪森乳酪，但這些主要是烹飪用，而非直接吃。除了古岡左拉（Gorgonzola）和馬佐利諾等少數乳酪，義大利乳酪非常乏味。西班牙的情況也是如此，儘管近年來西班牙的乳酪製作突飛猛進。這兩個國家都與法國接壤，而法國乳酪無疑是無與倫比的。但是，如果你現在走進一家西班牙超市，會發現架上擺滿了來自法國和其他歐洲國家的乳酪。但在大多數的義大利超市，你能找到一大塊艾登（Edam）乳酪，或幾包布利（Brie）乳酪或幾盒卡門貝爾（Camembert）乳酪，就很幸運了。有一次，我在托斯卡尼超市的乳酪和冷盤區，詢問有沒有菲塔（feta）乳酪。在此之前，我一直以為這是典型的希臘羊乳酪。

「這是好東西。」超市員工邊說邊把乳酪包起來。「義大利製的。」

我認識幾個很世故的義大利人，而他們除了義大利料理，什麼都不吃。有一個肯吃外國料理的人，幾年前去法國旅遊度假。他就是法國人說的那種很會享受生活的人，我也知道他在飲食上不會吝嗇。當他回來時，我問他假期過得如何。

「還不錯。」他說。他一路開向諾曼地，穿過巴黎到布列塔尼，然後再穿過全法國到里昂，從那裡沿著隆河（Rhône）一直到普羅旺斯。「很好玩。」他補充道：「雖然吃得不怎麼樣，但是……」

還有一次，我和妻子受一位住在羅馬的法國女人邀請，到她家吃晚餐。客人大多三、四十歲，有好幾位來自藝術界，他們很明顯就是在羅馬能找到的世故又國際化的人。我旁邊的女人是一家國家博物館的策展人。當第一道菜上桌時（一道有豆子、番茄和洋蔥的美味料理），她的下巴掉了下來。

「可是義大利麵呢？」

我們的女主人解釋說，在法國不習慣供應義大利麵，但在接下來的菜餚中會有足夠的碳水化合物，像是麵包和馬鈴薯。但這位策展人沒有被安慰到。第一道菜她連碰也沒碰，第二道菜只隨便挑了幾口。整頓晚餐，她看起來既可憐，當然，還很餓。

正是這種對傳統的頑固，有助於保存義大利美食的完整性與認同感。但在生活其他領域，這種頑固的影響極其負面，尤其是在經濟上。

註釋

1、然而，梵蒂岡沒有判過死刑。死刑僅適用於暗殺或企圖暗殺教宗。

2、凱斯博士設計了以他姓氏字首為名的食糧：K-ration。這是一種在第二次世界大戰中提供給美國士兵的戰鬥食糧，但名聲不佳。凱斯博士也身體力行自己的理論，在義大利南部生活了很多年，活到一百歲。

第八章 ◇ 每星期四吃麵疙瘩：保守與冒險

而且應該要記住，沒有什麼事情，比開啟一種新的秩序更困難、過程更危險，結局更不確定了；因為對創新者來說，所有在舊有制度下一帆風順的人都是敵人，而在新世界可能風生水起的人，則只會曖昧的支持你。

——馬基維利（Niccolò di Bernardo dei Machiavelli），《君王論》（*Il principe*），一五一三

駐義大利的外國特派員，遲早要學會怎麼區分炸彈爆炸聲和汽車排氣管放炮聲；怎麼區分槍戰和鞭炮聲。那天早上，我在羅馬聽到的，毫無疑問是手槍射擊的聲音。但那天是美好的春日時節，很難相信世界上會發生任何邪惡事件，更不用說發生在你家旁邊那條街的街底了。有幾秒鐘，我拒絕相信自己耳朵聽到的聲音。接著，喊叫和混亂的喧鬧聲傳來。

一九九九年五月二十日早上八點多，在羅馬和那不勒斯的大學講授就業法的教授馬西莫·德安東納（Massimo D'Antona）在上班途中，被重啟活動的極左派軍事組織赤軍旅（Red Brigades）成員槍殺。殺手至少向這名五十一歲的學者開了九槍，其中包括命中心臟的致命一擊。在新一代的赤軍旅眼中，德安東納的罪行是為義大利當時的中間偏左政府起草立法，讓雇主更容易雇用和解聘員工，給予義大利勞動市場更大的流動性。

德安東納的位置後來由另一位大學教授馬可·比亞吉（Marco Biagi）接任。二〇〇一年，比亞吉成為甫上任的貝魯斯柯尼中間偏右政府的顧問。第二年，他也在街上被赤軍旅槍殺。

馬西莫·德安東納和馬可·比亞吉遭到暗殺，讓任何試圖在義大利掀起根本上變革的人（無論是左派還是右派），都意識到血腥的危險。可以說，改革就業法是個特例：就業法直接影響到數百萬人的生活和生計；這是極左派和潛伏在他們背後陰影的恐怖分子絕對會關照的議題。但是，其他國家的勞動市場已經開放，沒有人喪生。生活在義大利的任何人很快就會意識到，對變化的恐懼和對安全的渴望，是義大利生活的經緯。

來到羅馬居住的人遲早會注意到，首都幾乎每家提供飲食的地方，從最昂貴的餐廳到最簡陋的半自助餐吧（tavola calda），星期四的菜單上都會有麵疙瘩（gnocchi，通常原料是麵粉或馬鈴薯，或兩種混合）。而且，在大多數情況下，一個星期的其他日子裡都沒有這道菜。這是義大利生活特有的、令人安心的小儀式：每星期四去吃午餐，服務員會自豪又滿意地笑著說：「今天我們有肉醬麵疙瘩、青醬麵疙瘩、焗烤麵疙瘩。」全憑他們決定如何料理。如果你說不太想吃麵疙瘩，想要義大利麵或飯，他們臉上的微笑往往就不見了，取而代之的是困惑。你跟別人不一樣，違背了人們普遍接受的事物秩序。

這個傳統的非凡之處在於，首先，只有羅馬有。其次，羅馬人（或者至少是我見過的羅馬人）沒有人知道它為什麼存在。有一句羅馬諺語是：「星期四，麵疙瘩；星期五，魚；星期六，牛肚。」這其中顯示該儀式起源於羅馬天主教的飲食禁令，禁止在星期五吃肉。所以，在只吃魚和蔬菜的前一天和後一天吃飽一點，是有道理的。但我懷疑現今的羅馬人是否會考慮到這一點，畢竟很多人在星期五照常吃肉。儘管如此，幾乎所有男女，每個星期四都大啖麵疙瘩。因為每個星期四就是要吃麵疙瘩。

關於義大利人對熟悉事物的熱愛和對新事物的不信任，有各種解釋。有人認為，瀰漫在義大利生活中的戒慎恐懼，與義大利有很多天災有關。火山爆發、地震、山崩、土石流和洪水都很常見。直到二十世紀，瘧疾一直在半島的許多地方流行。今天，那不勒斯和卡塔尼亞的居民一如既往，知道他們的生活可能會因為維蘇威火山或埃特納火山的爆發，突然永遠改變（甚至一下子就終結了）。自第二次世界大戰以來，義大利平均每六、七年就會發生一次致命地震。最致命的是一九八〇年在坎帕尼亞和巴西利卡塔之間的地震，造成兩千五百七十人喪生。山崩和土石流更為常見，往往也會致命。最近最嚴重的一次發生在一九九八年，那不勒斯南邊的薩爾諾（Sarno）。在連日大雨過後，土石流席捲城鎮和周邊村莊，造成一百六十一人死亡。

由於其特殊的地質，羅馬、那不勒斯和其他一些城市也很容易出現所謂的天坑（voragini）：地表毫無來由的下陷，出現一個坑洞。當地報紙的內頁，常常刊登汽車或公車搖搖晃晃地懸在天坑邊緣的照片。有時，照片會是一個看起來很悲慘的家庭，站在一個一夜之間出現在家裡客廳的大洞旁。

• • •

義大利的生活的確難以預測。但是，從歷史上來看，很多時候是人為因素而不是「上帝之手」，讓義大利變成一個如此危險的居住地。我也懷疑義大利人對激進變革的本能厭惡，很大程度上與他們長期遭受的暴力和壓迫有關。無論是外國軍隊的入侵、穆斯林海盜的掠奪、奴隸販子來襲，還是當地君主垮臺，一旦與過去突然切割，很少會有好下場。

墨索里尼和他的黑衫軍加深了這個教訓。在歷史上，義大利人第一次接受並支持突然的變化，最終卻導致他們陷入災難。第二次世界大戰後，變革大多是在精心策畫或長時間討論後發生的，而且通常是漸進的，雖然往往在最後變得無效。與德國一樣，在獨裁統治後，人們產生了對果斷的強烈反對。他們的國家曾經因為權力集中在一個人手中而陷入癱瘓，義大利人就像德國人一樣，做出了一個有意識的決定：在未來，權力將盡可能廣泛和均勻地分散。

德國人選擇了以地域分散權力，建立強大的地區政府並實施地方分權，所以各部會在一個城市，最高法院在另一個城市，警察總部和中央銀行又在其他城市。義大利人則逐漸採用了一種後來被稱為「政治分贓」（lottizzazione）的系統，這個術語也用於將土地劃分為區塊。所有具有權力的組織，都會分給可以在政府中占有一席之地的五個政黨，後來該制度擴大到甚至包括共產黨。

事實證明，以這種方式分散權力，導致了保守，因為如此一來，到處充滿了制衡機制，幾乎不可能有劇烈的改革。與此同時，基督教民主黨的長期霸權，無可避免地讓政府變得更加反動，因為他們既是保守黨，也代表社會上的保守勢力。在羅馬天主教會的支持下，基督教民主黨創建了一個對政治或各方面的變化保持警惕的社會。

葡萄牙和西班牙的政府甚至更反動，但他們是獨裁政權，強行宰制人民的意志，最終引發了民眾反彈和自由改革。但是義大利從未見過像葡萄牙的康乃馨革命（Carnation Revolution），或像西班牙從獨裁到民主的過渡。在一九六八年之後，由義大利年輕人發起和支持的左派運動，無疑對既定秩序構成了激烈的（有時甚至是暴力的）挑戰。但基督教民主黨撐得比他們久。結果，當戰後秩序最終在一九九〇年代初期崩潰時，取代它的不是左派改革者，也不是革命者，而是由西爾維奧．貝魯斯柯尼領軍的新右派。自第二次世界大戰以來，義大利只經歷過兩次左派政府。一個從一九九六年到二〇〇一年，另一個從二〇〇六年到二〇〇八年，總共才七年。

西爾維奧．貝魯斯柯尼於二〇〇一年重新執政，並在接下來的十年間掌權了八年，更加鞏固了社會上的保守勢力。但如果說，義大利政治和歐洲其他國家相比明顯偏右，那是因為在某種程度上，義大利社會整體仍然相當保守。當然，這並不是說義大利沒有進步或激進思想的人。但民意調查顯示，在各種議題上，很大一部分人仍持保守態度。例如，在二〇〇五年至二〇〇八年間進行的世界價值觀調查中，受訪者被問及同性戀是否正當，從一（絕不）到十（總是）。在義大利，「完全不正當」的比例為五十一％，遠高於法國（十五％）或西班牙（十％）。這在英國是二十％，在美國是三十三％。當被問及墮胎議題，事實證明，義大利人比其他西歐國家都更不寬容，有三十九%的人認為墮胎是錯的，而這在西班牙有十七%，法國有十四%。

●●●

這種保守主義不僅限於政治辯論中經常出現的議題。儘管有明顯的例外，但義大利人往往對新科技也抱持懷疑。例如，明明夏季氣候炎熱，他們仍然非常不願意使用空調。雖然空調在辦公室裡已經相對普遍地使用，但在家裡仍然很少使用。每年七月，當氣溫飆升到攝氏三十度，你每天都會遇到有人跟你說，他前一天晚上熱到睡不著。至少在羅馬，很多計程車司機堅持不開冷氣，而且一整天下來，脾氣愈來愈暴躁，明明只要按一下儀表板就可以開冷氣。

義大利人也不願意花錢買洗碗機。二〇〇五年，廚房家電製造商委託進行了一項國際研究，該研究發現，有七十%的美國家庭和四十%的英國家庭安裝了廚房家電，相對之下，義大利只有三十一%。也許這些數字並不特別令人驚訝，因為義大利的平均收入低於英國，且遠低於美國。但值得注意的是那些沒有洗碗機的人所給的答案。近三分之一的人表示，有人送，他們才會接受；而幾乎有五分之一的人說，即使有人送他們洗碗機，也會退回去。

在這兩個案例中，除了純粹的保守之外，可能還有其他因素。許多義大利人以健康為由，解釋他們不願使用空調的原因：從不自然的寒冷空間，瞬間轉移到自然炎熱的環境中，可能會抽筋或引起其他不適。任何物理治療師都會告訴你，這的確有道理。但是，你可以設定溫度，讓室內保持涼爽而非冰冷。我想，另一個原因是，如果家裡或車上要開冷氣，所需的電費和油錢自然變多。長期以來，義大利和其他歐洲國家相比，電價和汽油價格都比較高。

然而，財務方面的考慮，沒有辦法解釋義大利的科技恐懼。例如，個人電腦和網路在義大利很晚才流行。根據義大利國家統計研究所（Istat）的一項調查，到二〇〇〇年代中期，有超過一半的義大利家庭沒有電腦，然後只有大約三分之一的人有網路。① 最常見的原因是電腦「無用」或「無趣」。後來的一項調查發現，義大利網路用戶的上網時間中位數，在二〇〇七年至二〇〇八年之間有所下降。② 到了二〇〇八年，義大利的網路普及程度不僅不及西班牙，也輸給葡萄牙，並遠遠落後法國和英國。部分原因是義大利的高齡人口，但家庭情況也反映了政府現況。儘管貝魯斯柯尼和他的部長們一直承諾會有所改善，但義大利在公共行政數位化的支出，占國內生產毛額的百分比是歐盟最低的，比斯洛伐克更低。[1]

對新事物的不信任，不僅限於科技。近年來，義大利對當代藝術的抵抗相當驚人。這個帶給世界威尼斯雙年展、未來主義和貧窮藝術（Arte Povera）的國家，直到二〇一〇年五月才開設了一所國家當代藝術博物館。莫瑞吉奧・卡特蘭（Maurizio Cattelan）是二十世紀末、二十一世紀初聞名全球的義大利藝術家。然而，他或同儕畫家或雕塑家，在義大利生活中找不到自己的位置，不像一九九〇年代的英國青年藝術家（Young British Artists）或一九六〇年代在美國的安迪・沃荷（Andy Warhol）。義大利許多致力於當代藝術的畫廊和機構都在掙扎，甚至只能硬撐。二〇一二年，那不勒斯附近一家博物館的館長安東尼奧・曼弗雷迪（Antonio Manfredi）發起一場他所謂的「藝術戰爭」。在創作者的同意下，他燒掉收藏的一系列畫作，抗議官方和公眾的冷漠。

當代藝術無法進入主流，但過去的文化，尤其是一九五〇年代和一九六〇年代的文化，卻以驚人的程度留存下來。查看任何報攤，幾乎都可以找到至少一張托托（安東尼奧・德・柯蒂斯）或他的喜劇界同事阿貝托・索蒂主演的電影光碟（見第三章）。下午（有時甚至是晚上）打開電視，很可能會看到他們演出的電影。同樣地，不用在紀念品店逛很久，就可以找到印有這些演員照片的日曆、明信片或冰箱磁鐵。義大利各地的酒吧，都張貼著托托和索蒂演出的最受歡迎角色的劇照：托托自制地打量著同劇演員的胸部，[2] 而索蒂身著鄉下機車警察制服。這兩個人都是非常有趣的演員，他們的電影捕捉了義大利生活的一些精髓。但據我所知，沒有哪個社會如此關注兩位死去的表演人士，其作品都已經是幾十年前的東西了。

我想，其中一個原因是，托托和索蒂都是在義大利經濟奇蹟時期達到演藝事業的巔峰，他們的天才形成了部分的懷舊，讓大家重新回到那個充滿希望和繁榮的時代。但另一個不相斥的解釋是，這兩位演員崛起的時間，剛好是長久把持權力那一輩人發跡的前期。

西爾維奧．貝魯斯柯尼在七十五歲時仍然擔任總理。二〇一一年接替貝魯斯柯尼的馬力歐．蒙蒂，上任時已六十八歲。蒙蒂的內閣明明是要當掃帚，徹底清理舊惡，開啟廣泛的改革，但在當時的歐盟政治界中卻有最高的平均年齡。在蒙蒂政府倒臺後再次選舉，新的國會選了八十七歲的喬治．納波里塔諾當總統。

然而，關於真正不受約束的「灰色力量」，沒有什麼能與大學相提並論。馬力歐．蒙蒂和他的部長們在擦得發亮的辦公桌剛坐定的時期，一項研究發現，義大利教授的平均年齡為六十三歲，而且許多人仍然堅守自己的職位，以及他們在七十歲後還能獲得的大量贊助。他們的平均年齡是工業化國家中最高的。

因此，值得強調的是，這意味著年輕的義大利人不僅吸收了上一代人的理論和態度，而且還吸收了上兩代人的理論和態度。在極端的情況下，甚至是上三代人的理論和態度。二〇一三年恩里科・萊塔（Enrico Letta）和二〇一四年馬泰奧・倫齊（Matteo Renzi）走馬上任，這兩位年輕的總理讓政府高層似乎出現了革新。倫齊在三十九歲時成為義大利有史以來最年輕的總理，他任命的其中一位內閣成員，上任時年僅三十三歲。但這個過程是否會擴及義大利生活的其他領域，尤其是高等教育，還有待觀察。老年人主宰了義大利未來精英的形塑，成為創新、現代化和重省既定理念的巨大障礙。

這可能又可以連結到為什麼許多義大利年輕人熱情擁抱前一個世代的文化。或許最引人注意的例子就是搖滾樂。在我撰寫本書時，義大利最受歡迎的三位歌手分別是五十二歲、五十六歲和六十歲。年邁的搖滾明星在其他國家也會持續演藝事業，像是滾石樂團。但是，滾石的歌迷大多是跟他們同世代的男女，為了回味而來聽演唱會，但瓦斯科・羅西（Vasco Rossi）等義大利明星的歌迷，通常只有二十多歲，甚至是青少年。

在當代義大利，老年人及其想法如此重要，而這可能與媒體散布的印象相去甚遠。印象中的義大利，有飆速的跑車，有模特兒在米蘭時裝週的伸展臺上，穿著唐娜特拉・凡賽斯（Donatella Versace）或羅伯特・卡沃利（Roberto Cavalli）設計的誇張服飾。但義大利人也擅長高度的風險規避。

傳統上，義大利父母的夢想一直是幫他們的兒子（最近還有女兒）找到一份不錯、安全、要求不高的工作，最好是在公家行政部門，幾乎不可能被解雇。在這個意義上，「找到」的動詞是sistemare，與過去「嫁掉」這個動詞的意思雷同。到了二〇〇〇年代初期，有證據顯示，孩子不再滿足於以這種方式被趕到一份缺乏興奮、挑戰和（在許多情況下）缺乏前景的工作當中。二〇〇一年，國際就業機構藝珂人事（Adecco）針對義大利勞工進行了廣泛調查，發現最受青睞的職業選擇是自營業。進入公共行政部門並沒有比成為一名道路清潔工或工廠工人更受歡迎。然而，十年後，義大利經過長期經濟停滯，該公司再次委託進行另一次民意調查，情況大變：唯一最受歡迎的工作是政府員工。

多年來，義大利經濟疲軟，甚至衰退，但在這之前，義大利家庭儲蓄率是已開發國家中最高的，一直是英國的兩倍以上，也通常是美國的數倍。在西方主要經濟體中，唯一同樣熱衷於儲蓄的是德國人。也許這並非巧合，畢竟德國在歐洲的中間位置，並且有類似的歷史，深刻地體會過外國人頻繁的入侵。

義大利人把儲蓄放在哪裡也很有意思。傳統上，他們喜歡債券的安穩，而不是有更高回報和風險的股票。長期以來，這被歸咎於義大利政府債券有利的風險報酬比（risk-return ratio）。在義大利進入歐元區之前，一直存在貶值的危險，因此國家不得不提供高利率來吸引外國投資客。但對一般人民來說，很大程度上他們被保護而不受貶值影響，畢竟里拉在國內的價值仍不變，政府債券的高收益變成划算的投資。對義大利龐大的中產階級最具吸引力的，是被稱為BOT（Buono Ordinario del Tesoro）的短期零息債券。BOT不支付利息，但會給予高於債券成本的回報。最終還款額與成本價格之間的差異，反映了現行利率。數以百萬的義大利人把它放進自己的投資組合中，後來被幽默地稱為「BOT一族」。

即使義大利採用歐元後，利率急劇下降，但波動較小且有固定利率的債券，仍受到國民的喜愛。十年來，債券占所有家庭金融資產的五分之一。在美國，這一比例不到十分之一；在英國，這一比例低於二%。③

但義大利人真正大量投資的是土地和房屋。根據經濟合作暨發展組織（OECD）指出，二〇〇八年，義大利人在房地產上的投資是各種債券的十八倍。在美國，這一比例僅為二比一。造成這種情況的一個原因，是在經濟奇蹟的年代裡，當人們搬到城市時，家庭仍然持有留在農村的房產。另一個原因是，父母經常在孩子結婚時，買公寓或房子給他們，並持有房產而不是放到市場上。在某些情況下，義大利人購買房產，純粹是為了投資，甚至懶得出租，他們認為價格一定會漲，而最終獲得的利潤將彌補他們在此期間的任何損失。

所有這些因素都造成閒置住宅的數量增加。二〇一一年，義大利各地有近五百萬戶空屋，占全國總數的十七%。同年在英國，這一數字僅為三%。由於有大量房產被人們握在手中，使得房地產價格居高不下甚至持續上漲，更讓義大利人相信，房地產是最好的投資。但經過十多年的經濟停滯後，一些家庭急需籌措現金，市場開始走弱，剛剛描述的良性循環有逆轉的風險。

▲▲▲

避險也是義大利人對待足球的方式。戒慎恐懼一直是義大利足球的標誌。義大利的踢法在一九三〇年代開始發展，當時的國家隊教練維托里奧．波佐（Vittorio Pozzo）帶領義大利在一九三四年和一九三八年，連續兩次贏得世界盃冠軍。他的策略在很大程度上依賴強大的（有時是無情的）防守。但是，直到第二次世界大戰後，義大利的歷代教練才讓「十字聯防」（catenaccio）聞名世界，成為接下來幾十年大家一提到義大利足球就會聯想到的比賽風格。這個詞本身的意思是「螺栓」或「掛鎖」，也就是部署幾乎堅不可摧的防守，目的是不惜一切代價防止失分。[3]不過，近年來，儘管義大利球隊仍然會踢嚴防而無聊的比賽，但傳統的十字聯防已經從舞臺上消失。義大利足球變得冒險許多。

所以，義大利人或許要拋棄他們一貫的謹慎態度了，足球不是唯一的跡象。在二〇一三年恩里科・萊塔被任命為總理之前的選舉中，大多數有規模的政黨都提出了年輕的候選人。但在該次選舉中，也看到了由喜劇演員貝佩・格里洛（Beppe Grillo）領導的五星運動竄起，他們的國會代表和參議員的平均年齡，與萊塔最年輕的部長相同。總體而言，義大利立法人士的平均年齡從上屆議會的五十六歲下降到四十八歲。

近年來，義大利人也躋身成為世界上最好賭的民族，這明顯代表他們願意承擔風險。二〇一〇年，根據全球博奕和遊戲顧問（GBGC）整理的數據，義大利的博彩總收益（賭注金額減去支付獎金的金額）接近兩百一十億美元。這意味著義大利每個人每年損失三百四十五美元。除去澳門和荷屬安地列斯群島（Antilles）等以賭博為主要產業的地區，義大利人每個人在賭博上的平均支出位居世界第五，僅次於澳洲人、加拿大人、日本人和芬蘭人。他們的平均損失遠遠超過西班牙人。西班牙人傳統上是南歐最狂熱的賭徒。義大利賭博業的發言人聲稱，賭博已成為義大利的第三大產業。

這個突然轉變的起源，可以追溯到一九九〇年代中期。在那之前，義大利人沒有多少選擇。他們可以買張彩券，對足球比賽和賽馬結果下注，或者如果他們能出門一趟，可以去義大利少數幾家賭場的綠色牌桌上碰碰運氣。最古老的賭場（自稱是世界上最古老的賭場）是威尼斯賭場（Casinò di Venezia），成立於一六三八年，在第二次世界大戰後搬到了位於溫德拉敏宮（Ca' Vendramin Calergi）的現址。麗都賭場（Casinò on the Lido）的分址於一九三八年成立。[4] 在利古里亞海岸的聖雷莫（Sanremo）、奧斯塔谷的聖樊尚（Saint-Vincent），以及位於瑞士提契諾州的義大利領土——義大利坎波內（Campione d'Italia）也可以找到賭場。

此外，還有一些非法賭博產業，包括鄰里抽獎活動和其他不那麼無辜的管道，可以讓人小賭一番。西班牙政府早就意識到，讓公民繳納稅款的最簡單方法，是鼓勵他們賭博並分享利潤。義大利政治界人士很慢才學到這一點，或者，也許是因為直到一九九〇年代初期宗教對政治的強烈影響，他們才不願意這樣做。基督教民主黨對國家的控制放鬆之後，賭博情況爆增，顯示之前非法市場的規模比任何人想像的都還要大。所以，在某種程度上，義大利的賭博熱潮是受監管的市場取代了不受監管的市場而出現的成長。

一九九四年，刮刮樂合法化是朝著這個方向邁出的第一步。三年後，擁有國家賭博特許權的私人公司西索（Sisal）推出了後來廣受歡迎的彩票「超級樂透」（Superenalotto），它的主要吸引力在於不時地向成功選中六個號碼的玩家，提供巨額頭獎。只要幾個星期沒有出現中獎組合，累積的獎金就會愈來愈多，吸引愈來愈多的人去碰碰運氣。這就是超級樂透的吸引力所在，甚至有大量來自鄰國法國和瑞士的投注者。二〇〇九年，有一個住托斯卡尼的人，在樂透摃龜八十六次後，獨得一億四千萬歐元。

這時，賭博熱在義大利已經真正流行起來。在過去的五年裡，賭博業的營業額飆升了七十三%。同期，全世界賭博市場僅成長了大約十%。義大利的狀況更引人注意的是，竟然有愈來愈多的義大利歐元，在國家經濟幾乎停滯不前的時候，消失在吃角子老虎機臺（最大的單一賭博媒介）中，或是以其他方式被投注。這就透露了一個有趣的問題：義大利人視賭博為新歡，是否真的反映了他們可以接受更多風險了。有一些跡象顯示情況確實如此。許多義大利人，尤其是年輕人，已經對撲克牌遊戲著迷。二〇〇八年，線上撲克牌遊戲的合法化，以及後來出現的撲克牌專屬的電視頻道，都大大推動了撲克牌的流行。但也可以說，賭博熱潮是義大利經濟長期停滯不前的反常結果，這種停滯始於本世紀初，但現在仍然影響著義大利人的生活水準。對於那些無法找到現金來支付帳單或定期貸款的人來說，樂透代表希望，無論機會多麼渺小，只要中獎，所有問題都可以解決。

不過，有一點很清楚。賭博在社會的接受和官方鼓勵下迅速成長。相對的，有一個體制縱使權力仍大，但顛簸了幾個世紀，已經愈來愈式微。對義大利人來說，長久以來的庇護所和慰藉的來源，如今陷入困境，這就是羅馬天主教會。

註釋

1、義大利也是所有已開發國家中，花最少錢來解決「千禧蟲危機」（millennium bug）。但事實證明，這是一個精明的決定。

2、被他這樣打量的演員是他現實生活中的妻子，法蘭卡·法迪尼（Franca Faldini）。

3、事實上，十字聯防不是義大利人發明的。首先是瑞士國家隊使用，多年來用法語verrou稱呼。這個戰術由國際米蘭足球隊帶進義大利。國際米蘭足球隊在一九五一到五二年的賽季，使用了這個戰術，並在義大利甲級聯賽奪冠，贏得「小盾牌」（Scudetto）。

4、在義大利語中，Casinò（最後一個音節帶有重音）才是賭場；沒有重音的話，意思是妓院。

第九章 ◇ 宗教、神職與政治

許多義大利人，甚至是那些並不特別虔誠的人，都把天主教視為不可或缺的國家資產。同時，在和義大利文化相互作用下，教會也吸收了義大利人的美德和惡習，讓宗教在這裡並不只是信仰，而是一種文化。

——焦爾達諾·布魯諾·格埃里（Giordano Bruno Guerri），《在教會下的義大利人》（*Gli italiani sotto la Chiesa*），一九九二

從西斯汀教堂（Sistine Chapel）屋頂的煙囪冒出白煙，直到在聖彼得大教堂的陽臺上宣布新任教宗，這中間大概過了一個小時；在這個尷尬的停頓之間，大廣場上的人群熱切期盼。二〇一三年，方濟各（Pope Francis）當選時，正在下雨。所以，這些等待的群眾，在知道誰將成為世界上十二億名天主教徒的精神領袖之前，需要分散一下注意力。那麼，來點音樂吧？

幾分鐘後，梵蒂岡的樂隊（仍然被稱為「宗座聖樂隊」）正式向廣場前進，樂手身著帶有黃色襯裡的灰藍色披風，熠熠生輝。緊隨其後的是手持長矛的瑞士衛隊。

到目前為止，沒什麼特別的。

但是，隨後一支新的樂隊昂首闊步地穿過環繞廣場的柱子，這是義大利半軍事化的國家憲兵隊，緊隨其後的是來自義大利陸軍、海軍、空軍、憲兵隊和財政衛隊的五支儀隊。當他們在聖彼得大教堂前的寬闊廣場上，與瑞士衛隊面對面排成一列時，將近兩百名義大利士兵和憲兵（其中一半以上配備武裝），在外國領土上待命。梵蒂岡樂隊先演奏了義大利國歌，然後憲兵隊奏響了梵蒂岡國歌。雙方的指揮官互相敬禮。接著，義大利高階將領與瑞士衛隊指揮官互換了位置，兩位都舉起了劍並喊道：「教宗萬歲！」他們身前的部隊也跟著吶喊。

義大利電視評論員向觀眾解釋：義大利武裝部隊正在向身為國家領袖的新任教宗致

敬。這是《拉特蘭條約》（*Lateran Pacts*）的內容，該條約在一九二九年簽署，是梵蒂岡的羅馬天主教會與統一的義大利政府終於達成協議的結果。縱使如此，廣場上的觀眾可能仍對梵蒂岡和義大利國家之間的分界，感到非常困惑。

同樣會讓世俗一點的國家困惑的，可能還有另一個事件：芬蘭裔義大利籍的索利・勞奇（Soile Lautsi），向史特拉斯堡歐洲人權法院提起訴訟時，義大利全國上下的反應。索利・勞奇說，在學校教室裡放十字架，侵犯了她想讓小孩接受不受宗教影響的教育的權利。與法西斯時代的《拉特蘭條約》一樣，法律規定義大利的每間教室都必須在牆上掛一個十字架。

索利・勞奇的訴訟辯方是義大利政府，政府的代表辯稱，十字架是國族象徵。如當時的教育部長瑪麗亞斯特拉・傑米尼（Mariastella Gelmini）代表政府總結時所述，這樣的象徵「並不意味著服從天主教」。法庭最後判決勞奇勝訴，但義大利人群情激憤。當時一項民意調查顯示，八十四%的義大利人支持十字架。在法院、警察局和其他公共建築中，也都有擺設十字架。兩年後，法院的判決在上訴時被推翻。那時，包括波蘭和幾個東正教國家在內共十幾個國家，也加入了義大利的行列，進行上訴。處理上訴的大法庭（Grand Chamber）最終判決，認為沒有任何證據顯示教室牆壁的符號「可能對學生產生影響」。

義大利與梵蒂岡和教會之間的模糊界線，反映了一個歷史事實：直到最近，基督教不僅是義大利唯一的宗教，而且從各方面來說，天主教是信仰上帝的唯一方式。從最不可能的地方，我們可以找到例子。東尼・布萊爾（Tony Blair）卸任英國首相後不久，轉信天主教，中間偏左的報紙《共和報》在其網站上以「布萊爾成為基督徒」為題進行報導。

義大利南部的伊斯蘭信徒在十四世紀初幾乎被完全消滅。一開始，腓特烈二世將大部分的穆斯林驅逐到義大利本土（見第二章），這些人大部分居住在現今普利亞大區的盧切拉（Lucera）。一三〇〇年，那不勒斯王國的法國統治者查理二世襲擊了該鎮，有些人逃到阿爾巴尼亞，但其他大多數居民被屠殺或賣為奴隸。

所以義大利只剩下猶太人信奉另一種宗教。在基督教出現之前的羅馬，有不少猶太商人或奴隸。義大利半島的猶太人在中世紀早期過得不錯，西西里島的猶太人在諾曼人的統治之下特別自由。但在十二世紀末，教宗依諾增爵三世（Pope Innocent III）開始了斷斷續續的鎮壓行動，並在天主教改革期間達到巔峰。

在十五世紀末，來自西班牙的波吉亞家族且惡名昭彰的教宗亞歷山大六世（Alexander VI），讓成千上萬名被驅逐出西班牙和葡萄牙的猶太人來到羅馬。但幾年之後，威尼斯當局將城內的猶太人限制在一個區域，並在世界上第一次使用這個醜陋的字眼：聚集區（ghetto，又譯隔都）。[1] 一五五五年，教宗保祿四世（Pope Paul IV）在羅馬建立了另一個聚集區，命令猶太人佩戴獨特的徽章，並強迫他們無薪建造防禦工事。接下來的庇護五世（Pius V）下令將猶太人驅逐出教宗國（儘管事實上他們從未被驅逐出羅馬）。在義大利半島的其他地方，猶太人命運不一。西班牙人將他們逐出南部，後來又將之逐出米蘭公國。但其他小國，特別是費拉拉（Ferrara）和曼圖亞（Mantua）公國，則讓他們避難。直到十九世紀，義大利猶太人的情況才得到普遍的改善，但在統一之後，他們才完全解放。

猶太人在統一運動中扮演重要的角色，並在十九世紀末和二十世紀初繼續投入義大利政治。義大利早期有兩位總理是猶太人（但不信猶太教的亞歷山德羅・富蒂斯〔Alessandro Fortis〕據說在臨終前信了基督教）。很諷刺的是，猶太知識分子也在法西斯主義的興起中發揮了重要作用。舉例來說，瑪格麗塔・薩爾法蒂（Margherita Sarfatti）是墨索里尼的眾多情人之一，後來也成為墨索里尼的傳記作者，她的著作影響了法西斯主義在藝術思想上的發展。

義大利人普遍的看法是，直到一九三八年，義大利的法西斯主義都沒有反猶太主義的色彩。後來，是在希特勒的壓力下，墨索里尼才立法剝奪了猶太人的義大利公民身分，並禁止他們擔任公職或其他工作。但這是錯誤的。就像納粹一樣，法西斯主義原本就有很多種族理論。墨索里尼的情婦克拉拉・貝塔奇在日記裡提到，墨索里尼是一個徹頭徹尾的反猶太分子。[1]事實上，如果說法西斯主義與納粹有所不同，那就是法西斯主義不贊成有系統地滅絕猶太人。義大利退出第二次世界大戰後，德國占領了半島的大部分地區，災難隨之而來。儘管許多義大利人冒著生命危險保護猶太朋友和鄰居（在被占領的國家中，義大利猶太人口的得救比例只比丹麥低），但仍有八千到九千人被送到納粹集中營，最後很少人回來。

今天，猶太人口大約只有四萬人，但猶太人對戰後義大利的貢獻與其規模大得不成比例。麗塔・列維・蒙塔爾奇尼（Rita Levi-Montalcini）為義大利帶來了諾貝爾獎。成就驚人的她，活到一百零三歲，九十多歲時仍活躍於醫學研究。[2]其他傑出的義大利猶太人，包括作家兼畫家卡洛・列維（Carlo Levi），作者兼化學家普里莫・列維（Primo Levi）。擁有《共和報》和《快訊週刊》的集團創始人卡羅・德・貝內德蒂（Carlo De Benedetti），以及他的兩位前編輯阿里戈・列維（Arrigo Levi）和帕歐羅・米耶利（Paolo Mieli），也都是猶太人。父母其中一位是猶太人的著名義大利人，包括已故小說家阿貝托・莫拉維亞（Alberto Moravia）、建築師馬西米利亞諾・福克薩斯（Massimiliano Fukasas），以及最暢銷的反黑手黨作家羅貝多・薩維亞諾（Roberto Saviano）。飛雅特現任總裁兼阿涅利（Agnelli）家族財富的繼承人約翰・埃爾坎（John Elkann），也是半個猶太人。

幾個世紀以來，在義大利，如果不以羅馬教會的方式信仰基督，唯一的方法是成為「有福的瓦勒度」（the Blessed Waldo）的追隨者。彼得．瓦勒度（Pierre Valdo/ Waldo）是法國里昂地區一個富裕家庭的兒子，他放棄了財產，開始宣揚通往敬虔的道路是貧困。很快地，他有了一群追隨者，然後在一一八四年被宣布為異端，因為他們不願為了傳教而去尋求當地神職人員的許可。反教會的瓦勒度派，預示了三百多年後路德教派和喀爾文教派的一些教義。瓦勒度派也預示了數百年之後女性擔任神職的可能性，因為瓦勒度派認為男女都可以傳揚教義。

儘管薩伏依統治者容許瓦勒度派信徒在皮埃蒙特得到庇護，但這些信徒在之後仍受到多次攻擊。一六五五年，當時的薩伏依公爵下令屠殺瓦勒度派信徒，震驚歐洲新教，讓彌爾頓（Milton）寫了一首十四行詩〈最近皮埃蒙特的大屠殺〉，詩中認為瓦勒度派為宗教改革先驅：

復仇，主啊，汝那些被屠殺的聖徒，他們的骨頭
散布在寒冷的阿爾卑斯山上，

他們守著你的真理，護其純然，
其他父執都只崇拜窠臼和石頭。

那時，瓦勒度派已經調整了一些觀念，實際上成為義大利喀爾文主義（Calvinism）[3]的代表。儘管瓦勒度派後來遭受了迫害和許多歧視，仍然堅守科蒂安山（Cottian Alps），在這塊位於現今義大利和法國邊界的故地，持續他們的信仰。到了一八四八年，他們被授予完全的公民和政治權利。在一九七〇年代，瓦勒度福音教會與義大利衛理公會，聯合成立了「衛理公會和瓦勒度教會聯盟」，其成員總數大約為三萬五千人。另外，大約有一萬五千名瓦勒度派信徒分散在美國各地，他們是義大利移民的後裔，最大的社群是北卡羅萊納州的瓦爾迪斯鎮（Valdese）。

對於其他義大利人來說，要反對天主教教義的唯一方法是加入共濟會。英國共濟會員於十八世紀在佛羅倫斯建立了第一個已知的會所（lodge），在一七三八年，由於第一份反共濟會的教宗詔書，會所就關閉了。

共濟會善用密碼，適合策畫陰謀，並培養了一群在之後實現統一的志士。朱塞佩·加里波底、朱塞佩·馬志尼（Giuseppe Mazzini）和加富爾伯爵（Conte di Cavour）都是共濟會成員。事實上，從早期開始，義大利的共濟會就比英語世界的同儕更政治，更常參與謀策和反教會。直到第二次世界大戰之後，義大利兩個主要共濟會運動的其中一個，才在美國獲得認可（但在英格蘭、蘇格蘭或愛爾蘭仍沒有受到認可，直到一九七二年才予以承認）。

今天，共濟會在義大利社會暗處扮演重要的勢力，但仍因為利西奧・傑利（Licio Gelli）之前的活動，聲勢已大不如前。利西奧・傑利是一位「共濟會兄弟」，控制了最負盛名的會所 Propaganda Due（簡稱 P2），並由此建立了一個祕密組織。該組織與一九八〇年代的多起醜聞有所牽連，特別是安布羅夏諾銀行（Banco Ambrosiano）的倒閉，以及其董事長羅貝多・卡爾維（Roberto Calvi）仍然未解的死亡之謎。P2 的成員包括軍隊、情報部門、商界、政界、行政和民間的高階人事，西爾維奧・貝魯斯柯尼也是成員之一。

最近，義大利共濟會飽受內部分歧的困擾。有人說，南部的會所已被有組織的犯罪分子滲透。尤其是在卡拉布里亞大區，據說當地黑幫光榮會的高階分子已成為共濟會成員，進一步滲透社會上的合法產業。義大利共濟會真正的中心是在溫布利亞大區，尤其是佩魯賈市和省。一九九三年，當時的佩魯賈市共濟會會長被問及原因時，他回答說：「很簡單，因為我們不信基督教，而四百年來，我們受到教宗的統治。」每年，佩魯賈市都會紀念一八五九年的大屠殺。當時，居民驅逐了教宗所指派的總督，承諾成為統一義大利的一部分，教宗的軍隊便進城屠殺。

不難注意到，曾經是教宗國一部分的地區，也是第二次世界大戰後構成「紅帶」的區域，強烈支持共產黨（但托斯卡尼從未被教宗統治過，也是紅帶的一部分，因果關係可能不像一般所說的那麼簡單）。

教宗曾經的子民，受到了世俗和精神權威的雙重約束，這也解釋了為什麼褻瀆神明的咒罵，傳統上在這個地區普遍存在。而且，不侷限在此地。在義大利，和宗教有關的髒話，遠遠超出了在英語中聽到的「老天啊！」（Jesus Christ!）或「聖母啊！」（Mother of God!）。範圍之廣，從「豬上帝」（Porco Dio）這樣的短語，到更多充滿創意和淫穢的說法，像是涉及聖母瑪利亞的性器官。在羅馬，比較少聽到有人大聲咒罵上帝，也許是因為在過去，人們永遠不知道神職人員是否近在咫尺。儘管如此，同樣的情緒也是顯而易見：在首都，比在任何地方，都更常聽到神職人員被稱為 bacherozzi（蟲子或蟑螂），因為他們穿著黑色袍子四處奔走。

在統一之前，大約每七個義大利人就有一個是教宗的子民，但教宗國的存在，就只是天主教對半島和鄰近島嶼的居民施加獨特控制的一種方式而已。教宗的世俗權力使（或迫使）教宗國以一種在歐洲其他地方沒有發生過的方式，參與半島的政治和外交事務。義大利統一後，大家尚在討論應該施行的憲法體制時，有一個頗具影響力的皮埃蒙特神父兼作家文森佐・焦貝蒂（Vincenzo Gioberti）認為，義大利應該是一個由教宗擔任國家元首的聯邦。這個想法雖然沒有成功，但很諷刺的是，多虧了忠誠共濟會會員朱塞佩・馬志尼的決心，羅馬成為了首都。[4] 這個決定，也許比其他任何決定，更加讓教會大大影響了新的義大利。

起初這看起來不太可能。羅馬被占領，教宗被逐出奎里納萊宮（Quirinal Palace），導致了義大利與教會史上最長的冷戰。庇護九世把自己關在梵蒂岡，有將近六十年的時間，他和繼位的教宗都拒絕與這個剝奪了他們世俗統治權的國家有任何來往。直到墨索里尼上臺，教宗的態度才鬆動。但為了實現和解，義大利的法西斯獨裁者不得不給予梵蒂岡廣泛的特權。

《拉特蘭條約》由兩份文件組成，其中一份創立了梵蒂岡城邦為主權獨立國家，並解決了被稱為「羅馬問題」的問題；另一份即所謂的「宗教協定」（Concordat），支配著國家與教會之間的關係。這份協定使天主教成為國教；使宗教（或者更確切地說，天主教）成為學校的必修課；並將神職人員變成公職人員，薪水和退休金由義大利納稅人支付。

法西斯主義垮臺後，義大利參與第二次世界大戰以災難收場，這讓義大利右派出現了權力真空。在墨索里尼上臺前，倡導自由市場資本主義的自由黨發揮了重要作用，但在南部地主、北部工業家和一些專業人士的把持下，自由黨早已成為專屬上層和中上階層的政黨。相對而言，基督教民主黨的意識形態可以吸引更廣泛的社會階層，尤其是中下層人民，包括大批農民、小商人、職員、技術勞工和公務員。對於這個在過去二十年來被獨裁把持的社會，教會承諾了道德模範。天主教也受到戰勝國的青睞。而且，更重要的是，教宗把任何出手幫助危險對手的人都逐出教會。一九四八年，在教宗發布的法令中，任何傳播共產主義教條的人都會被逐出教會。

如果說基督教民主黨找到了一個成功的模型，那就太輕描淡寫了。從一九四五年到一九八一年，每一位總理都來自基督教民主黨。直到一九九四年，西爾維奧・貝魯斯柯尼首次上臺時，由於基督教民主黨已經解體，內閣中才沒有任何基督教民主黨員。

教會的影響遠遠超出了政治。教會和基督教民主黨創建了一整個系統的協會組織，確保社會許多領域都支持他們的共同信仰，包含針對小農的國家農會（Coldiretti），以及義大利工會聯合會（Confederazione Italiana Sindacati Lavoratori, CISL）。義大利工會聯合會在一九五〇年從義大利總工會（Confederazione Generale Italiana del Lavoro, CGIL）中分離出來，為天主教工人提供另一個組織。基督教勞工協會（Associazioni Cristiane Lavoratori Italiani, ACLI）統整了受教會啟發的勞工社團。第一次世界大戰後成立的義大利互助聯盟（Confederazione Cooperative Italiane, CCI）規模龐大，聯盟的非共產黨互助團比共產黨互助團還要多。天主教民間協會（Azione Cattolica）也有一段時間影響力甚鉅，在一九五四年，協會管理著四千多家電影院，只放映經教會批准的電影。②

一九五〇年代是現代義大利天主教的鼎盛時期，當時經濟蓬勃發展。儘管政府頻繁更迭，但總有一名基督教民主黨執政者。然而，教會對社會漸漸失去控制的因子已經存在，雖然尚未被指出。第一是數百萬義大利人口從南到北的流動，北上的工人脫離了村裡神父的關照，移居到疏離的新環境，就算沒有完全棄絕信仰，通常也不再那麼虔誠了。第二則是在西歐其他地區開始蓄勢待發的世俗化。到了一九六〇年代，神職人員的招募人數急劇下滑。

一九七四年，義大利人投票支持離婚合法化。一九八一年，義大利更強烈地反對廢除三年前就通過的墮胎法。正是在這種背景下，社會主義者貝蒂諾・克拉克西提出政教關係的修改。一九八四年，新的協約要求天主教自給自足，在這個實施至今的新制度下，納稅人可以要求將〇・八%的稅金，捐給天主教會或其他一系列教派或宗教。[5] 這仍然是公共資金，但至少無神論者和新教徒可以將稅金轉移到自己支持的理念上。

一九九〇年代初期，基督教民主黨解體，教會失去了代表其利益的主導政黨，但這並不意味著教會在國會中的影響力消失了。在一九九四年到一九九五年，以及二〇〇一年到二〇〇六年，基督教民主黨的基層成為貝魯斯柯尼執政聯盟的一部分。更重要的是，義大利國會中許多屬於其他非宗教政黨的立法者，仍遵循梵蒂岡的教義，並依其意志投票。雖然這樣的人在左派比右派少，但往往都足以形成跨黨派多數，來阻止對梵蒂岡不利的改革。事實上可以說，近年來教會直接對政治的影響，比基督教民主黨掌權時更大。基督教民主黨無法阻止離婚和墮胎的合法化，但志同道合的天主教代表和參議員，成功地限制了體外受精和幹細胞研究，並完全阻止給予同居伴侶法律地位，因為梵蒂岡擔心這項改革可能開啟同性婚姻之路。

然而，自九世紀穆斯林入侵以來，天主教會第一次不得不面對的事實是：並非所有生活在義大利並相信上帝的人，都是天主教徒。近年來移民急劇增加，帶來了幾十萬東正教基督徒、五旬節派和福音派，以及超過一百萬名的穆斯林（見第十九章）。

從幾個方面來說，義大利都不像之前那麼天主教了，但和其他傳統上信奉天主教的國家相比，義大利仍然很天主教。最新的世界價值觀調查發現，八十八%的義大利人認為自己是天主教徒，西班牙人為八十%。同時，義大利信徒也更虔誠。在義大利，有三十一%的人表示他們每個星期至少參加一次宗教儀式。這個統計上，義大利比美國（四十七%）低，但已遠高於西班牙（二十二%）和英國（二十三%）。

國家農會不再像以前那樣擁有巨大的影響力，原因是義大利農業先是讓位給製造業，然後再讓位給服務業。但是，國家農會仍在義大利生活中發揮著重要作用，就像教會或基督教民主黨創立的其他公眾組織一樣。義大利工會聯合會仍然是義大利第二大工會。按營業額和關聯企業來計算的話（儘管按成員數量來衡量的結果不同），義大利互助聯盟（如今被冠以 Confcooperative 這個時髦的名稱），仍然是全國最大的合作社。

•••

《基督教家庭週刊》（*Famiglia Cristiana*）由聖保羅協會出版，意識形態偏向進步，在義大利暢銷榜位居第五，讀者比任何狗仔八卦雜誌都多，也比國際知名的《視野週刊》和《快訊週刊》多得多。義大利主教官方報紙《未來報》（*Avvenire*）是銷量第七的報紙，而且幾乎是唯一一份面對來自網路的競爭，銷量仍然上揚的報紙。當《未來報》或《基督教家庭週刊》對任何政治問題採取明確的立場時，其他媒體都會廣泛報導這一事實。在某種程度上，社會的共識認為，教會對各種事件的進程都會產生強大的影響。

這也解釋了為什麼義大利輿論對教會力量干預公共事務高度容忍。總體來說，義大利人非常平靜地接受宗教人士涉足政治、金融和商業。在西班牙，自佛朗哥將軍獨裁以來，主業會（Opus Dei）及其成員一直帶來無止盡的爭議。但一直到最近，義大利組織「共融與釋放」（Comunione e Liberazione, CL）的力量幾乎沒有受到質疑。

「共融與釋放組織」從天主教神父路易吉・朱撒尼（Luigi Giussani）的作品得到啟發，是因應一九六八年學生革命而聯合起來的組織。與主業團一樣，共融與釋放組織的結構可以看作是個同心圓，每個圓都反映了不同程度的參與。最外圍的圈子，包括參加所謂社區學校這種每週會議的民間天主教徒，在那裡祈禱、唱詩並討論文本（通常是朱撒尼神父作品的摘錄）。那些尋求更密切參與的人，可以加入所謂的「兄弟姊妹會」（Fraternity）。該組織最核心的是「聖約瑟夫兄弟會」（Fraternity of St Joseph），這是一群發誓服從、貧窮和貞潔但過著正常生活的民間人士，另外還有「憶主者」（Memores Domini，在該組織中通常被稱為 gruppo adulto），他們和聖約瑟夫兄弟會一樣，但過的是群體生活。教宗本篤十六世非常讚揚共融與釋放組織，而那些為他操持家務和做飯的婦女都屬於憶主者。共融與釋放組織還包括教區神父團契和修女團。由於該組織沒有編錄成員名冊，因此不可能知道其追隨者的真實人數，但根據他們的網站，僅兄弟姊妹會就有大約六萬名成員，整個組織遍及八十個國家。

出乎意料的是，朱撒尼神父還啟發了一個「工商協會」（Compagnia delle Opere）的成立，該協會的成長甚至比「共融與釋放組織」的核心團契更為顯著。根據其協會的說法，協會目前約有三萬六千家公司。[3]二〇一二年，他們的年總營業額達到七百億歐元。[4]

在義大利，共融與釋放組織的活動，包括在里米尼舉行的年度會議。這項全國性的活動被媒體廣泛報導，過去的演講者包括諾貝爾獎得主、外國總理、義大利主要政治家和已故的德蕾莎修女。義大利的商業首都米蘭和整個倫巴底大區，是共融與釋放組織的誕生地，對當地的政治影響力最大。多年來，幾次重大的在地衝突，大多是保守的共融與釋放組織和天主教民間協會之間，未公開且大部分在檯面下的競爭。多年來，天主教民間協會已成為天主教自由派的代表。

一九九五年，共融與釋放組織的成員（稱為 ciellini）占了上風，當時一名隸屬於憶主者的成員——羅貝多・福米戈尼（Roberto Formigoni，後來加入貝魯斯柯尼的政黨）當選倫巴底大區區長。他在位十七年，在此期間，倫巴底變成共融與釋放組織的虛擬領地，由其成員擔任重要公職。批評者指出，屬於共融與釋放組織的公司也一再得到利潤豐厚的標案。福米戈尼政府最終因醜聞垮臺。二〇一四年，他否認有任何不當行為，卻因貪腐和共謀犯罪而受到審判。

◆◆◆

不過，天主教在義大利也以許多爭議較小的方式存在。由於慈善機構國際明愛（Caritas）的活動，許多無家可歸的男女生活比較沒有那麼悲苦。教會經營著義大利大約五分之一的醫療服務，但這種情況會持續多久是個疑問。天主教醫院嚴重依賴修女的服務。但在義大利，曾經無處不在的修女正變得愈來愈稀缺。二〇一〇年，歐洲近三分之一的修女仍住在義大利修道院中，但其中有許多是老年人或外國人，她們的總數在過去五年下降了超過十%。

天主教教會負責義大利大約七%的教育，這一比例低於許多歐洲國家。但由於公共教育系統有義務提供宗教教育，虔誠的義大利父母不需要特地讓孩子接受天主教教育。

義大利天主教也催生了國際外交中最不尋常的人物：位於羅馬的聖艾智德團體（Comunità di Sant' Egidio）。在一九六八年，這個團體由一群學生支持者在政治和教會動盪中創立。[6]團體的名字源自羅馬的特拉斯提弗列區（Trastervere）的一座教堂，旁邊是它所屬的前修道院。相對於「共融與釋放組織」反對學生革命和一九六〇年代的許多事件，聖艾智德團體從一開始就計畫實踐三年前梵蒂岡第二次大公會議（Second Vatican Council）所提倡的理想。該團體與窮人作伴，現在仍然經營著羅馬最大的公共廚房。然而，隨著該團體在國際上的擴張，成員們發現，在許多地區，除非試圖結束發生在根本之處的暴力，否則解決貧困毫無意義。

聖艾智德團體最大的成功在於早期的一項成就。一九九二年，團體成員在莫三比克促成一項和平協議，結束了一場超過一百萬人死亡的內戰。四年後，他們也促成瓜地馬拉內戰的停火。從那時起，該組織的確發現情況變得更加艱難。但外交人員會說，聖艾智德團體締造和平的方法，為非官方的接洽和討論提供了渠道。另外，由於時常需要保密，該團體的一些成就並沒有出現在媒體上。

天主教如此徹底地融入義大利生活，即使是最世俗的義大利人在口頭上也承認天主教的影響，也就是說，有太多被天主教影響的辭彙和用語。記者通常將任何閉門會議描述為「祕密會議」（conclave），如果會議產生結果，則告訴讀者，會議「釋出白煙」（fumata bianca）。當義大利人想要說「沒有人是不可或缺的」，他們會說 Morto un papa se ne fa un altro，意思是「當一位教宗去世時，你再選一個」。很傳神的是，「過得像個有錢人」在義大利是用「活得像個教宗」來形容。警察和檢察官把同意認罪協商的黑手黨和恐怖分子叫做「悔罪者」（pentiti）。而一個曾經歷九死一生的人，都是「神蹟」（un miracolato）。另一方面，如果中了彩券，朋友不會說「你走運了！」而是「受神祝禱的你」（Beato te!），如果沒中獎，得到的回應不是「真可惜！」，而是「罪！」（Peccato!）。

然而，義大利人和教會之間的密切關係，在很大程度上與宗教完全無關。首先，人民感謝教會提供的服務；再來則是義大利人對宗座的驕傲。四百五十多年來，全部的教宗都是義大利人，直到一九七八年波蘭紅衣主教嘉祿．沃伊蒂瓦（Karol Wojtyła）被選為若望保祿二世。這些教宗不僅贏得極大的尊重，而且擁有巨大的權力。

義大利天主教會也受益於大家的習慣。就像英國很多人支持君主制，許多義大利人信仰天主教，這是公認的事物秩序的一部分，而且由於義大利的國務一直與教會如此緊密地糾纏在一起，因此挑戰教會的存在，似乎隱約就是不愛國，而且與義大利文化背道而馳。例如，父母可以自由選擇讓孩子不上義大利學校提供的宗教研究課程（當然，課程只涉及天主教）。然而，這樣做的人相對很少。在二〇一一到二〇一二學年，參加課程的比例超過八十九％，顯然遠高於真正信奉天主教的父母。

不奇怪的是，不上宗教課程比例最高的是北部的大城市。義大利南部給的數據比較像在中亞投票時會看到的那種數字：平均參與率為九十七．九％。總體而言，自從第一次可靠的研究以來，義大利全國的數字在十九年來逐漸下滑，但也只降低了四％，而這幾乎可以用非天主教移民的增加來解釋。

許多義大利人幾乎反射性地或完全不加思索地接受教會，讓天主教知識分子擔心同胞信仰的品質。二〇〇六年，《基督教家庭週刊》委託進行了一項對天主教徒的民意調查。受訪者被問到是否曾經尋求過上天的介入（七十一％的人說有），如果有，是請求誰的幫忙。接下來就是驚喜出現的地方。只有二％的人說他們曾要求耶穌向上帝說情，而只有九%的人求助於聖母瑪利亞。最受歡迎（有近三分之一的受訪者）的選擇是聖畢奧神父（Padre Pio），他是一位一九六八年去世的嘉布遣會（Capuchin）修道士，關於他的超自然力量傳聞仍然存在爭議。

天主教教育權威托尼諾・拉斯科尼神父（Father Tonino Lasconi）對民意調查的結果感到震驚。他說：「耶穌和聖母很少被提及，反而聖徒是首選，而且人們不明白這兩種概念是不同的，顯示我們的基督徒非常無知，即使他們接受過多年的教理和宗教課程。」

據說，聖畢奧神父曾飄在空中，與魔鬼近身肉搏，曾經歷異象並承受了聖痕，也就是耶穌受難期間所受的傷。可以肯定的是，多年來他的手腳上都有可見的大洞，但他也被指控用酸液來自殘。有很長一段時間，梵蒂岡拒絕把他的傷勢視為聖潔的證據，甚至一度阻止他在公共場合做彌撒。但在二〇〇二年，聖畢奧神父在教宗若望保祿二世的授意下，成為聖徒。而他在義大利東南部的聖喬凡尼羅通多（San Giovanni Rotondo）居住的修道院，現在是世界上第二大的天主教朝聖聖地。嘉布遣會還經營聖畢奧神父的電視頻道，可以透過衛星收看。

從塞在酒吧架子的撲克牌或計程車的儀表板上，你都可能看到聖畢奧神父留著鬍鬚的臉。或者，你也可能在一些你以為不信這些東西的人身上，像是錢包和手提包中，不小心瞥見印著這位神父的臉的吊飾。為什麼聖畢奧神父對義大利人如此有吸引力？就算其中有很多人已經多年沒上教堂了。是因為他們認同他身為農民之子的卑微出身嗎？還是因為他體現了義大利的神祕主義傳統，這種傳統可以追溯到亞西西（Assisi）的聖方濟各和西恩納的聖加大利納（St Catherine）？還是他給了一個簡單又充滿慰藉的訊息，比羅馬發出的嚴厲且複雜的禁令，更受義大利人歡迎？聖畢奧最著名的話是：「祈禱和希望。不要難過。」對於一個本性樂觀的民族來說，無疑具有很大的吸引力。還是說，聖畢奧的特殊魅力在於他沒有那麼基督教？畢竟，據說這是一位能夠讀心、預知未來，並同時出現在兩個地方的男人。會不會是人們在不知不覺中把他看作是魔法師而不是聖人？而且那些卡片和吊墜，與其說是虔誠的信物，倒不如說是護身符？

無論如何，往周圍一看，你很容易就會發現，通常由紅珊瑚或塑膠製成的紅角項鍊（cornicello 或 cornetto）這種類似角的護身符，在義大利各地被用來抵禦邪惡的眼睛。義大利的天主教與大量的迷信並存。塔羅牌非常受歡迎。[7] 在義大利大多數城市的主廣場附近，通常會發現一條小巷，巷內有好多弓身坐在折疊凳上，為焦慮顧客算牌的人。有幾個小型電視頻道連續幾個小時都只播放塔羅牌算命。

想當然爾，由於經常面臨火山爆發的危險，迷信的首都是那不勒斯。這座城市據說住著一種獨特的幽靈，被稱為 munacielli 或 monacielli，並且可能是 Smorfia 的發源地（Smorfia 的意思是「鬼臉」，儘管這個詞可能源自古典時期掌管夢的神 Morpheus 的名字）。Smorfia

是一張從一到九十的數字表，每個數字都分配給各種物件、生物、身體部位、動作、概念和不同類型的人。在那不勒斯，它被廣泛用來投注，大家可以根據現實生活中出現的情況來選擇號碼，下注者也有可能用夢裡的情境來買彩券。例如，與數字八十八相對應的是「烏木」、「印花稅票」、「與孩子共舞」和「尊者的睪丸」。

有些神職人員可能會苦惱地想著，在這個信奉天主教的國家，以教義問答教學法（Catechism）教出來的信仰，為什麼出現這麼多歧異呢？但是，官方教會教義與在地神職人員的解釋之間，似乎也存在著相當大的差距。二〇〇七年，《快訊週刊》派記者前往全國二十四所教堂，要他們告解說，自己做了梵蒂岡絕對會認定為罪的事。一位冒充研究員的記者，在告解時假裝自己收到了一份在國外從事胚胎幹細胞研究的工作，他被告知「當然」應該接受這份工作。當另一個人聲稱說，自己叫醫師拿掉了父親的呼吸器，得到的回應是「不要再想了」。只有當告解的內容與墮胎有關時，大家才會得到和梵蒂岡立場相同的答案。

究竟這是代表神職人員不服從梵蒂岡的指示、不懂教義，還是他們在聆聽告解內容的道德兩難而自己不需親自面對時，單純人性的展現，這都無關緊要。整體來說，天主教比新教更寬容人類的脆弱，也造就義大利值得讚揚的種種：同情心、不願評判和樂於寬恕；這些主題，將在後面的章節中不斷出現。

但天主教也把信眾變得像小孩一樣（不僅在義大利）。宗教改革起源的爭論，聚焦在信徒是否有權直接接接觸《聖經》來尋求自己的救贖。或者，是否如天主教堅持的那樣，需要神父居中。最終，負責告訴你如何生活的人，是上帝在地球上的代表。在義大利語文中，神職人員被稱為 il Papa，和父親（il papà）只差了一個重音和一個大寫。主教談論信眾（flocks，此字亦有羊群之意），暗示信徒是羊。神父就算是在稱呼可能比他們年長的教區居民，仍會用「我的兒子」或「我的女兒」。

義大利比任何其他國家都更貼近天主教。因此，有些事變得不那麼奇怪。例如，義大利沒有「歸咎」（accountability）這個詞；在義大利文中，最接近「某事將會出現」的說詞是 Qualche santo provvederà：也就是某聖人或誰會來處理。義大利的兩性關係也帶有天主教長期以來如何看待性別角色的印記，包括男人該做什麼、女人該做什麼。

註釋

1、然而，威尼斯人並沒有發明這個概念。自十一世紀以來，德國統治者一直將猶太人限制在城市的特定區域。

2、諾貝爾得主埃米利奧·塞格雷（Emilio Segrè）和法蘭科·莫迪利亞尼（Franco Modigliani）也是義大利猶太人。他們為了躲避法西斯政權而移民美國。

3、編註：十六世紀由約翰·喀爾文（Jean Calvin）提出，強調因信稱義。

4、在奪下羅馬之前，中央政府一開始在杜林，後來在佛羅倫斯。

5、後來，民眾的選擇變多，也可以捐給經批准的慈善機構。

6、最初團體的負責人里卡多·芮卡迪（Andrea Riccardi）後來成為大學教授。他在二〇一一年至二〇一三年間，進入馬力歐·蒙蒂組成的無黨派政府，負責海外發展和種族融合。

7、塔羅牌出現在十五世紀的義大利，但一開始只是遊戲。直到三個多世紀後，才在法國被用來占卜。

第十章 ◇ 義大利女人：態度的轉變

如果你碰巧是個男人，義大利是個非常宜居的地方。

——愛德華・摩根・福斯特（Edward Morgan Forster），《天使害怕涉足的地方》（*Where Angels Fear to Tread*），一九〇五年

有個小女孩在七、八歲的時候，跟父母到特倫托（Trento）東部一個美麗的山村。那裡靠近義大利北邊邊界，剛好是義大利語區和德語區之間的模糊地帶。女孩的家人仍然擁有她曾祖父母住過的房子，儘管那時已經無人居住了。走廊上掛著一位年輕女子的照片。父親向女孩解釋，那是她的姑婆克洛琳達（Clorinda），在戰爭時過世了。隨著歲月流逝，女孩常常回想起那次與姑婆的邂逅，直到十幾歲時，她才在學校用網路搜尋姑婆的名字，並且發現克洛琳達．門古扎托（Clorinda Menguzzato）是女中豪傑，過世後被追封了義大利最榮耀的勳章。①

克洛琳達的故事可以拍成好萊塢電影。這名農村女孩出生在風景如畫的泰西諾堡（Castello Tesino），加入了葛蘭西（Gherlenda）游擊隊營，代號是薇格利亞（Veglia）。儘管那些加入義大利反抗運動的女性，大多數擔任護士或信差，但克洛琳達與她所愛的男人加斯通涅．維洛（Gastone Velo）及其他男性並肩作戰。當加斯通涅受傷時，他們決定前往克洛琳達家擁有房子的小村莊，但在途中被攔下並捕捉。當時發生的事情，不是好萊塢製片人鍾愛的那種幸福結局。

德國人和義大利法西斯同黨折磨了這位十九歲的女孩四天四夜，但克洛琳達沒有透露其他同袍的行蹤。根據國家授勳時對於克洛琳達事蹟的描述，在刑求最後，她告訴對方：「當我再也受不了你們的折磨時，我會用牙齒咬斷舌頭，這樣就不用說話了。」指揮官甚至叫他的德國牧羊犬攻擊她，但克洛琳達從未屈從，在授勳時被稱讚為「游擊隊的母獅」。最後，奄奄一息的她被帶出村子並槍殺，她的屍體被丟下懸崖，落在樹枝上，後來被泰西諾堡的教區神父找到，而神父讓克洛琳達穿著村裡最好的傳統服飾入土。

一些像克洛琳達·門古扎托這樣的女性，為游擊隊付出，將自己的生命奉獻給之後的義大利共和國，[1]再加上共產黨在戰後時期的影響，顯示了在考慮歷史時，義大利女性的重要性不能被忽略，縱使有些人可能希望把她們邊緣化。

歷史上，義大利女性在不同地方、不同時間點、不同階級，有不同的經驗，面臨不同的情境。有大量證據顯示，十七世紀，甚至是十八世紀時，義大利上流社會的婦女享有極大的自由，至少與歐洲其他地區的女性一樣，或許還更自由。出身名門的威尼斯人艾蓮娜·皮絲珂皮雅（Elena Cornaro Piscopia）在一六七八年於帕多瓦大學取得博士學位，是有史以來第一位獲得博士的女性。第一位在歐洲大學獲得正式教職的女性也是義大利人——蘿拉·巴斯（Laura Bassi），她在一七三二年成為波隆那大學的教授時只有二十一歲。十八世紀的義大利還有身兼詩人、哲學家和物理學家的克里斯蒂娜·羅卡蒂（Cristina Roccati），以及博學多聞的瑪麗亞·加埃塔納·阿涅西（Maria Gaetana Agnesi）。阿涅西的名字留存在數學原理中：箕舌線，這是一種曲線，又被稱為阿涅西的女巫（Witch of Agnesi）。[2]此外，金星上有一個隕石坑，還以阿涅西和蘿拉·巴斯為名。

歌德的《義大利遊記》（*Italian Journey*）中，有一個令人難忘的角色，是他於一七八七年在那不勒斯碰到的一位年輕貴族女性，這位女性敢言又直接，就像當代任何一位女權主義者。[3]然而，一百多年後，當另一位遊客——諾曼·道格拉斯（Norman Douglas）來到卡拉布里亞大區時，對義大利南部女性的生活情形，有完全不同的印象。那時，他決定從巴尼亞拉（Bagnara）上方的山丘上抄捷徑：

這裡很明顯需要有熟悉路況的挑夫來帶路。我很快就找到一群精力充沛的年輕人，他們倚在牆邊，無所事事。沒問題，他們會帶我走。他們說，他們全部的人都有空，反正這很好玩。

「那我的包包呢？」我問。

「要拿包包嗎？那我們必須找個女人。」②

義大利女性運動的歷史並非一路平順，有快速進步的時期，也經歷過長期停滯。第一本可以被視為女權主義著作的義大利書籍，是安娜·瑪麗亞·莫佐尼（Anna Maria Mozzoni）的《女性和她的社會關係》（*La donna e i suoi rapporti sociali*），在一八六四年才問世，比英國的瑪麗·沃斯通克拉夫特（Mary Wollstonecraft）的《為女權辯護》（*A Vindication of the Rights of Women*）晚了七十二年，比法國的歐蘭普・德古菊（Olympe de Gouges）的《女性與公民權利宣言》（*Déclaration des droits de la femme et de la citoyenne*）晚了七十三年。然而，在這之後，義大利的女性運動迅速迎頭趕上。二十世紀初，義大利有了自己的女性投票權運動。大約在諾曼・道格拉斯遊歷卡拉布里亞時，羅馬和米蘭的中產階級婦女正在爭取離婚合法化。

阻止女性運動繼續前進的是法西斯主義。墨索里尼在一九三二年概述了他的想法：「關於（女性）在國家中的角色，我反對任何形式的女權主義。她們當然不應該是奴隸，但如果我給她們選舉權，別人會笑我。」幾年後，就在戰爭爆發之前，法西斯時期的主要知識分子費迪南多・洛佛雷多（Ferdinando Loffredo）寫道：「女性必須回歸到對男性的絕對服從。」為了避免讀者不懂他在說什麼，他繼續解釋這是指「精神、文化和經濟上的劣勢」。

洛佛雷多所說的，正是義大利法西斯立法者和行政官員長期以來一直在實踐的。在墨索里尼的統治下，女性被禁止申請中等教育的高階職位；公家和民營企業的女性員工比例上限為十%。如果一家公司的員工少於十人，則根本不能雇用女人。

第二次世界大戰後，與墨索里尼有關的一切都變得可疑，或者完全無法接受，而獨裁者的昔日對手處理遺毒的其中一種方法，就是提高義大利女性的地位。一九四五年，女性獲得了投票權，僅比法國女性晚了一年。但是，隨著基督教民主黨逐漸凌駕於共產黨，天主教關於女性角色的觀點，影響力愈來愈大。一九三九年當選教宗的庇護十二世說：「女性傳統上在家中的角色，是公共衛生和道德的基礎。」他說，教會之所以支持工人有更高的工資，是因為要「讓妻子和母親重新回到照料家庭的真正使命」。從一九四〇年代後期到一九六〇年代初期，歷屆政府與教會攜手合作，宣傳理想的義大利女性特質：她們要像天主教教堂中的聖母雕像所散發的那種光芒一樣，向上凝視主，虔誠地緊握雙手。

然而，儘管梵蒂岡的主教和政府的基督教民主黨人士盡了最大的努力，卻沒有成功讓時光倒流。事實上，從一開始，義大利就出現兩種截然不同的女性形象：神職人員和政治家對內散布的理想義大利女性，和義大利透過電影向外投射的複雜形象。

火花四射的安娜．麥蘭妮（Anna Magnani）被稱為「羅馬的母狼」（La Lupa），在一九四〇年代後期的新寫實主義電影中，首次讓觀眾看到一種絕不溫順的義大利女性。麥蘭妮的角色激情、勇敢、有力，有時甚至暴力。朱列塔．瑪西納（Giulietta Masina），在丈夫費德里柯．費里尼（Federico Fellini）的奧斯卡得獎作品《卡比利亞之夜》（*Le notti di Cabiria*）中，飾演一個精靈般的妓女，經歷悲慘，是她作為演員最偉大的演出。性感的蘇菲亞．羅蘭（Sophia Loren）在安娜．麥蘭妮的事業達到巔峰時崛起，在大螢幕上又給了義大利女性另一種氣質：大刺刺的性感。[4] 一九五一年，在美國《花花公子》雜誌成立的兩年前，蘇菲亞．羅蘭在電影《這是他！是的！是的！》（*Era lui, sì, sì!*）的法國版中全裸演出。在接下來的二十年間，包括珍娜．露露布莉姬妲（Gina Lollobrigida）、施雲娜．曼卡諾（Silvana Mangano）、莫妮卡．維蒂（Monica Vitti）和克勞蒂亞．卡汀娜（Claudia Cardinale）都在銀幕上穿梭，四處送吻，一路上散布了她們脫下的衣服。

義大利女性的法律地位在冷戰時期也有所提高，不過仍然有限。一九五〇年開始，女性生育第一位孩子後的一年內，雇主不得解雇。到了一九六三年，雇主不得以結婚為由解雇女性。更重要的是，隨著一九六二年將義務教育延伸至十四歲，義大利歷史上首次讓大批女孩接受中等教育。

更雄心勃勃的改革，必須等到一九六八年學生革命及其在整個歐洲引爆的社會動盪。影響之一是在義大利引發了特別活躍的女權運動。最初，女權運動人士將自己與新左派緊密連結在一起。但她們很快就發現，許多年輕的男性社會主義革命人士，就跟她們的父親和祖父一樣，非常在意男子氣概（maschilista）。義大利許多女權運動者意識到，馬克思主義及其哲學基礎就算與政治理想有關，仍不足以實現她們的目標。在一九七〇年，《女性反抗宣言》（*Manifesto di rivolta femminile*）就說：「我們質疑社會主義和無產階級的獨裁。」同年，該宣言的作者之一卡拉．隆奇（Carla Lonzi）出版了一本小冊子，標題是《唾棄黑格爾》（*Sputiamo su Hegel*）。

縱觀現今的義大利，很難相信這裡曾經產生過如此好鬥的女權主義。這幾年來，已經發生在其他社會關於性別和語言的討論，在義大利才剛剛開始。已婚的義大利婦女的確一直保留自己的姓氏，但是大多數形容有權力威勢的工作或職業的詞語，仍然只有陽性。例如，一位在西班牙會被稱為 abogada 的女律師，在義大利仍是 avvocato。其他幾個職業也是如此：notaio（公證人）、ingegnere（工程師）或 architetto（建築師）沒有廣泛使用的陰性詞彙。為數不多的例外之一是 dottoressa，用於女畢業生，也稱呼女醫師。Avvocatessa 這個詞也存在，但大多數女律師都不用，也許是因為她們覺得特定的女性版本與英文中「女演員」（actress）一樣，隱含蔑稱和貶義。（註：義大利文中，名詞字尾為 o 的大多為陽性，字尾為 a 的大多為陰性。）

換句話說，情況混沌不明。這在政治上看得最清楚。直到最近，少數幾位進入內閣的女性，在口頭稱呼及書寫時被稱為「ministri」（部長。註：i 為複數字尾）。有時，人們會用「la ministro」稱呼一位女部長，來解決這個問題（註：la 是陰性的冠詞）。但自從愈來愈多的女性進入政府部門後，「ministra」（部長）這個詞開始出現，無論是在口語和書寫上都是。即使如此，在我撰寫本書的當下，義大利政府的網站上仍繼續使用「ministro」

（部長）來稱呼那些負責外交事務、國防、經濟發展、教育和衛生部的部長，儘管這五個人都是女性。

▲▲▲

打開電視，你很快就會發現，女性正在綜藝節目或智力問答中，做一些一九七〇年代後其他西方國家已經不接受的事。如果節目中有一位女主播，她肯定會有蓬鬆的長髮、塗著亮彩的口紅，同時穿著凸顯身材而不是遮掩身材的服裝。在許多情形下，攝影棚中唯一的女性會是所謂的花瓶（vallette 或 veline），她們的角色幾乎是裝飾用，最多會被要求跳幾個舞步，或是舉起上面標有問題的答案或參賽者贏得之金額的牌子。通常，她們的工作只是站在一邊，看起來漂亮，空洞地微笑。

第一個花瓶出現在一九八八年的《脫掉新聞》（*Striscia la notizia*），這是西爾維奧・貝魯斯柯尼旗下頻道的一個諷刺和調查性節目。花瓶的職責包括介紹節目所圍繞的新聞主題，並在（男性）主持人的桌子上迷人地展現自己。[5] 這個節目仍然是媒體集團電視公司的熱門節目。該節目的固定班底花瓶是由一位金髮女郎搭配一位黑髮女郎，每季在徵選時競爭非常激烈，對於想一飛衝天的小模特兒來說，是演藝行程的大事。[6]

同樣地，看板廣告和平面媒體廣告上也經常要女性少穿一點衣服，來宣傳一些與性、美或是女性身體無關的產品。通常，大家並不會對此進行討論，但在二〇〇八年，有個事件引發了爭議。有個受渡輪公司委託的廣告，要宣傳那不勒斯和卡塔尼亞之間新的快速航班。廣告上呈現一個女人的雙手緊握自己豐滿的乳房，旁邊的標題為：「維蘇威火山和埃特納火山，從未如此接近。」渡輪公司對此並沒有覺得不好意思，在接下來的一年裡又刊登了另一則廣告。這次是一長隊的年輕女性，朝著一艘渡輪敞開的後門前進。她們大多穿著短褲，其中有些人的臀部幾乎沒遮住。這一次的廣告標語是：「我們有義大利最著名的船尾」。

• • •

每年，世界經濟論壇（WEF）都會發布全球性別落差報告，旨在根據各種標準評估各國的女性地位，包括經濟參與、政治賦權、教育程度，以及各種與健康相關的指標。近年來，義大利的排名起伏不定。在二〇一三年，排名不佳：世界經濟論壇將義大利排在第七十名，比法國低了二十六名，甚至更驚人的是比西班牙低了四十一名。義大利的女性也被認為比羅馬尼亞和十一個非洲國家的女性過得更差。

義大利女性得分最差的領域是經濟參與。最近由歐盟和經濟合作暨發展組織發布的數據顯示，義大利女性就業人數大約占女性總人口的一半，在所有歐盟大國中比例最低。無可避免地，這也代表家庭主婦的比例要高得多，而渴望工作但放棄找工作的女性人數是男性的兩倍。很明顯的是，義大利待在家的五百萬名女性當中，有許多人並不情願。二〇一一年進行的一項調查顯示，義大利家庭主婦不僅不情願，而且絕望：她們的不滿程度明顯高於西班牙或法國的女性。

不出所料，義大利的各董事會裡很少有女性成員。到了二〇一三年，她們僅占義大利主要公司董事的八%左右，再次成為歐洲任何大型經濟體中比例最低的國家，這比例在西班牙是十%，在法國是十八%，在英國和美國是十七%。同年，一項高等教育研究詳細說明了女性如何隨著職業發展而被擠出勞動市場。③那時，義大利的大學畢業生有超過一半是女性，但女性副教授的比例只有三分之一，女性教授的比例只有五分之一。

這些數字無疑和學術界的年齡分布，以及女性較有可能轉換跑道有關。教授往往年齡較大，屬於女性畢業生較少的那一代人，在那個時代，女性要離開家去發展職涯，是比較罕見的。但同時，大學也一再被指控有所謂的性脅迫（ricatto sessuale）等情形。

這是一個難以精確衡量的現象，當然也不限於義大利。透過相關案件在媒體上曝光或在私人談話中被提及的頻率，許多證據給人的印象是，性脅迫的情況在義大利相對普遍。

媒體上出現的案例，通常是大學教師被指控向學生或博士研究員，要求發生性行為，以換取及格或高分。可以合理地推斷，很多權力不對等的性侵事件並沒有被報導，也沒有被提及，因為在這類事件發生後，雙方都沒有興趣要引起人們的關注。在義大利高等教育界工作的外國人表示，以性交換學術利益可能並不常見，但也不罕見。

並非所有的性脅迫都發生在學術界。義大利國家統計研究所在二〇一〇年的一項研究中顯示，只有三．四％的受訪女性表示，她們在工作時曾被要求發生性行為，來做為被雇用的條件、晉升的回報，或者（在最壞的情況下）被解雇的替代方案。所以，性脅迫在義大利比在其他國家更普遍嗎？如果這個數字是準確的，那麼也許並非如此。

但我個人的主觀印象是（只有一點客觀證據可以證明），義大利的性脅迫已經被相當多的義大利女性，視為令人遺憾但無可避免的生活事實。幾年前，當我聽到一位新當選的義大利小姐劈頭就說「我永遠不會為了成功而出賣我的身體」，感到很震驚。這讓我想知道，其他國家選美比賽的冠軍，有多少人會在第一次的記者會上就明確表達這件事。我看到的一點點證據是一項民意調查，由婦女協會「女生與生活品質」（Donne e Qualità della Vita）委託進行，只擁有在統計學上沒有意義的少數樣本。民調詢問了五百四十名女大學生，是否願意提供性服務以發展她們的職涯，其中只有一個人給出了徹底的「不」，將近二十％的人說「好」，其餘大約五分之三的人給出了靦腆的「不知道」。

這個曾經發展出激進女權運動的國家，怎麼現在如此落後？在某種程度上，女權主義全盛期之後在義大利發生的事，也在全世界發生。新一代女性不再希望縮小與男性之間的差異。時尚界重新講求魅惑。支持婦權的街頭示威顯得過時。然而，這部分是因為一九七〇年代的女性已經實現了（即使不是全部的）目標，也足以滿足大部分女性人口的需求。義大利在這方面脫穎而出，讓墮胎合法化是如此出乎意料和全面。或許，在取得如此巨大的勝利之後，義大利性別戰爭中的女性戰士認為，是該享受戰利品了。

然而，一些義大利女權運動人士不想說這些好聽話，而是認為女權運動出現了災難性的錯誤轉折。比起其他國家，義大利主要女權主義理論家由於不認為新左派男性可以期待，便大幅將重點從要求平等權利，轉向分析性別差異和提升女性素質。根據這種詮釋，女性的解放被犧牲在強調女性驕傲的祭壇上。當然，這也解釋了為什麼貝魯斯柯尼能夠輕而易舉地利用他在媒體中日益增長的影響力，從一九八〇年代開始傳播一種非常不同的女性性慾。他就像一名將軍，邁步到一個被敵人遺棄的戰場。

無可爭辯的是，在貝魯斯柯尼時代，這位媒體大亨所代表的價值觀幾乎沒有受到抵制，而且他也用自己在公領域和私領域的行為來體現。儘管這位前總理一直堅稱自己「愛女人」，但他對女人的態度往往居高臨下，有時甚至是徹頭徹尾的輕蔑。當西班牙社會黨領袖荷西・路易斯・羅德里格茲・薩帕特羅（José Luis Rodríguez Zapatero）的內閣中有半數是女性時，貝魯斯柯尼說「太粉紅了」。當他任命曾拍過上空照的前女模瑪拉・卡法尼亞（Mara Carfagna）擔任平等機會部長時，他自己如何看待女性入閣，再清楚也不過。直到二〇一一年，關於他派對的醜聞甚囂塵上，義大利女性才終於有了反應，示威活動最終蔓延到兩百五十多個義大利和國外的城市，口號是普里莫・列維的一本關於二次大戰反抗軍的小說標題：「如果不是現在，何時？」（If Not Now, When）

當時女權運動計畫趁勢而起，尋求復興，但無疾而終。不過，回想起來，可以看出「如果不是現在，何時？」標示著一個轉折。當時，只有五分之一的義大利立法者是女性。根據跨國會聯盟的一項研究，這個比例甚至比伊拉克或阿富汗低。在下一屆於二〇一三年的大選中，大多數主要政黨都認真努力地提拔女性候選人。貝佩・格里洛領軍的五星運動，用網路投票選出了候選人，在最後提出的名單中，女性占了大約十分之四。從選舉的結果可以看出，新上任的立法機構女性代表接近三分之一。從那次選舉中產生的政府，也有一個空前高的女性比例。第二年，當馬泰奧・倫齊取代恩里科・萊塔執政時，他組建了一個女性占半數席位的內閣。

其他變化也在發生，但沒有像馬泰奧・倫齊的女部長引起那麼大的關注。雖然前面引述的女性董事會成員比例數字，看起來可能微不足道，但其實代表了短時間內相當大的成長。這無疑是因為二〇一一年頒布的一條法規：每五名被提名人中，至少有一名必須是女性。

公眾逐漸意識到女性遭受的暴力威脅，對施暴者的譴責也同時增加。在二〇一三年的情人節，一位喜劇演員在聖雷莫歌曲節（Sanremo Song festival）表演了一段獨白，引起眾人對於女性受暴事件的注意。喜劇演員露西亞娜・利特利澤托（Luciana Littizzetto）本身就象徵了社會上的態度正在轉變，因為直到最近，即興脫口秀在義大利仍是一個完全專屬男性的領域。利特利澤托運用幽默傳達了許多男性可能難以接受的女權內容。她在聖雷莫歌曲節的獨白一點也不好笑，但值得全文引述，因為這不僅是一段非常精彩的演講，還對公眾輿論產生了巨大的影響。

在義大利，一個男人平均每兩、三天殺一次女人，她可能是他的伴侶、女兒、情人、姊妹或「前任」，而且很可能是在家裡，因為家庭並不總是和樂融融又充滿了愛。他殺了她，因為他認為她是他的財產；因為他無法想像一個女人擁有自我，可以自由地過自己想要的生活，甚至愛上另一個男人。而我們（女人），因為我們天真，經常把各種各樣的事情誤認是愛。但是，暴力和毆打與愛一點關係也沒有。打我們的男人不愛我們。讓我們好好記清楚。讓我們把這句話寫在記憶裡。打我們的人是狗屎。徹頭徹尾，永遠都是。我們必須在被打第一記耳光時立刻理解這一點，因為第二記會隨之而來，然後是第三記和第四記。愛會創造幸福，讓心膨脹。愛不會打斷肋骨，也不會在臉上留下瘀傷。

另一個同樣意義重大的變化是，義大利小姐選美比賽受歡迎的程度逐步下降。毫不誇張地說，這曾經是全國年度重大事件之一：一場盛會，慶祝義大利美女如雲，每天晚上長達幾個小時的節目，在國營義大利電視廣播公司的主要頻道上，連續播出四天。很少有比被要求加入評審團更高的讚譽了。現代義大利文化中一些最有名的人物，包括超現實派畫家喬治・德・奇里訶（Giorgio De Chirico）、電影導演盧奇諾・維斯孔蒂（Luchino Visconti）和演員馬切洛・馬斯楚安尼（Marcello Mastroianni）等人，都曾為參賽者的臀部曲線打過分數。

二〇〇一年，義大利小姐選美比賽擁有八十五％的收視率。但在那之後，受歡迎的程度急劇下降，以至於在二〇一三年，國營義大利電視廣播公司的主要頻道宣布將不再對比賽進行電視轉播。而在 La 7 頻道接手後，收視率不到六％。

即使是發明花瓶的《脫掉新聞》也嗅到氣氛的變化，決定要減少性別歧視，讓兩名迷人的年輕男子出現在節目中，袒露結實的胸膛，主持人則是兩位女性，但結果是收視率急劇下降，花瓶急忙復工。

⁂

無論發生什麼變化，義大利對母親的崇拜非常堅定。對母親的尊重（或者更確切地說，對母親隨口稱是）幾乎沒有上限。對女性來說，擁有和享受孩子似乎比什麼都還重要。這個觀念源於天主教對聖母的崇拜。女性的長輩和同儕，以及雜誌、電視和廣播節目中的廣告，都在強化這樣的訊息：生活中沒有什麼比當媽媽更重要的工作了。在義大利大多數圈子裡，不說「孩子是絕對的幸福和快樂」的人，根本是大逆不道。也因此，沒有孩子的女人通常是被可憐的對象。

這一切產生了一個問題，就是讓雇主在女性員工懷孕後，有了解雇她們的理由，因為雇主不想支付薪水給請產假的婦女。不管法律上怎麼規定，解雇懷孕婦女的做法仍然很普遍。這可以追溯到一九六〇年代，一些雇主繞過法律，告訴女性求職者，只要她先簽署一份未註明日期的辭呈，就可以雇用她。然後，雇主會將這份文件拿走，以備將來需要時加上日期。這些駭人聽聞的文件被稱為「空白辭呈」（dimissioni in bianco）。強迫女性這樣做的雇主冒著沉重的風險，但幾乎不可能被證明有罪，所以這樣的做法仍然存在，尤其是在較小的公司裡。

儘管如此，義大利社會似乎在實踐它所宣揚的觀念。在世界經濟論壇的調查中，義大利一直表現出色的類別是與生育相關的。產假的規定是已開發國家中最慷慨的。但是，一旦產假請完，年輕的義大利媽媽就會發現，國家並沒有提供什麼來幫助她平衡母親的角色，以及在家庭和工作中的其他職責（如果她還保得住工作的話；就算沒有空白辭呈，女性在生完第一個孩子後，也承受了得放棄工作的強大社會壓力）。在義大利，很少有英國所謂的托兒所和美國的日托中心，免費的公家育兒場所就更少見了。不到五分之一的三歲以下兒童會去 asilo nido（字面意思是「避難巢」）。

托兒所的短缺，似乎與需求和供應相關。一方面，在義大利，有工作的女性人數異常地少，這意味著有很多母親可以在白天照顧孩子。二〇一一年受國家統計研究所委託而進行調查的民意機構發現，還有其他因素。當他們採訪那些不把孩子送進托兒所的母親時，發現有超過三分之一的人更願意把孩子留在親戚家，同時有同樣比例的人說，孩子還太小。

隨著孩子成長，另一個把母親綁在家裡的因素出現了：中學的上下學時間，跟以前大部分母親都是家庭主婦的時代一樣，幾乎沒有改變。課程都在早上，好像每個小孩都可以回家吃母親做的午餐。實際上，現在他們通常得吃留在冰箱裡的三明治。

然而，也許最重要的因素是，義大利丈夫（就像西班牙丈夫一樣）非常不願意分擔家務。根據從二〇一一年開始的官方統計數據，只有不到一半的男人會幫忙準備飯菜，只有四分之一會洗碗。但很顯然，義大利丈夫真正的禁區是燙衣服。不管是什麼原因（仍然讓人困惑），會幫忙燙衣服的男性比例是一%。

於是，對於要如何同時扮演好三種角色，女性被迫做出選擇。在大多數情況下，由於妻子和母親的角色總是連結在一起，最終結果就是女性選擇不婚。在南歐國家的統計數據中，都可以看到類似的現象。

在義大利，自一九七〇年代後期以來，女性一直延遲結婚年齡。甚至在更早之前，他們就開始生得愈來愈少。從那時起，其他因素也開始出現，特別是工作不再那麼有保障。愈來愈多年輕人在勞動市場中無法找到全職工作，只能依賴短期約聘，最終無法保證永久就業。結果，義大利的出生率從一九六〇年代中期超過二%，到了一九八〇年代中期下降至不到一%，並且慢慢持續下降，在二〇一一年首次觸及〇．九%的低點。

很少有其他國家像義大利社會一樣，修辭與現實之間的反差如此明顯。一方面是對母親的讚揚和對聖母的崇拜；另一方面，獨生子女非常多，而且在小學門口等候的母親，通常是四十多歲的女性。統計數據背後顯示的另一個巨大鴻溝是，教會的期待與義大利人實際的性生活，相差甚遠。

註釋

1、總共有十九名女游擊隊員被授予軍功勳章。

2、將義大利文的versiera，譯成英文的witch，似乎是誤譯了。versiera的意思是以前用來調整船帆的床單或繩索，而被阿涅西用來描述曲線。

3、雖然歌德沒有明說，但有人認為這名貴族女性是公主特蕾莎・拉瓦斯基耶里・迪・薩特里亞諾（Teresa Ravaschieri di Satriano）。

4、安娜・麥蘭妮在《玫瑰紋身》（*The Rose Tattoo*）的演出，讓她獲得一九五五年奧斯卡最佳女主角。六年後，蘇菲亞・羅蘭憑著維托里奧・狄西嘉（Vittorio De Sica）執導的《烽火母女淚》（*La ciociara*），同樣獲得奧斯卡最佳女主角。

5、最著名的前花瓶是伊莉莎貝塔・卡納莉斯（Elisabetta Canalis），她從一九九九年到二〇〇二年是《脱掉新聞》的固定班底，然後才展開演員生涯。後來，她變成好萊塢明星喬治・克隆尼的女朋友，在國際上聲名大噪。

6、義大利不是唯一一個媒體剝削女性身體的國家。沒有任何一家義大利報紙像英國小報一樣，有上空的第三頁女郎。

第十一章 ◇ 戀人和兒子

義大利人最猛。

——瑪丹娜在〈爸爸別說教〉（Papa Don't Preach）的音樂錄影帶中所穿的T恤上印的話，一九八六年[1]

到處都能看到義大利人那些令人眼花繚亂又熱情洋溢的愛情宣言，而且在最不可能的地方也能找到，包括在牆上的畫、在人行道上的粉筆字，甚至精心刻在海灘貝殼上，而在學校的大門口特別常見。義大利人用這種方式向心儀的對象表達熱情，希望可以引起她（或偶爾是「他」）在日常生活中的注意。這是義大利讓人愉快的情景，也和大部分生活中的保守形成鮮明的對比。其中一些示愛的塗鴉還很詩意，例如「你是我醒來那一刻開始的美夢」；有些很感人，例如「安娜，回到我身邊，求求你」。

我最近還看到：「勞烏拉，我愛你勝過一切。」確實，有些追求者把他們的愛置於生命之前，以展示自己的激情。我曾經在橫跨高速公路的橋上，看過表達愛意的大字，不知道作者花費了多大力氣才爬到那裡塗鴉？幾年前，米蘭附近的一座小鎮裡，居民一早醒來，就發現有人在一座建設中的高樓鷹架上，掛著一幅四十平方公尺的大布條，上面畫著一顆巨大的紅心和他愛人的名字。

在義大利，經常聽到一句諺語：「你無法控制你的心。」（Al cuore non si comanda.）但是，傳統上，義大利就像其他地中海國家和天主教社會一樣，人們內心的一切受到非常嚴格的控制，尤其當情感浮現到身體層面時。近年來，教會和社會傳統對年輕人性生活的控制，已大大放鬆。最近，有一項針對義大利人第一次發生性行為的研究發現，①在第一次世界大戰前後出生的女性，平均在二十二歲時第一次發生性行為；在一九八〇年代出生的那一代，數字下降到十八歲半。然而，對於男性，這個數字多年來幾乎沒有變化，大多在十七歲半和十八歲半之間徘徊。該研究的作者指出，這是因為在二十世紀上半葉出生的幾代人中，男性和女性的性啟蒙方式非常不同。對於十幾歲的男孩來說，第一次通常是個成長儀式，「與年長的、非處女或妓女」發生關係。相比之下，大多數女性在二十出頭結婚時仍是處女，或是「在婚禮前不久，與未來的丈夫發生第一次關係」。

在一九七〇年代之後，南歐出現了性革命。根據同一項研究，在一九六〇年代後期出生的義大利女性，大約只有十分之一在結婚時是處女。但是，天主教的影響（或者遺毒），仍然可以從這個領域中為數不多的可靠國際比較中看出來。

最近有一項研究是由杜蕾斯（Durex）保險套公司委託，研究不同國家所有年齡層的人，第一次發生性行為的平均年齡。② 數字顯示出非常明顯的模式。果然，在對婚前性行為有嚴格社會禁忌的開發中國家，第一次性行為的平均年齡最大。接下來，則是大多數地中海天主教國家（但非全部），包括義大利，平均年齡是十九・四歲。這比西班牙略低，但明顯高於英國（十八・三歲）和美國（十八・四歲）。

從與女性性慾有關的數字可以看出更大的分歧。在電影和廣告中，向外界投射的義大利女性形象，通常是熱情如火、性感的，甚至是暗示性貪婪的母貓。然而，證據顯示，義大利女性相對壓抑。在二〇一〇年羅馬的一次會議上，公布了各個國家成年人承認一生中至少手淫過一次的人口百分比。③在男性中，南歐與北歐的數字大致相同，九十%或以上表示曾自慰過。但在女性就存在顯著差異，在北歐國家，大約有五分之四的人表示她們自慰過，而在義大利，這個比例不到一半。

與梵蒂岡和基督教民主黨的影響無所不在的時代相比，現今義大利青少年發生沒有感情關係的性行為當然普遍得多。但是，男生仍然經常使用以前的詞來稱呼女朋友，叫她們為 **fidanzata**（未婚妻），即使雙方沒有訂婚。而且女生很有可能也會以類似的方式稱呼他：**fidanzato**（未婚夫）。最近，用 **il mio ragazzo**（我的男朋友）和 **la mia ragazza**（我的女朋友）來稱呼男女朋友，變得流行了，尤其是城市裡的中產階級年輕人。但多年來，**fidanzato** 和 **fidanzata** 這兩個詞仍然有人在使用，可能是因為它們更準確地反映了許多義大利年輕人怎麼看待彼此的關係：可以持續十年或更久的類訂婚，然後和結婚無縫接軌，或者變成如今更常見的長期伴侶。

瑪丹娜的T恤上所印的文字，顯示了一個長期存在的定見：義大利人，尤其是義大利男人，是最棒的戀人——「義大利種馬」。歷史上有十八世紀的風流才子傑可莫．卡薩諾瓦（Giacomo Casanova），而二十世紀也有知名演員馬切洛．馬斯楚安尼。一直以來，在西方世界的集體潛意識裡，認為義大利人不僅是世界上最漂亮的人，而且是最浪漫、最誘人和床上功夫最高超的人。這究竟是事實還是神話呢？

杜蕾斯公司的另一項民意調查發現了令人困惑的矛盾證據。④義大利有三分之二的受訪者表示，他們總是或幾乎都有在性交時達到高潮，比其他國家高出許多；至於，有高潮的女性比例，比有高潮的男性比例低，這跟其他國家一樣，但義大利仍然是所有接受調查的國家中比例最高的。義大利男女的性生活相對頻繁，平均而言，他們花在性交上的時間比其他國家都多。因此，總體情況是，即使義大利人沒有比其他人「更猛」，也已經相當厲害。但是，同樣的義大利受訪者，被問及是否對自己的性生活感到滿意時，表示完全滿意的人比其他國家少。也許還有另一個因子沒有顯示在統計數據中。也許，義大利人（就像滿意度也很低的法國人一樣）懷有不合理的期望。

◆◆◆

雖然天主教會強烈反對婚前性行為，尤其是針對女性，但一直對婚外情採取較為寬鬆的態度，特別是在外遇者是丈夫，而家庭在外人看起來仍保持完整的情況下。因此，雖然義大利人在婚前的性行為受到限制，但婚後的性生活卻更加多樣化。或者，更確切來說，這是一個悠久的文學傳統所留下的印象，可以追溯到薄伽丘的《十日談》（令人驚訝的是，書中外遇的角色大多不是男人，而是像蒙娜麗莎〔Monna Ghita〕這樣的女人）。[2]

脾氣暴躁的蘇格蘭詩人托拜亞斯．斯摩萊特（Tobias Smollett）在一七六〇年代造訪托斯卡尼時，講到了佛羅倫斯有錢婦人包養男人的習慣，也就是我們今天所謂的小白臉。在那時候，小白臉被稱為「奇西斯貝奧」（cicisbeo，註：意為已婚婦女的護送者或情人）。他們之間的關係為女方的丈夫所知，並且被接受。儘管奇西斯貝奧在公共場合對女性表現出任何愛意，會被認為是一種不禮貌的行為，但他仍然陪她到處去。「在佛羅倫斯的城門外有一座凱旋門。在夏天晚上，這裡是停下馬車，呼吸新鮮空氣的優質度假勝地。」斯摩萊特寫道：「每輛馬車停了下來，形成自己小小的私密空間。奇西斯貝奧站在馬車兩側的踏板上，說一些花言巧語來娛樂車內的女士。」⑤

在某些情況下，奇西斯貝奧是同性戀，他的工作就是當個有趣的伴侶，但有些則身兼情人。

心理學雜誌 *Riza Psicosomatica* 在二〇〇六年進行了一項輕鬆的民意調查，得出以下結論：義大利人對婚姻並不忠誠。他們調查了哪些惡習和缺陷會讓義大利人最內疚，排在首位的是暴飲暴食和超支，最後一名則是出軌。與沒有保持身材相比，出軌顯然沒什麼大不了。

一直到最近，義大利文化中情婦的存在，也比其他國家更明目張膽。名人通常有第二個伴侶（有時甚至有第二個家庭），而且這一事實通常眾所周知。當他去世時，記者不但想請寡婦說句話，也會引述她的情敵的看法。另一個經常出現的情況是，義大利的中產階級男人在孩子出生後，就漸漸背離婚姻，開始一連串的外遇，最後浪子回頭，與妻子度過衰老的餘生。

但是，交女朋友是要花錢的，養情婦（更不用說第二個家庭）的成本更高。這種劈腿總是限於有錢人，他們憑藉自己的社會經濟地位，更有可能與外國人接觸，也因此塑造了世界對義大利人的刻板印象。所以我們有理由要問一問，事實上義大利人是否真的如他們的名聲那樣，對婚姻不忠。我手上唯一一次國際間的比較數據，是一九九四年的調查，關注的是態度而不是習慣。二十多個國家的人們被問及對婚外性行為的看法。在義大利，回答「總是錯的」的比例為六十七%，與英國完全相同。這一數字遠低於美國，美國有五分之四的受訪者無條件譴責通姦，但義大利的比例高於前共產主義國家：在俄羅斯，反對的人僅有三十六%。⑥

比較沒錢的義大利男人，如果想外遇（或發生婚前性行為），他們會找妓女。然而，在一九五八年，由社會黨的莉娜．梅林（Lina Merlin）發起的一項法律，禁止人們從賣淫中獲利，導致許多在此之前一直存在的妓院關門大吉。這項仍有爭議的措施，迫使妓女變成街頭個體戶，至今大多數仍是如此。確實，有些妓女持續在家中不受干擾地接客。傳統上，她們會在報紙上刊登廣告，而且通常以一串大寫字母A開頭，以確保廣告置頂。如今，愈來愈多人使用網路。根據《晚郵報》於二〇一三年發布的數據，義大利有四萬五千名妓女，其中只有八千名是義大利人，而其餘的人有超過一半在街上拉客，往往受到皮條客的控制和剝削，而且不像在妓院的妓女會定期體檢。

莉娜·梅林提出這項法律，造成義大利的賣淫行為比其他社會更骯髒，並且增加了所有相關人員的健康風險，但也可能讓賣淫變得不那麼普及。如果前述的數字是正確的，那麼義大利妓女的數量只是西班牙的一小部分。據估計，西班牙至少有二十萬名左右的妓女。這種差異也讓人開始猜測，義大利男性是否真的像外界所傳的那樣不檢點。

或許，可以清楚地看到教會影響力的是避孕。在義大利，避孕藥的製造、銷售和廣告一度都屬於犯罪行為，最高可判處一年有期徒刑。該禁令於一九七一年解除，而就在當時的三年前，教宗保祿六世才在發布的通諭中，重申了梵蒂岡反對人工節育方法。

與其他多數天主教社會一樣，現在大家並不理會梵蒂岡的限制。各種避孕藥都可以在義大利買到。在某些情況下，此費用還可以向國家索取。然而，由於整個問題仍然如此敏感，人們對待避孕這件事，有時會善意地忽視，有時則小心地不說。二〇一三年，國際計畫生育聯合會（IPPF）發布了一項調查，衡量十個歐洲國家年輕女性獲得避孕措施的難易程度。每一項都根據一系列標準進行評分，包括政府制定的政策、性教育、個人諮詢的提供等。義大利的平均得分僅為西班牙的一半，不到法國的三分之一。調查中，只有三個國家很少或沒有促進性和生育健康與權利的政策，而義大利是其中之一。[3]

此外，歷屆政府都沒有採取任何措施來降低保險套的價格。根據二〇〇九年的一項調查，義大利保險套的價格幾乎是全球平均的兩倍。⑦這可能可以解釋為什麼幾年後的另一項研究發現，十幾歲或二十歲出頭、性行為正活躍的義大利年輕人中，只有不到一半的人有採取任何防護措施，來防止意外懷孕。其他的解釋也包括這些年輕人缺乏經驗和不負責任，以及也許他們不願意（無論是有意識的還是無意識的）使用那些讓天主教會反感的人工避孕手段。

無論如何，在女性使用避孕藥的數字中，可以看到類似的現象。比起其他國家，義大利女性不願意服用避孕藥，儘管避孕藥是最廣泛的避孕方法。在二〇〇六年進行的一項調查中，第三流行的方法是性交中斷，而這是網路民意調查的結果，只衡量了使用網路之族群的偏好。⑧

這些調查結果似乎都會與「更多的意外懷孕並導致高墮胎率」有關，但是這裡出現了一個謎團。前面提到的一項調查發現，與其他三十六個接受調查的國家相比，義大利的意外懷孕情況並不常見，墮胎的比例也相對較低。⑨

我們看到，這個許多年輕人沒有採取預防措施的社會，並沒有出現合理的預期結果。這其中缺少了某項統計。在某種程度上，或許這是在義大利迅速流行的事後避孕藥所造成的結果。但也有可能是沒有穩定伴侶關係的義大利年輕人，發生性行為的頻率仍然很低，濫交的情況很少見。我們可以相信這一點的另一個原因是，年輕人之間發生性行為的機會並不多。現今的義大利父母可能不像他們的父母那一代那麼保守，但是，要是你在家鄉讀大學，直到三十多歲才離開家，當然就不太可能有積極的性生活，更不用說濫交了。

●●●

義大利語有兩種表達「愛」的說法，有 amare，也有 volere bene，甚至連義大利人自己也無法清楚說明它們之間的確切差異，而且使用的方法也因人而異。從廣義上講，volere bene 表示一種不那麼親密、不那麼色情的愛（儘管當義大利人想表示他們喜歡航海或打獵時，有時會用 amare）。如果對伴侶或配偶用 volere bene，人們可能會覺得你們的關係出了問題。把 volere bene 用在朋友或同事之間時，其意思大概是「非常喜歡」。與親戚交談或談論親戚時，最常用 volere bene，儘管並非總是如此。〈媽媽〉（Mamma）這首歌是一九四〇年代的流行歌曲，⑩後來曾被男高音盧奇亞諾・帕華洛帝（Luciano Pavarotti）重新翻唱，歌詞是：「媽媽，我是多麼地愛你！」（Quanto ti voglio bene!）

這首歌的歌詞，以及其他義大利語的許多歌曲，都讓歐洲人再次認定：義大利兒子與母親之間獨特且牢固的關係。〈媽媽〉這首歌的最後一句是：「我心感嘆的這些情話／這些日子以來可能沒人說了。媽媽！但我最美的歌是你！／你是生命／接下來的日子，我永遠不會離開你了！」（Queste parole d'amore che ti sospira il mio cuore/Forse non s'usano più, Mamma!/ Ma la canzone mia più bella sei tu!/Sei tu la vita/E per la vita non ti lascio mai più!）

難怪其他民族演唱這首民謠時，若不是用大部分觀眾都聽不懂的義大利語，就是用非常不同的翻譯歌詞。這首歌的義大利原文所表達的意思是，一個成年的兒子回到心愛的母親身邊，發誓再也不會離開她。而在這首歌的英文版改編歌詞中，這個兒子是在為兩人之間的距離感到遺憾：「哦，媽媽／直到我們再次重逢／我活在這些回憶中／直到我們再次重逢。」⑪也許，這首歌的英文版最成功的版本，是由義裔美籍歌手康妮・法蘭西斯（Connie Francis）所演唱的。[4]

義大利文中，離不開母親的兒子被稱為 mammone，這在其他語言也找得到對應的詞，舉例來說，在英文中是「mother's boy」（母親的男孩）。同樣地，對任何男人來說，mammone 並不是一個恭維的稱呼。但是，義大利文可能有一個獨一無二的、用來描述兒子過度依賴母親的現象：mammismo。這是一個事實，有時也可以用來當作這種刻板印象正確無誤的證據。這種獨特（有些人會說不健康）的親密關係，把很多義大利男性與他們的母親綁在一塊。

但是，這種現象是義大利內在不變的民族性格嗎？二〇〇五年，歷史學家瑪麗娜・達米利亞（Marina D'Amelia）出版了一本書，[12]認為這種現象就是歷史學家艾瑞克・霍布斯邦（Eric Hobsbawm）和特倫斯・藍傑（Terence Ranger）所說的「被發明的傳統」，[13]是為了特定的政治、社會或其他目的而存在，例如國族意識的營造。達米利亞發現，mammismo這個詞只能追溯到一九五二年。當時，記者兼小說家科拉多・阿爾瓦羅（Corrado Alvaro）第一次把這個詞當作選集《我們的時間和希望》（*Il nostro tempo e la speranza*）其中一篇文章的標題。他認為，義大利母親撫養兒子的方式，讓他們相信自己「有權擁有一切」，是「義大利在傳統上不道德、缺乏公民教育和政治不成熟的根源」。

對於達米利亞來說，這只是讓女性擔起一切責任：義大利之所以接受法西斯主義，之所以有第二次世界大戰的災難，所有的缺陷都來自女性的教養。但是，創造一個說詞是一回事，用它來描述一種症候群又是另一回事。達米利亞的書也有提到，義大利歷史的早期，已經有例子顯示兒子和母親之間異常牢固的聯繫。其中最著名的，是統一運動的主要思想家朱塞佩・馬志尼和母親瑪麗亞・德拉戈（Maria Drago）之間的關係。

在大多數的地中海社會中，母親與兒子都會保持密切的關係。南歐（和北非）的女性，由於沒有任何在經濟或政治上的真正影響力，一直以來都利用大家對母親的尊敬（如果她們生的是兒子，則更是如此），大肆疼愛自己的男性子嗣。他們的兒子以母性崇拜做為回應，其實在潛意識中也提高了兒子的地位：對母親最好的地方，是待在家裡跟孩子在一起。

很多人說，「Mamma mia!」（媽媽咪呀！）這個驚嘆詞，顯示 mammismo 已經滲透到義大利語中，但是在西班牙語中同樣經常聽到「Madre mia!」（媽媽咪呀！）。另外，很難找到比刻板的猶太母親更用力保護小孩的形象。

Mammismo 可能是一個獨特的詞，但它所描述的現象在其他地中海社會也有，只是程度上不同。儘管如此，把 mammismo 視為神話並不妥當，關於它的各方面證據非常多，不過，相較於從未接觸其他社會的義大利人，外國人以及曾在國外生活或工作過的義大利人，比較容易看出這種情況。在這裡很常聽到的故事是，妻子在婚禮後發現婆婆即將搬到隔壁住，還有義大利男性習慣與母親共度週末，或者在婚姻破裂後返家與母親同住。最近，有一個比較不那麼學術的研究說，mammismo 不是傳說，而是「傳染病」。⑭

熱那亞的心理治療專家羅貝多．文森齊（Roberto Vincenzi）在接受《今日心理學》（*Psychology Today*）的採訪時，表示他不同意這個結論。⑮他認為，這種症候群不像以前那麼普遍了。但他承認，「我的很多病人，以及他們的親屬所面臨的問題」，是丈夫把母親放在妻子之前。

在一個健康的家庭中，父母和孩子之間應該存在「世代隔閡」；也就是說，承認有兩種不同的愛：使父母結合的愛，還有父母對孩子，以及孩子對父母的愛。另一方面，如果父母以太強烈的愛來愛孩子，阻止他長大，就打破了世代隔閡。這是一種病。

英國作家提姆．帕克斯（Tim Parks）娶了義大利籍的太太，寫了一本關於威尼托家庭生活的書，非常有趣。[16]帕克斯觀察到，在英美世界，「傳統上，或者至少在理想情況下，父母之間有某種默契。在義大利，有默契的是母子。」每個人都知道，聖母一直以來都是拉丁母親的典範，但很少有人注意到，拉丁父親的角色也很類似聖母的丈夫。帕克斯說，「約瑟夫只是一個替身。上帝是父親，而上帝最顯著的特點就是他沒有出現。」帕克斯的書中最令人難忘的段落，是他苦樂參半地描述妻子和孩子的互動如何變得與他和妻子之間完全不同。閱讀時，我一直想著，這跟前面提到的一種現象有沒有關聯，也就是義大利丈夫在孩子成長期間會脫離家庭，後來才會回到妻子的身邊，一起度過晚年。

義大利生活的一個弔詭之處，是既有兒子和母親過度親暱的現象，又非常重視男子氣概，更重要的是，這裡常常出現性別刻板印象。例如，粉紅色被視為女性專屬的顏色，除非男孩或男人希望被視為同性戀者，否則最好不要穿。幾年前，我從倫敦回來，帶回一條我在傑明街（Jermyn Street）買的、自認為相當優雅的淡粉色領帶。我第一次打這條領帶進辦公室時，在走廊遇到一位義大利女同事。「沒有哪個義大利男人會打那條領帶。」她喃喃地說。直到今天，我還是不知道她是讚美我在穿著上的勇氣，還是譴責我在文化上的無知。無論如何，我接受了暗示，再也沒有在工作時打那條領帶。

在描述西班牙薩帕特羅政府的內閣時，西爾維奧．貝魯斯柯尼用了「粉紅色」一詞（見第十章），但他不是唯一一個用這種顏色來指稱女性相關事物的人。女性也經常這樣說：為了平權運動而創建的法定女性比例，普遍稱為「粉紅色定額」。「如果不是現在，何時？」示威活動，也用一張粉紅色背景的海報來做廣告。

我想，這影響到義大利（和西班牙）對變裝癖和變性妓女的歡迎。她們無視於性別界線和劃分，擺脫刻板印象的束縛。據估計，在一九九〇年代後期，義大利每二十名妓女中，就有超過一名是變裝癖者，或者更常見的是變性者。⑰經常光顧他們的男人，是否在自己的性取向上自欺欺人，不得而知。

一八九〇年，統一後第一部刑法法典生效，成年人之間自願的同性戀行為在整個義大利都是合法的。[5] 然而，直到最近，同性戀仍被視為禁忌。即使在今天，對同性戀者的態度也相對保守。國家統計研究所最近的一項調查發現，⑱ 四分之一的受訪者認為同性戀是一種病，只有六十%的人認為人們與同性發生性關係是可以接受的；其中有一半的人認為，「對同性戀者來說最好的事情，就是不要告訴別人他或她是同性戀者。」似乎很多同性戀者都聽從了這個建議，因為同一項調查顯示，只有四分之一與家人同住的同性戀者，向父母出櫃。

但同時，絕大多數受訪者譴責基於性取向的歧視，幾乎有三分之二的人同意同性戀伴侶在法律上應享有與已婚夫妻相同的權利。

近年來，女同性戀、男同性戀、雙性戀和跨性別族群（簡稱ＬＧＢＴ），在國家和地區政治中嶄露頭角。有趣的是，這些人都來自義大利南部。一九九二年首次當選國會議員的尼基，文多拉（Nichi Vendola）從未掩飾自己的同性戀身分，而這似乎沒有阻礙他的仕途。他在二〇〇五年當選普利亞大區區長，四年後成為激進的左派生態自由黨（SEL）的領袖，該黨在二〇一三年的選舉中，贏得了國會四十多個席次。二〇〇三年，西西里島的杰拉市（Gela）市長——羅薩里奧・克羅切塔（Rosario Crocetta），是義大利第一位公開同性戀身分的市長，此後還擔任過西西里自治政府的主席。二〇〇六年，藝人兼作家弗拉迪米爾・露西魯亞（Vladimir Luxuria）成為世界上第二位跨性別國家立法人士。[6]兩年後，在露西魯亞失去席位的選舉中，來自阿布魯佐大區的女同性戀權利運動人士寶拉・孔奇亞（Paola Concia），當選議員。

然而，由於來自梵蒂岡的壓力，國會在禁止騷擾 LGBT 族群上沒有進展，也沒有為同性戀伴侶提供任何權利。中間偏左的政府在一九九〇年代後期，立法禁止仇恨犯罪行為，但因為天主教人士的阻撓，同性戀並沒有被納入這條法律的保護之中。二〇〇六年到二〇〇八年執政的中間偏左政府（見第十二章），也因為同樣的原因，無法立法承認同居伴侶關係（civil unions，包含異性戀和同性戀伴侶），為其提供法律地位。所有這些都是源自於，在義大利最神聖的就是家庭。

註釋

1、瑪丹娜的本名是瑪丹娜・路易絲・西科內（Madonna Louise Ciccone），她的祖父母從阿布魯佐大區的山村帕琴特羅（Pacentro）移民到美國。

2、Monna 是一個古老的女性榮譽頭銜，與英文中曾經用來稱呼女主人的 mistress 用法相同。蒙娜麗莎的英文是 Mona Lisa，但正確的拼字應該是 Monna Lisa。

3、義大利少數獲得好評的領域是性教育。但是，正如幾位婦產科醫師指出的，這不是國家的功勞，而是他們的專業團體主動在課堂上推廣性教育。在義大利和其他少數幾個歐洲國家中，性教育並非學校的必修科目。

4、康妮・法蘭西斯的本名是康切塔・羅莎・瑪麗亞・弗蘭科內羅（Concetta Rosa Maria Franconero）。

5、奇怪的是，在此之前，同性戀行為在北部是違法，但在南部是合法的。

6、弗拉迪米爾・露西魯亞：原名弗拉迪米洛・瓜達尼奧（Vladimiro Guadagno），雖然生理上是男性，但長期以來一直以女性的身分生活，並且更喜歡被稱為女性。她在國會使用女性廁所，引起一些女性「同胞」的抗議。

第十二章 ◇ 家庭事務

家庭是心的家園。

——朱塞佩·馬志尼，一八六〇年

我之前提到，面對新科技，義大利人要花很長的時間才會慢慢接受，但有一個重要的例外。用媒體術語來說，他們在接下來要說的這個方面很早就上手了。一九九〇年代初期，隨著全球行動通訊系統（GSM）的標準化，行動電話開始變得便宜（且可用），義大利人大肆購買。由於義大利的電信服務商不願為手機提供便捷的支付工具，客戶不得不直接購買，導致手機在義大利比英國或美國都更早開始流行。到了二十世紀末，義大利的行動電話門號比歐盟其他國家都多。

那時候，走在路上或在公車上，總是會有人拿著笨重的行動電話，大聲咆哮：「喂！」但特別有趣的是接下來發生的事情。很多時候，那個人接下來會說：「但你在哪裡？」這聽起來很奇怪。行動電話的意義在於可以隨時隨地通話，為什麼要問對方在哪裡呢？我沒有聽過其他國家的人問這個問題。

在一個對技術創新深感懷疑的國家，行動電話以如此驚人的速度傳播，其原因是許多義大利人用行動電話與家人保持聯繫（並密切關注）。根據二〇〇六年國家統計研究所的研究，超過四分之三的人購買行動電話是因為「家庭需求」，在其他原因的列表中，「工作」只排在第五位。

行動電話安撫了許多關心家人的義大利母親，也讓許多青少年不可能脫序，甚至約會破局。在義大利，行動電話不僅沒讓人們擺脫家庭生活的親密度，反而讓家庭成員即使分散在很廣的地區，也能保持親密的關係。[1]

我清楚記得訪談一名檢察官的經過。他的工作是調查義大利最危險的黑幫：卡拉布里亞大區的光榮會。為了見到他，我被搜身，然後被帶進迷宮般的走廊，進了電梯後，不知道到了哪一樓，然後走下好幾段樓梯，最後沿著更多的通道走，顯然不想讓我知道檢察官辦公室的確切位置。

我們討論到一半時，他的行動電話響了，他中斷了我們的談話。

「喂！好……好……好……」

他背對著我，用手摀住了行動電話的話筒，壓低了聲音。我想，電話另一端可能是一名帶隊的憲兵隊長，或是一個受驚嚇的線民，因為需要保護才交出證據。接著，「好」變成了愈來愈強硬的「不好」。我示意說如果他想要，我可以離開房間。但為時已晚。他爆炸了。

「好！但不是現在，媽媽！」

義大利家庭的力量及其在生活中的重要性，似乎無庸置疑。最重要的是，在義大利人的傳統上，家庭一直是半島及其毗鄰島嶼上，免於遭受動盪和生活變遷的避難所。家庭已經成為國族認同的基本組成部分，甚至影響了義大利文的語法。例如，「我的書」或

「我的筆」的義大利文，是 il mio libro 或 la mia penna。但是，當你提到家庭成員時，就要把放在所有格形容詞前的冠詞捨棄，所以「我的妻子」是 mia moglie，「我的兄弟」是 mio fratell。然而，當你指稱的人是在家庭範圍之外，就得再加上冠詞，即使是親密的朋友和戀人，例如，我最好的朋友是 il mio migliore amico ／ la mia migliore amica，而你的未婚夫或未婚妻（或男朋友或女朋友）是 il mio fidanzato ／ la mia fidanzata。[2]（註：前後兩句的差異在於陽性、陰性。）

家庭在義大利何時何地都受到表揚和尊重。候選人在競選演講時，一定會講到他打算為家庭做些什麼。媒體和官方文書在某些情況下談到家庭時，其用詞在英文中比較像是在講 household（家戶），好像在潛意識中覺得所有的家戶（household）都是由家庭（family）組成。天主教教長認為，家庭（la famiglia）是上帝認可的東西，永恆不變且不可觸碰。

然而，就算許多義大利電視廣告仍然呈現大家庭聚集在餐桌旁，每個人都開心地吃著廣告商想推銷的大量生產或冷凍食品，但這些都只是懷舊畫面。雖然義大利的家庭力量確實仍然非常強大（甚至可能愈來愈強），但傳統家庭正在迅速衰落。在印象和現實之間出現了巨大的差距。事實上，儘管許多義大利人仍熱切相信所謂傳統的義大利家庭，但這種傳統變成傳說的那一天可能已經不遠了。

讓我們先看看最新的世界價值觀調查。受訪者被問及家庭在他們生活中的重要性。有

九十三．三％的義大利人回答「非常重要」，比西班牙高了四％，比法國高了七％。到目前為止，沒有什麼特別的。統計顯示，義大利人比他們的拉丁鄰居更顧及家庭。不過，英國人的比例更高，雖然只多了〇．三％。

確實，家庭影響著義大利生活的每一個面向。我們在後面的章節會看到，家庭大大影響著各式各樣的議題，例如移民和政府預算赤字的多寡。家庭也影響到大家如何看待犯罪和貪腐。而且，只要義大利人繼續如此熱情地擁抱家庭，家庭就會持續發揮重要作用。

然而，近幾十年來，家庭這個社會體制發生了巨大的變化。最引起爭議的就是離婚。在義大利仍然全面由基督教民主黨主政的時候，離婚合法化在很大程度上得歸功於一九六八年學生革命後女權思想的傳播。儘管離婚法案遭到天主教會的強烈反對，但終究於一九七〇年底在國會通過。然而，紛爭並沒有就此停歇。民間天主教組織收集了公投所需的簽名人數，後來公投在一九七四年舉行，投票結果支持離婚合法化，有五十九％的投票人贊成離婚，讓大家看到義大利人如何區別自己對天主教的依戀和對教會領袖的服從。

弔詭的是，雖然義大利社會現代化在那時候邁出了一大步，但家庭法的其他方面仍然非常過時。直到隔年，家庭法才得到全面改革。丈夫是一家之主的原則消失了，妻子被賦予新的自由，非婚生子女享有與婚生子女相同的權利。母親被授予與父親相同的權利，可決定如何撫養孩子。嫁妝被廢除，並且修改了法律，以確保女性繼續擁有她們帶入婚姻的任何財產，這是一項至關重要的改革，因為她們可以隨時選擇離開。

儘管離婚合法化被譽為（或譴責是）義大利歷史上的一個轉捩點，但多年來的影響很有限。直到一九九五年，義大利的所謂粗離婚率（每千人中的人數）在歐洲是最低的，僅次於當時還有其他事在紛擾的前南斯拉夫。從那時起，這個比率幾乎翻倍，但與歐盟其他國家相比仍然很低。按比例來說，有兩倍多的英國人和三倍多的美國人，選擇結束婚姻。

雖然義大利中離婚的人變多了，但結婚的人也變少了。早在一九九〇年代後期，每年結婚的人數就已經比英國少，即便英國常被說（尤其被自己人說）缺乏家庭意識。到了二〇〇九年，義大利每千人的結婚率已經從五減少到三．八。英國的結婚率也漸漸下滑，但婚姻在英國仍然比在義大利更受歡迎。

近年來，非傳統形式的家庭也迅速增加：單親父母、沒有孩子也非喪偶的單身人士、同性伴侶等。到二〇〇〇年代末期，這些非傳統家庭約有七百萬戶，占了義大利家戶的二十％，儘管這些組成仍被稱為家庭。義大利生活之所以發生這場革命，其中一個重要原因是，很多打算結婚的男女決定先同居。在二〇一〇年左右，有三十八％的婚姻是在同居後再登記。

即使如此，義大利法律幾乎仍以保護傳統家庭的權利和履行義務為導向。同居伴侶缺乏最基本的權利，例如，他們沒有權利在醫院與垂死的伴侶在一起。在義大利常見的情況是，假如其中一位伴侶具有已婚身分但沒有離婚，當他過世時，同居伴侶只能得到其整體財產的一小部分。義大利法律規定，當男人或女人去世時，其四分之一的財產必須歸合法配偶所有，連同其居住的房屋。一半的遺產歸孩子所有，只有剩餘的四分之一可用於遺囑的分配。[3]

二〇〇六年至二〇〇八年間，羅馬諾．普羅迪的短命政府曾經嘗試為同居伴侶尋得法律地位，但遭到天主教會的強烈反對。教會最終成功，而這個問題也決定了政府的生死。[4]

傳統家庭一直是許多義大利成功故事的背後原因。家族企業是一九五〇年代和一九六〇年代國家經濟轉型的核心。兄弟姊妹、父子、母女一同努力，持續打拚，更認真地為彼此工作。他們再怎麼樣也不會為老闆那麼賣命。

當然，情況仍然如此。義大利的經濟以中小型企業為主，大多仍是家族企業：在父母開的小店或小工廠裡，父親與兒子並肩工作，母親負責記帳。真的是這樣嗎？是的，如果你只聽政治人物和教長說的話，就會這麼認為。但數據呈現了不一樣的故事。二〇〇七年，國際非營利組織「家族企業網絡」（Family Business Network）對八個西歐國家進行調查。其研究人員發現，義大利的家族企業比例（占總數的七十三％）只比兩個國家高，比其他都低。家族企業真正的堡壘是芬蘭，有九十一％的企業由家族擁有和管理。

不過，義大利確實在另外兩個方面脫穎而出。首先，義大利有很高比例的家族企業（僅次於西班牙）表示，未來無意轉讓公司的所有權。那些表示正在考慮轉讓的公司中，很大一部分表示計畫將公司轉讓給家族成員，這在接受調查的國家中與德國並列榜首。或許並非巧合的是，義大利也是大家族企業（年營業額超過兩百萬歐元）比例最高的國家。換句話說，義大利人似乎特別熱衷於將事情留在家庭中，並且許多成功擴展業務的人沒有把公司的控制權，讓渡給銀行或外部股東。

事實上，義大利許多最大的公司，包括在證券交易所上市的幾家公司，它們的核心仍然是家族企業。二〇〇九年，飛雅特收購了克萊斯勒。阿涅利家族現在仍是飛雅特克萊斯勒汽車集團（FCA）最大的股東。能多益的製造商費列羅（Ferrero）是一家由米克雷・費列羅（Michele Ferrero，註：二〇一五年過世）擁有的私人公司，他是集團創始人的兒子和現任執行長的父親。羅薩奧蒂卡（Luxottica）是世界上大部分品牌太陽眼鏡的製造商，由其創辦人李奧納多．德．維奇爾（Leonardo Del Vecchio）經營，公司的經營權在他去世後移轉給他的六個孩子。貝魯斯柯尼的商業帝國也是家族企業：他第一段婚姻的女兒經營著控股集團 Fininvest，他的兒子是媒體集團電視公司的副總裁。義大利投資公司 Italmobiliare 是皮森蒂（Pesenti）家族所有，其他還有很多例子。義大利最大的時尚品牌，也是從家族企業發展起來的，像是班尼頓（Benetton）、菲拉格慕（Ferragamo）、古馳（Gucci）、凡賽斯（Versace）、芬迪（Fendi）和米索尼（Missonis）等等。

• • •

由於小家庭一直是義大利社會的核心，其衰落產生了無止盡的影響。然而，這一點很少被討論。例如，很少有政治人物或評論員願意直接面對「支持義大利社會福利的工作人口逐漸萎縮」的這個事實，而義大利政府就像南歐其他政府一樣，被迫削減衛生和社會服務預算以平衡公共支出。

到目前為止，和其他國家相比，義大利衛生當局聘請較少的醫院護士，原因在於社會上普遍假設住院病人會由其親屬照顧。另外，迄今為止，義大利政府在養老院上的支出遠遠低於其他國家。最初，這是因為年邁的父母繼續與兒孫輩或曾孫輩同住，或者住得離他們很近。但是，隨著傳統家庭體制的崩潰，特別是在城市中，另一種允許老年人留在家中的模式出現，也減輕了國家的負擔。這在車水馬龍的城市街道上最常見：走在路上的行人中，經常會有一個白髮蒼蒼的男人或女人，由一個菲律賓人或拉丁美洲人或東歐人攙扶著，在街區周圍隨意散步。移民是家庭最常雇用的看護，讓義大利傳統上必須負責照顧老人的女性，可以繼續外出工作。如果傳統模式已不堪用，也沒有數百萬移民湧入的話，會怎樣呢？這個問題很少在公開場合提出，而且右派政黨也刻意迴避，偏偏他們的中產階級選民，正是那些擁有足夠收入來聘請看護的人。

⁂

義大利家庭一個最重要的貢獻難以用事實和數據來呈現。我認為，與許多歐洲國家的社會相比，家庭讓義大利形成一個比較不疏離的社會。在義大利，或許有組織犯罪集團的困擾（這在某種程度上反映了家庭倫理），但大部分城市內部都相對安全。我們在後文會看到，和其他國家相比，義大利暴力犯罪的程度要低得多。

到義大利任何一個大城市的火車站，一定會發現一、兩個逃家的年輕人，在一群流浪漢、酗酒者和吸毒者之中，找個地方睡一晚。然而，義大利的逃家人數遠少於倫敦或紐約等地。

真正的問題不在於逃家的兒女，而在於那些仍然住在家裡的孩子，與這些人相較，世界各地的同齡人士都早已獨立了。在這方面，家庭力量變得更強大，而不是轉弱。早在一九八〇年代後期，這種現象就開始在義大利和其他南歐國家顯現。到二〇〇五年，有八十二%的十八歲至三十歲的義大利男性，仍然與父母同住。相對來說，美國有四十三%，而歐洲其他三大國家——法國、英國和德國——沒有一個高於五十三%。

留在家裡的孩子數量增加，是結婚率急劇下降的一個重要原因，雖然年輕的義大利人可以獲得父母的支持，而且其程度在其他國家是無法想像的。例如，新婚夫妻的父母經常共同出資，為他們買第一棟房子。根據二〇一二年公布的一項調查，有三分之二的義大利父母以這種方式幫助孩子。

這意味著他們的孩子不必為貸款存錢，也不必為了繳貸款而做出痛苦的犧牲，也不用像許多英美新婚夫妻一樣，必須擔心若要組成家庭，錢到底從哪裡來。對於英國很多中產階級夫妻來說，這一路特別艱辛，因為他們覺得自己有義務送孩子去私立學校。在義大利，與大多數其他歐洲國家一樣，一般常理認為，無論哪個階級，小孩都讀當地的公立學校。只有希望孩子接受特定宗教或特定哲學教育的父母，才會選擇私立學校。

至於照看小孩，義大利夫妻也得到不少的幫助。如果父母幫忙買了房子，通常會買在自己家附近。如此一來，祖父和祖母要幫忙照顧孫子就很方便，而夫妻也有空閒去看電影或與朋友聚會。在許多情況下，祖父母的角色很重要：有三十％的人會在白天至少照看一個孫子。①在這方面，家庭的緊密性也減輕了政府的負擔。

儘管媒體經常用「賴家王老五」（bamboccioni）來貶低這些住在家裡的孩子，但公眾非常容忍。已故的托馬索．帕多阿－施科帕（Tommaso Padoa-Schioppa），在二〇〇六年至二〇〇八年於普羅迪政府中擔任財政部長時，曾推廣這個詞，建議父母應該把孩子趕出家門，在當時引起舉國憤慨。普遍的觀點是，這些孩子待在家裡，是因為勞動市場的扭曲。約聘制度所產生的不確定性，讓年輕人幾乎不可能自己謀生。人們認為，孩子別無選擇，只能住在家裡，而他們的父母也別無選擇，只能忍受他們。

這些論點當然有一定的道理。但在二〇〇五年，兩位義大利學者馬可．馬納寇達（Marco Manacorda）和恩理科．莫列堤（Enrico Moretti）發表的一項研究結果，挑戰了既有觀點。②首先，義大利父母與孩子同住，大多數不覺得自己犧牲了多少，研究成果的摘要提及：「義大利父母表示，他們與成年子女一起生活時更快樂。這與英國和美國的情況相反。」

父母和孩子一起生活很開心，大多數孩子也表示，很高興和父母一起生活。調查一致反映了青少年與父母之間的良好關係。但也許最引人注意的發現，來自於二〇〇五年一項針對三十三歲至三十七歲的人所進行的調查。該調查的標題是「成年生活的開始」。③調查發現，在這些人當中，大約有十二%的女性和十七%的男性仍與父母同住，其餘的人都離開了家。問及原因，有人說是結婚或同居；其他人以工作或讀書為由，但不到十分之一的人說搬出去是因為想獨立。成年的義大利年輕人經常會帶著一絲愧疚的神情告訴你，讓媽媽洗衣服很方便。而如今，許多父母會同意讓兒子的女朋友或女兒的男朋友在家過夜。

這兩位學者認為，義大利有這麼多住在家裡的孩子，是因為他們的父母「賄賂」他們，讓他們留在家裡。父母收入的增加，與共同生活的比例上升幾乎同時發生。老一代能將足夠的財富傳給下一代，讓他們留在家裡。

這種做法，當然剝奪了義大利年輕人對自己生活的責任感。義大利文既反映又強化了這一點。男孩或女孩被稱作 ragazzo/ ragazza，而且適用於那些在其他社會中早就應該被叫作男人或女人的人。義大利人要到幾歲才不再被稱為 ragazzi（也不再以熟悉的「你」〔tu〕形式稱呼），並不確定，但合理的猜測應該是二十七歲左右。

義大利父母對於把孩子留在家中的淡定（或熱情），牽扯出另一個有趣的問題：義大利是不是愈來愈傾向老人當權？藉由把孩子留在家中並因此遠離勞動市場，父母有意無意地減少了自己這一代人需要趕快讓位給年輕人的壓力。

住在家裡的孩子很年輕，但沒餓著。由於他們不必付房租或花錢餵飽肚子，也少有動力去從事與資歷或抱負不符的工作。事實上，前面兩位學者得出的結論是，並非青年失業率高導致了賴家的現象，而是住在家裡的孩子某部分來說導致了青年的高失業率。此外，找到工作後仍選擇留在家中的年輕男女，不會追求更高的薪水，這也代表他們不會承擔更多的責任，也不會拉長工作時間。最重要的是，他們也不願意接受需要搬去其他地方的工作。所有這些因素都削弱了義大利的經濟競爭力。

然而，我認為，跨代同居還產生另一種更微妙的影響，阻礙了這個國家的發展。二〇〇五年的研究所得出的結論是，讓孩子待在家中，對父母來說最重要的優點是「有機會讓孩子遵守他們的規則」。賴家王老五受到上一代思想的熏陶，不太可能推出自己的計畫，無論是網路新創企業、外送還是車庫樂隊。

父母和孩子之間的親密關係，可能也有助於解釋為什麼義大利城鎮的街道上，很少有穿著連帽T恤，悶悶不樂且憎恨一切的年輕人。不過，這也是為什麼義大利催生不出創新的青年運動。龐克、嘻哈和哥德都起源於別處。當這些次文化在義大利出現時，通常只是很表面的複製。確實，一些年輕的義大利人投入街頭運動，接觸極左或極右派的思想，而每隔一段時間就會爆發憤怒的街頭暴力，總是有這些組織的參與。但是，總體來說，義大利年輕人和反叛沾不上邊。我記得有一本雜誌上的照片標題是「骯髒、粗糙的搖滾靈魂」

（Sporca, ruvida anima rock），旁邊是一張年輕男子的照片，他身穿無可挑剔的夾克，脖子上繫著名牌打造的破損風格圍巾。

⁂

前面兩位學者並不是近年來唯一質疑家庭聯繫是否總是對義大利有利的本國人。家族企業確實曾使得義大利與歐洲其他更富裕的國家並駕齊驅，但這也是使經濟後來急劇落後的原因。[5]

繼承不一定是保證靈活管理的最佳方式。家族企業在研發方面的投資紀錄不佳，而研發對二十一世紀的企業來說愈來愈重要。為鞋子或毛衣想出一個優雅的新設計是一回事，開發新的數位或電子產品完全是另一回事。小規模在工業上可能曾經美好，但情況已不再如此。

然而，對義大利家庭最嚴重的指控，性質完全不同，而且存在已久，比懷疑家庭是否對經濟繁榮有任何影響更早出現。一九五八年，美國社會學家愛德華·本菲爾德（Edward Banfield）發表了一本關於巴西利卡塔大區南部地區農民的研究，將其命名為《落後社會的道德基礎》（*The Moral Basis of a Backward Society*）。如果這聽起來很具批判性，那麼書中的內容也沒在客氣。本菲爾德認為，村民無法進步，是因為他們無法為了共同利益而共同行動。他們困在他所稱的「無道德的家庭主義」（amoral familism）中：他們對直系親屬的忠誠，超越了任何是非對錯。由於他們正確地假設其他家庭也同樣緊密，便更願意彼此互鬥，而不是試圖找到互惠互利的基礎。對家庭的忠誠取代了對任何更廣泛群體的忠誠，無論是村莊、省、地區還是國家。

後來的學者挑戰了本菲爾德的看法，質疑牢固的家庭關係與反社會行為的關聯。二〇一一年，丹麥學者馬丁．倫格（Martin Ljunge）比較了八十多個國家，發表了一項研究。他的結論正好相反，認為對家庭的強烈忠誠，更有可能帶來公民美德，例如反對貪腐、逃稅和福利詐欺。④

一般來說，這很可能正確。但我不得不說，我對這個理論在義大利是否適用表示懷疑。任何曾經親眼目睹現代義大利家庭在管委會如何互動（管委會的決定，影響了整個公寓或住宅區），都會明白我的意思。我和妻子曾經住在羅馬，在古城牆外的一座老宮殿內租了一間公寓。每一年，各間公寓的房東都會開會討論公寓公共區域的老舊情況，那裡大概從一九四〇年代後就再也沒有重新粉刷過。年復一年，從來都沒有共識，問題持續推遲下去。

最後，在我們離開前不久，有謠言說好像原則上達成協議了，打算重新粉刷走廊和樓梯。幾天後，我遇到房東，聽說他是最頑固的。我知道前一天晚上才剛召開管委會，所以問他：「那些慘灰色的公共區域終於要重新粉刷了嗎？」

「沒有！」他叫道。「他們想要……」他像是想起鄰居的不檢點，翻了個白眼說：「顏色！」

除了愛德華・本菲爾德之外，也有其他評論家的觀點與馬丁・倫格相反，認為「無道德的家庭主義」不僅在巴西利卡塔大區的鄉村地帶盛行，在整個義大利都普遍存在，並且已經存在好幾個世紀。家庭和宗族忠誠，造成中世紀在許多城市街頭發生的敵對派系流血衝突。與本菲爾德的研究相呼應的例子，可以在十五世紀佛羅倫斯博學家萊昂・巴蒂斯塔・阿伯提（Leon Battista Alberti）的著作中找到。阿伯提是一位著名的知識分子，經常被人認為是文藝復興時期通才的原型。一九七四年，負責編輯阿伯提的著作《家庭》（*li libri della famiglia*）的學者指出，「在阿伯提的作品中，找不到各家庭聚集起來，設法形成一個群體或一個社會的例子。」

儘管如此，無道德的家庭主義並不適用於全義大利。二十世紀中葉的南部鄉村可能讓人想起十五世紀的托斯卡尼，但現代的托斯卡尼與四、五百年前的義大利南部幾乎沒有什麼共同之處。幾個世紀以來，義大利中部的農民發展了一套複雜的互助系統，在一年中需要額外勞動力的時候互相幫忙。他們還培養了一種被稱為「守望」的習俗。一家人會在冬天的晚上拜訪另一家人，打發時間、打牌、講故事等等。托斯卡尼、溫布利亞、艾米利亞和馬凱等大區的人民擁有較高的社會意識，可能比「受到教宗統治」的這個因素，更可以解釋為什麼許多人在第二次世界大戰後接受了共產主義（見第九章）。

在義大利南部，也不是持續不信任其他家庭。一直以來，部分農民會一同挑戰地主對於曾經是公有土地之處的圈地行為。一九四〇年代後期，數萬人聚集在西西里、卡拉布里亞、巴西利卡塔和阿布魯佐等地，占領莊園以支持土地改革。

從那時開始，平衡的勢力一直都存在。一方面可以說，義大利的經濟奇蹟，讓大家想擁有更美好、更富裕的生活，進而推動了更以家庭為中心的競奪。另一方面，工業化和城市化把義大利人推入工會和更廣泛的社會關係中，這比他們以往在村莊或城鎮所知道的，都還要廣泛複雜得多。以前唯一依附於直系親屬的人，加入了運動社團、休閒團體，有時還加入了慈善協會。與此同時，天主教也從完全強調家庭價值，轉向教導信徒關於社會的重要性。

這些勢力一直保持平衡，直到一九九〇年代初期，西爾維奧・貝魯斯柯尼崛起。無庸置疑的是，他就像一名聖騎士，代表一個新的無道德家庭主義。從一開始，他在演講中不斷談到家庭，就傳達了一個隱含的訊息：他的聽眾有權促進家庭的利益；對於社會的需要，只要稍加應付就好。

隨著義大利家庭的衰落，無道德的家庭主義有可能化為簡單的自我中心，擴大並加強義大利人所說的「漠然」（menefreghismo，來自 me ne frego，也就是「關我屁事」）。「漠然」就像是酒保把咖啡推到你面前，眼睛卻看著另一邊；就像是收銀員收下你的錢，卻看向你的後方；就像是開得飛快的司機，如果你在過馬路時沒有及時停下來，可能就被撞飛。如果只有「漠然」，通常也只是讓人有點討厭而已。但是，一旦「漠然」和 furbizia（聰明、狡猾）結合（見第三章），就會明顯有害，變成一種影響義大利生活諸多方面的現象：高度的不信任。

註釋

1、手機日新月異，但義大利仍是行動電話公司的營運天堂。根據市場研究公司尼爾森（Nielsen）整理的數據，二〇一〇年，二十八％的義大利人用智慧型手機，相比之下，美國只有十七％，英國是十二％。有趣的是，智慧型手機普及率第二高的國家是西班牙，這是另一個以口述文化為主、家庭關係緊密的拉丁語系國家。

2、然而，有兩個重要的例外：la mia mamma（我的媽媽）和 il mio papa/ babbo（我的爸爸），雖然人們會說 mia madre 和 mio padre。複數時，也要冠詞，例如 le mie sorelle（我的姊妹）。

3、對於只有一個孩子的夫妻，配偶和孩子各可獲得三分之一，剩下的三分之一由遺囑處置。

4、已故的前基督教民主黨總理朱利奧．安德烈奧蒂（Giulio Andreotti）以終身參議員的身分，在上議院的不信任投票中，投下了關鍵的一票。安德烈奧蒂可以說是梵蒂岡在義大利政界最忠實的朋友。有人說，一天清晨，在羅馬市中心一座教堂的彌撒中，一位來自台伯河對岸（即梵蒂岡）的特使給了他這樣的指示。

5、一九八七年，義大利政府聲稱義大利國內生產毛額的絕對值已超過英國，這一事件後來被稱為「超車」（il sorpasso）。當時，一些經濟學家對這個說法提出了質疑，而隨著義大利在相對上的倒退變得愈來愈明顯，關於「超車」真實與否的爭論，已逐漸失去意義。到了將近二十五年後的二〇一一年，根據國際貨幣基金組織（IMF）的計算，以購買力平價（Purchasing power parity，根據各國不同的價格水準計算出來的貨幣之間的等值係數）計算的義大利每人國內生產毛額，比英國低了十六%。

第十三章 ◇ 不跳舞的人：充滿戒心與不信任

信任很好；不信更好。

——義大利諺語

走在義大利的任何一條街上，到底是什麼感覺不太一樣呢？很顯然，有些店面和路標只有義大利才有。若還有什麼不同，尤其是和地中海沿岸其他國家相比的話，那就是有多少人戴著太陽眼鏡。現在明明是冬季，但一些走在街上、看著商店櫥窗或是坐在酒吧外的人，一定都戴著太陽眼鏡。

為什麼？

的確，一年中大部分的時間裡，義大利陽光普照，醫師會建議你要戴墨鏡來防止紫外線輻射。但是，我們剛剛假設的街道，光線完全可以忍受。有些你看到的人，可能是出於愛美而戴太陽眼鏡：為了隱藏他們的眼袋，可能太晚睡或太早起了。在其他情況下，太陽眼鏡只是一種時尚配件。但是，這一切都不能完全解釋為什麼在義大利戴太陽眼鏡的人，比在西班牙多得多。在西班牙，冬季如果出太陽的話，由於平均海拔更高，陽光會更刺眼。會不會是一些義大利人喜歡太陽眼鏡的原因，就和撲克牌玩家一樣？他們想觀察別人，同時又不想被完全摸清？

古羅馬哲學家西塞羅（Cicero）寫道：「臉為心靈作畫，讓眼睛來詮釋。」若有誰可以隱藏自己的眼神，那麼他在義大利生活的微妙互動中，就占了優勢。

不出所料，世界上最大的墨鏡製造商是義大利人。大家可能以為，沒有什麼比一付雷朋墨鏡（Ray-Bans）更具美國風格了。但事實上，該品牌真正的老闆，是一家在一九六一年於多洛米堤山（Dolomites）下的小鎮阿勾多（Agordo）成立的公司。創辦人李奧納多・德・維奇爾在孤兒院度過了童年的大部分時光。他的公司羅薩奧蒂卡現今的總部設在米蘭，還有奧克利（Oakley）這家子公司，並為世界上著名的許多時尚品牌生產太陽眼鏡：凡賽斯、杜嘉班納（Dolce & Gabbana）、香奈兒（Chanel）、普拉達（Prada）、拉夫勞倫（Ralph Lauren）和唐娜卡蘭（Donna Karan）。

義大利人最喜歡表現出一副真誠、熱心、微笑、開朗的樣子，以一種無憂無慮、與人為善的態度，吹著口哨過日子。這就是與女性顧客放肆調情的餐廳服務生，也是托斯卡尼喜劇演員羅貝多・貝尼尼經常投射出來的形象。他以關於第二次世界大戰屠殺猶太人的電影《美麗人生》（*La vita è bella*），贏得了一九九九年奧斯卡最佳男主角。沒錯，這是義大利人最讓人喜歡的個性：他們的樂觀，即使在最艱鉅的情況下，也決心全力以赴。這是義大利重要且令人愉快的一個面向。

然而，在決定這就是義大利的全部之前，外國人最好了解兩個幾乎無法翻譯的詞。一個是 garbo，在字典中被翻譯成「優雅」或「禮節」，但這只暗示了它的內涵。當然，擁有 garbo 的男人或女人是舉止優雅的人，但對於義大利任何類型的決策者來說，這也是一種不可或缺的人格特質：從容地選擇，而不顯得優柔寡斷；傳達不受歡迎的消息，但不傷人；改變立場，但也保住面子。

另一個典型的義大利名詞是 **sprezzatura**，這是由巴爾達薩雷・卡斯蒂格里尼（Baldassare Castiglione）在《廷士》（*Il cortegiano*）中所發明的字。《廷士》是一本十六世紀初期給朝臣的手冊，書中清楚表明，在宮廷的生活絕非易事。文藝復興時期的朝臣，必須要口才辨給、思維清晰，不僅得有廣泛的學識，還要健壯能武。而 **sprezzatura** 就是關鍵，要以一種刻意的漫不經心，把這些特質全部呈現給世界，彷彿這一切都是自然而然的，即使這些是你秉燭夜讀和辛勤習劍的結果。

如果現在回到我們想像的那條街，仔細環顧四周，那些人都繼承了卡斯蒂格里尼的朝臣精神。他們也像是文藝復興時期的畫作中，角落裡那些沉著冷靜的年輕人，竊竊私語，密謀行事。看看酒吧外的敞篷車裡，那個透過太陽眼鏡，凝視著一個充滿敵意的世界的人。他的頭髮似乎亂了。但是，事實上，那種亂是故意的亂，就跟他完美配色的鞋子和腰帶一樣，都經過巧妙的安排。我們現代的朝臣可能正在等待一位像他一樣優雅的美麗年輕女子。不過，他也可能等著要見一個能幫他協商合約的人；或者，他可能想要在下一次選舉中當候選人，準備給人一個好印象。他代表了一個優雅且充滿詭計的世界；除了家人，或許還有一些學校或大學時期的朋友以外，他可能沒有人可以依靠。演員馬切洛・馬斯楚安尼在費里尼的電影中，讓這樣看透一切的孤獨角色，活生生地出現在大家眼前。十六世紀畫家布隆津諾（Agnolo Bronzino）的著名肖像畫作裡，站在母親身邊的小喬凡尼・梅迪奇

（Giovanni de Medici），眼神冷靜，有著荒謬的早熟、放鬆的姿勢，也散發這樣的特質。[1]這傳達了一個訊息：如果他們來自梅迪奇家族，即使是蹣跚學步的孩子，也具有驚人的情緒自制能力。

也許義大利人最弔詭也最能欺騙他人的一面，是他們外露的衝動。他們生動的臉部表情、精力充沛的手勢和看似情緒化的爆發，其實與一種深沉的、隱藏的謹慎和戒心共存。他們動盪的歷史和狡猾的同胞，教會了義大利人要高度警惕。

•••

對任何剛到義大利的外國記者來說，首先會發現一般人不願意提供他們的姓名，更不用說其他細節，例如職業、年齡或家鄉。他們可能會對著手機大聲談論自己私生活中最私密的細節，像是與姊夫不合，甚至是健康檢查的結果，但如果你走到他們面前，詢問他們將如何投票，他們通常會拒絕回答。或者他們會回答你，但拒絕向你提供自己身分的任何細節。我發現，當義大利人被要求對各種問題發表評論時，情況也是如此，像是他們在事故現場目睹的情況，或是認為誰可能會贏得星期六的比賽。即使你向他們保證，他們說的話不會在義大利當地刊登，他們也常常會搖搖食指，轉身離開，咕噥著從英文來的一個詞：privacy（隱私）。

最好的例子是，有一天我在倫敦的同事打電話給我。他正在整理一張表格，要列舉歐洲各個首都類似物品的價格，其中一項是麥當勞的大麥克漢堡。我便請助理打電話給羅馬市裡最近的那家分店。

「這是誰要問的？」我的助理聽到對方這麼問。

我的助理說是要給英國報紙的。

「如果是這樣的話，我無話可說。」

我的助理說她不需要評論，更不用知道對方的名字。她跟對方說，如果她跑一趟，走進一家麥當勞，就能看到櫃檯上方的價目表。她只是想請電話另一端的那位，看一下頭頂上方那個發亮看板上的數字。但對方還是拒絕。最後，我的助理不得不離開辦公室，在羅馬市區裡走了四百公尺，去找一個在公開場合完全公開的資訊。

不僅如此，就連媒體都不願意提供資訊。大家可能以為，媒體之所以存在，就是要提供訊息。在電視上看到的新聞的確都受到意識形態的影響，但就像廣播新聞一樣，通常會以清晰易懂的方式傳達。可是，義大利的雜誌和報紙的內容往往需要解碼，而不是閱讀，尤其是政治報導。很多時候，你讀完文章，只覺得記者輕率地掀開了覆蓋故事的面紗一角，而關於他知道的祕密，你好像只看到了一些，但絕非全部。

持平地說，我的義大利同事會這麼做，大部分是為了保護消息來源。其他情形則是根據上級的命令，採用迂迴的說法，不惹惱相關政治人物。不用說，最有媒體力量的政治人物是西爾維奧．貝魯斯柯尼。在他執政期間，義大利媒體經常轉載外國出版物上出現的批評，這樣一來，他們就不用如此直白地批評政府。

有一位貝魯斯柯尼內閣的部長，在某天晚餐時對我說：「幾個世紀以來，我們常常請外國軍隊來幫我們打仗，現在我們改請外國記者。」

路易吉．巴齊尼在研究同胞的經典著作中寫道，恐懼教會了義大利人「像經驗豐富的偵察員穿過森林一樣，謹慎過活，前張後望，左右觀看，聆聽最小的雜音，輕踏地面，察覺隱藏的陷阱」。

《木偶奇遇記》不僅僅是在說撒謊很不好，也是一個警示意味濃厚的故事，告訴大家天真的危險。當木偶皮諾丘遇到狐狸和貓時，他們說服他把金幣帶到奇境，種到土裡面。他們向皮諾丘保證，這筆錢很快就會長成一棵滿載現金的樹。接下來發生的事情就不需贅述了。

來到義大利的外國人最常犯的錯誤，就是以為義大利人無憂無慮、個性真摯，所以看到人就說 Ciao。但是，Ciao 相當於英語中的 Hi。在美國，你可以對不認識的人說 Hi，但在義大利不行。你可以說 Ciao 的對象，大致是你會用較親近的第二人稱「你」（tu）稱呼的人。如果對方是你用正式的第二人稱「您」（Lei）所稱呼的人，那麼合適的問候語取決於一天的時間，可以是 Buongiorno（早安），也可以是 Buonasera（「午安」或「晚安」），每個地方在哪個時間點從早安切換成晚安，也有很大的不同。這是義大利人辨認外來者的眾多方法之一。在義大利的某些地方，還會聽到另一種「午安」：Buon pomeriggio。

介於 Ciao 和正式的問候之間，有 Salve（你好），可以用在你不太確定自己該用 tu 還是 Lei 與別人溝通時。過於隨意地使用 Ciao，遲早會被回一句「Salve」（你好），甚至是冰冷的「Buongiorno」（早安）或「Buonasera」（晚安）。這種時候，問候變成了潑冷水，其隱含的意思是：「你越界了。我不是你的朋友，所以不要像對待朋友一樣對待我。」

⁂

當然，其他文化也有自己標記社會界線的方式。在歐洲，有各式各樣的第二人稱。但義大利跟德國一樣，也熱衷在這些邊界上，以頭銜的形式設置額外的路標。

工程師、律師、建築師等，會期望所有人都以該頭銜稱呼他們，而不只有在名片上亮出來。這同樣適用於會計（ragioniere）或測量員（geometra），[2] 即使踏入這些職業不一定需要大學學位。此外，任何擁有大學學位的人都可以被稱為 Dottore，雖然這個詞嚴格來說是用來稱呼記者、醫師和高階警官。

如果你不是大學生，也不是會計或測量員，還是可以渴望有一天會被稱為 Presidente（主席）。很多義大利人主持某事，無論是跨國企業還是當地網球俱樂部，他們都陶醉於這個頭銜，享受被這樣稱呼的樂趣。

所以，如果你覺得自己屬於專業人士，或者擔任親師會的主席，或者至少有穿襯衫打領帶的習慣，那麼在光顧附近的酒吧幾次之後，如果服務生仍然用 Signor（先生）或 Signora（女士）稱呼你（儘管這兩個詞最初的意思是「閣下」〔Lord〕和「夫人」〔Lady〕），你會覺得有點被冒犯。一旦你被稱呼為 dottore 或 dottoressa，就可以準備再往上跳高一級；當你可能需要被奉承時，就會被暫時提升到「教授」等級，以 professore 或 professoressa 來稱呼。

不用說，真正在大學講課的人，會希望別人以適當的方式稱呼他們。在法國人決定廢除 Mademoiselle（小姐）一詞之後，義大利對於是否要拋棄 Signorina（小姐）一詞也展開了一場辯論，因為這個名詞就類似英語中的「Miss」（小姐），是可以用來請太過積極的年輕女售貨員閉嘴的詞。《共和報》曾委託一位未婚女學者撰寫一篇關於該主題的文章。「女士（Signora）還是小姐（Signorina）？我不知道，這要看情況。有時，這是一個與情境相關的問題，儘管總體來說，我真的不喜歡被這樣稱呼。對於我的朋友來說，我只是密切拉。至於其他人，請叫我馬札諾教授。」她寫道。

教育界為粗心的人設置了多個陷阱。義大利文的「教授」（professore 和 professoressa）與英文世界中的「教授」，具有不同的意思。大學講師有資格被這樣稱呼，中學或高中教師也可以。小學教師則用被稱為 maestro/maestra，但除了他們的學生會稱呼老師為 Signor maestro／Signora maestra，沒有人會這樣稱呼他們。Maestro（我想不到有同樣意義的陰性詞）單純用作稱謂時，適用於傑出的音樂家，尤其是指揮家或藝術界的著名人物。

在榮譽金字塔最頂端的是幾乎無法企及的 Commendatore 稱號。正式來說，這個頭銜為義大利共和國表揚功勳所用，或者是其他世襲或教會授予的勳章。

我認為，義大利人對頭銜的重視，部分是因為需要評估當事人的地位，從而評估對方可以發揮多大的影響力。這一點在羅馬人中最為真實。幾個世紀以來，他們的幸福，取決於能夠多精確地確定教宗宮廷內（或派駐教宗宮廷的）各種政要的地位和影響力。

教宗若望保祿二世去世後，《衛報》派出當時的宗教事務記者，來幫我分擔葬禮和選舉繼任者的新聞。一天早上，在前往梵蒂岡的計程車上，我想到這位同事需要跑一趟《晚郵報》的辦公室，因為《衛報》的辦公室設在那裡。於是，我用手機打給《晚郵報》的米蘭總部，詢問了羅馬辦公室入口的保全人員的電話號碼，然後打電話請他們讓我的同事進去。當我掛斷電話時，我注意到計程車司機透過後視鏡，專心地觀察著我。

他說：「原來，你是個大人物喔。」

對義大利人來說，要歸類外國人尤其困難，因為他們的口音沒有任何線索。羅馬人已經知道，就算對方穿得有點邋遢，也不一定代表貧窮或不重要。我最早在義大利當特派員的時候，常去一間酒吧吃早餐。他們一開始稱我為 Signor（先生），但後來他們看到我穿西裝打領帶，就把我升級成 Dottore。然後，他們開始問一些無關緊要的問題來找尋線索，或許就能知道我為什麼會來住這裡，因為只有我和妻子是當地唯一的外國人，而我故意回答得很模糊。附近有羅馬大學（Sapienza University）[3]的一個校區，所以有一天酒保試用了 Professore（教授）這個稱呼，在我表明自己不是學者後，他馬上露出失望的表情。夏天過去，冬天到來。一天早上我出門遛狗，牠是一隻看起來很嚇人的斯塔福郡鬥牛犬。由於半路上下起雨來，我便躲進酒吧，點了一杯熱騰騰的卡布奇諾。當時我穿了一件軍裝風格的長雨衣。

「明天見。」我付錢時，老闆對我說。

「不。」我說：「我明天不會來。我要去那不勒斯。」

「是要去那場關於組織犯罪的會議嗎？」

整個義大利都知道有那麼一場大型國際會議。

「對。」我說：「我要去參加。」

「所以，」酒吧老闆踩著腳後跟，詼諧地向我敬禮。「再見，指揮官。」

他終於解開了這個謎。從那一刻起，我就成了英國憲兵，也許隸屬於英國大使館或借調到義大利情治單位（i servizi）。[4] 很顯然我是需要提防的人。

正式頭銜的另一個用途是讓人們保持一定的距離。一句「早安，會計」，帶著恰到好處的尊重和優越感，足以確保對方不會用過度熟悉的方式詢問你的人際關係，或者（更讓人驚恐的）你的財務狀況。

和世界上其他民族一樣，義大利人也有朋友。有些友誼如此親密，甚至比家庭內部的關係更密切。但是，如果世界價值觀調查的發現是可信的，親密的友情在義大利並不尋常。受訪者被問到的問題之一，是他們對自己認識的人的信任程度。在英國，回答「完全」或「一點」的比例是九十七%；在美國是九十四%；在西班牙略低，為八十六%；但在義大利，甚至連六十九%都不到。更重要的是，表示他們完全信任自己的朋友和熟人的人數，不到七%，只比羅馬尼亞高。或許這驚人的發現，能讓我們重新思考第十二章所提到的「無道德的家庭主義」：愛德華．本菲爾德所謂的反社會態度，不是來自過度的家庭忠誠，而是由於超高程度的不信任，這可能與家庭沒有關係。

英文有這個說法：Let your hair down（把頭髮放下來），意思是卸下矜持，解放一下。然而，廣泛的不信任態度，讓義大利文中沒有一個相應的表達方式，類似的「Lasciarsi andare」（放過自己吧），缺乏了英文中明顯的積極意味。我自己的發現是，與其他地中海國家相比，不太可能在義大利看到人們突然跳起舞來。

有一年，伊斯蘭齋戒月結束時，我人在北非，旅館內用餐的客人突然起身跳舞，旋轉起來，只因為活著很快樂。我曾在伊斯坦堡博斯普魯士海峽的一家餐館，看到一對夫妻喝完一瓶酒，又各喝了一杯拉客酒（raki）之後，站了起來，那個女人舉起雙臂，扭著臀部，既開心又撩人。在希臘，不需要鼓動，大家就會手挽著手，跳一支很快就會變得狂熱的舞。在西班牙，很常看到一群年輕人在週六晚上（或週日早上）狂歡，突然就開始擊掌（palmas），在這種令人著迷的、快速拍手的節奏中，其中一個女人會優雅地轉動雙手，順勢跳起佛朗明哥舞。但我在義大利的這些年來，從未見過類似的情景。年輕人會去俱樂部和舞廳，就像其他地方的年輕人一樣，但義大利可能是地中海地區唯一沒有獨特舞蹈形式的國家。

義大利有一些地方性的民間舞蹈，但大多是僵硬、有紀律的律動，與蘇格蘭高地舞或方塊舞類似。還有要拿劍的傳統皮埃蒙特舞蹈；而薩丁尼亞島的巴魯吞都舞（ballu tundu），對於誰可以牽誰的手，以及要怎麼牽，有詳盡的規則。地中海其他地方放縱肢體的情感表達，可能有來自普利亞大區的塔朗特拉舞（tarantella）可以相提並論（儘管這種舞是南部其他地方的人在跳）。但值得注意的是，與佛朗明哥舞的某些部分相似，傳統上，跳塔朗特拉舞的目的，不是表達幸福，而是擺脫痛苦的磨難。舞者不斷旋轉，彷彿失神，暫時擺脫了南部農村生活中無情的貧困和集體的壓迫。

在義大利其他地方，似乎很少需要發洩。總體來說，義大利人喝酒喝得節制。要是有一群人（也許是個大家庭）正在享用晚餐，很可能每四個成年人只喝一瓶酒。在主菜結束時，桌子上肯定還有一些酒瓶未空，甚至還剩四分之一瓶以上。義大利文中沒有「宿醉」這個詞。在我所知道的任何其他國家，沒有這麼多人會拒絕你為他們斟酒，通常他們會禮貌地說：「不，謝謝，我不喝。」

義大利人經常會說，這是因為他們不需要喝酒來放鬆，我認為真的是這樣。但放鬆是一回事，失去控制，即使只有一點點，又是另一回事。在一個保持理智很值得的社會中，可以理解為什麼人們不會再往前多踏一步。

在我撰寫本書時，由經濟合作暨發展組織於二〇〇八年提出的數據是最新近的，顯示十五歲以上的義大利人平均每人飲用八公升多一點的酒精。不出所料，這低於德國和英國的消費量（將近十公升和十一公升），也遠低於西班牙和葡萄牙（十一到十二公升之間）。

真正喝醉的義大利人，我只見過一次；晚餐時喝太多的義大利人，我也只見過一次。這兩個經驗都發生在義大利東北部，而統計數據也顯示，當地是喝酒喝最多的地方。從亞得里亞海吹來的海風，穿過威尼斯的小巷，橫掃潮濕、平坦的威尼托大區，吹向更遠的阿爾卑斯山，因此，冬天時喝一小杯渣釀白蘭地（grappa）準沒錯。

在其他地方，尤其在聚會上，重點通常不是飲料而是食物，而食物總是很美味。我抵達羅馬後，遇到的第一群義大利人中，有一位是在英國長大的。當她中學畢業後，她的父母認為她需要重新接觸自己的文化，應該回義大利讀大學。她剛回到義大利不久，受邀參加一個同學間的聚會，卻沮喪地發現現場提供的飲料不含酒精。她的經歷是發生在幾年前，而從那時起，年輕的義大利人對酒精變得比較放鬆，但酒醉的情況仍然很少見。

毒品則是另一回事。令人驚訝的是，媒體很少提及或撰寫關於毒品的文章，但義大利的麻醉藥物用量龐大。最近兩項調查顯示，過去十二個月中，在義大利以某種形式使用過大麻的成年人，是歐盟中最多或第二多（明顯高於西班牙，當地因為靠近摩洛哥，有著悠久的大麻使用歷史）。合成麻醉品不是那麼普遍，但吸食古柯鹼的比例遠高於歐洲平均（儘管沒有西班牙那麼普遍）。

然而，在二〇〇五年，當一個研究機構以不同方式研究古柯鹼的用量時，人們對官方和之前的其他統計數據提出了質疑。這個研究機構沒有採用民意調查，而是直接從波河採集樣本。研究人員尋找一種被稱為「苯唑來克寧」（benzoylecgonine）的物質，這是吸食古柯鹼後主要會殘留在尿液中的物質，而檢測到的數據顯示，義大利北部的吸食量，幾乎是官方估計的全國平均的三倍。

隔年，一個諷刺性的調查類型電視節目，嘗試了另一種方法。記者設局，騙了五十位政治人物進行藥物測試，結果有四人被發現在前一天半使用過古柯鹼。但他們的身分從未曝光，報告中也沒有揭露。為什麼？隱私。

註釋

1、小喬凡尼後來在十六歲時被任命為紅衣主教，但在兩年後死於瘧疾。

2、測量員（geometra）：這是義大利特有的職業，結合了測量師和建築師，但不必獲得類似的學位。如果你有想過，為什麼在一個以美麗建築聞名的國家，城鎮郊區會有這麼多醜陋的現代建築，這是因為很多時候設計的人是這些測量員。

3、編註：sapienza 的意思是「智慧」，從十五世紀起就是羅馬大學的別稱。

4、情治單位（i servizi）：這是軍事和民事的情報部門的口語稱呼。

第十四章 ◇ 選邊站：群體生活與足球

對足球的熱愛是地球上唯一永恆的愛。一支球隊的球迷將終其一生支持這支球隊。對妻子、情人或政黨，他可能會變心，但他永遠不會改變自己最喜歡的球隊。[1]

——盧奇安諾・狄克萊千佐（Luciano De Crescenzo），《貝拉維斯塔在想什麼》（*I pensieri di Bellavista*），二〇〇五年

當我和妻子搬回義大利時，我們在EUR區的一間公寓裡住了一段時間，這是墨索里尼在一九三〇年代於羅馬近郊建設的新市區，是為了一九四二年世界博覽會而蓋的（EUR是Esposizione Universale di Roma的頭字母簡稱，意為羅馬萬國博覽會）。然而，當一九四二年到來時，墨索里尼和希特勒正忙著其他事情。今天，在EUR區有政府部門，一些大銀行和公司的總部也設在這裡。問題是，當上班族回家後，這個地方就變成空城。除了一個辦音樂會的場館之外，只剩下眾多妓女（很多是變裝癖者）在公園附近的街角閒晃。但是，EUR區有其迷人的地方，這裡離海岸很近，也有一棟歐洲二十世紀最棒的建築：義大利文明宮（Palazzo della Civiltà Italiana），又稱「方形競技場」（Square Colosseum）。這裡還有一座壯麗的人造湖，周圍環繞著大片的綠地和樹籬。

一年裡的大部分時間，這個宜人的地方到處都有人在慢跑、遛狗，上班族也會利用午休時間來這裡散步。但在春天的某個時候，湖周圍那座被稱為laghetto的公園會塞滿了人，有兩、三個週末都是這樣。然後，這些從羅馬其他地方成群結隊出現的人，在某個時間點一到，就會像七月下旬的燕子一樣，突然全部消失。

這是有原因的。在這個時間點，天氣還不夠熱，不適合去奧斯蒂亞區（Ostia）的海灘，但已經足夠暖和，在湖邊散步非常愉快。即使如此，成千上萬的羅馬人一致決定來EUR區散步和吃冰淇淋的情況，實在令人驚訝，就好像有人發了一道命令：「這個週末我們都去ＥＵＲ區。」其實，事情確實如此，一點也不誇張。

在羅馬各地的社交圈，熟人和朋友花上時間討論了一番。所謂群眾的智慧，意味著這些圈子就算最後的結論不完全相同，但可能很相似。所以，在春季的某個時刻，大家的共識是「我們去ＥＵＲ區」。

這樣的人群印證了所謂「在一起，很開心」(il piacere di stare insieme)：對集體社會行動的熱愛，也是義大利生活中一個弔詭的地方。[2] 隨便問一群義大利人，他們的民族性格特徵是什麼，很可能至少有一個人會告訴你，是「個人主義」(individualismo)。但是，不同於英國人或美國人所說的個人主義，義大利的個人主義是將「行動的獨立」與「個人利益」結合起來。然而，絕大多數義大利人本能地（幾乎是強迫地）合群，所以，他們可能都喜歡走自己的路，但往往最終都出現在同一個地方。

當外國人到處尋找可以與義大利相比的國家時，通常會想到西班牙或法國或葡萄牙，但那些國家的文化實際上非常不同。從來沒有人提到日本。然而，我經常感到震驚的是，「在一起，很開心」這種觀念，可以連結義大利人與日本人。這兩種文化都高度重視事物的外觀。跟義大利人一樣，日本最近擁有的經濟實力，遠超過他們在世界舞臺的影響力。這兩個國家在傳統上都很會儲蓄，也都有反競爭、類似壟斷的企業體，並且可能出於這個原因，產生了看似堅不可摧的組織犯罪集團（見十六章）。日本和義大利一樣，有很多地震；兩者都是狹長形的國家，絕大多數人口都擠在河谷和沿海狹窄的土地上。只要看那不勒斯的周遭，或者波河沿岸到海邊近乎無盡頭的都會帶，就可以明白義大利人多麼習慣緊挨著彼此生活。

義大利人很喜歡加入團隊。第十三章說到，之所以有這麼多主席，是因為有很多俱樂部、協會和聯盟，數量明顯多於西班牙。即使是叛逆的年輕人也加入了類似公社的 centri sociali，雖然公社早在一九七〇年代到一九八〇年代之間，於西方世界其他地方就變得不流行了。

我還是不知道，義大利人這麼喜歡聚在一起，究竟是因為他們本能地想要複製家庭結構，還是因為他們下意識地想要脫離家庭的束縛。也許兩者都有。無論如何，最奇怪的地方是，他們喜歡在一起，但也總是吵個不停。

整個中世紀，義大利中部和北部的政治狀況，讓大家必須相互合作，也必須彼此對抗。統治中部大部分地區的教宗，雖然偶爾殘酷，但很少強大。再往北走，就更沒人管了，或者更確切地說，有太多小國。首先有自治的市鎮，後來有公國和王國。幾個世紀以來，羅馬及其北部的城市，飽受貴族家庭和宗族之間的惡性派系鬥爭。這就是羅密歐與茱麗葉的世界；蒙太古（Montagues）和卡樸樂（Capulets）的世界。現今在西恩納舉辦的一年兩次的賽馬節（Palio horse race），就是從這些激烈的競爭演變而來。

各派系都有自己的武器和堅固的塔樓，自然而然陷入教宗和神聖羅馬帝國之間更廣泛的衝突。在十二世紀，有兩個德國貴族家族都覬覦帝國王位，彼此競爭：一邊是韋爾夫（Welfs）家族，另一方面是霍亨斯陶芬（Hohenstaufens）家族，後者的口號是「Waiblingen!」最後，霍亨斯陶芬家族得到王位。韋爾夫一族和教宗的支持者（並不總是站在同一邊）後來把名字義大利化，變成「圭爾夫」（Guel）。而霍亨斯陶芬後來被圭爾夫派稱為「吉伯林」（Ghibellini，這其實是把對方口號的發音很不標準的義大利化）。各個城市只好選邊站：奧爾維耶托是圭爾夫派的，而幾公里外的托迪（Todi）是吉伯林派的；克雷莫納（Cremona）是圭爾夫派的領地，但波河上游的帕維亞則是吉伯林派的。其他城市，如波河對岸的帕爾馬，不斷在兩方陣營間游移。多年來，城市內有不同派系互鬥，城市之間也有派系衝突，導致數千人死亡。一三一三年，雙方在奧爾維耶托城打了四天的仗。佛羅倫斯（圭爾夫）和西恩納（吉伯林）幾十年來斷斷續續地交戰。

整個社會分裂成兩方陣營，這不是義大利才有的情況，但很少有分裂情況能像這兩個家族的對峙持續那麼長久。有幾位義大利作家在血腥衝突中，看到了今天仍然可以發現的現象。有一種理論說，整個冷戰期間，基督教民主黨和共產黨的競奪，就是這種分裂的再現：基督教民主黨是教宗的盟友，和圭爾夫派有相同的基本特徵；共產黨跟吉伯林派一樣，與外國勢力結盟（吉伯林派靠攏神聖羅馬帝國，而共產黨人向蘇聯尋求支持）。

但這種解釋還必須考慮另一個雙邊衝突，它在第二次世界大戰結束時似乎平息了，但並未完全消失，也就是法西斯主義的支持者和反對者。經常有右派知識分子認為，第二次世界大戰在義大利並沒有以一場反對納粹占領者的民眾叛亂而徹底結束（這個論點可以解釋戰後年代的一些事件）。實際發生的歷史事件是，同盟國的到來，使得墨索里尼支持者和共產黨游擊隊的混亂內戰因而結束。從這個角度來看，這場衝突在一九七〇年代再次浮現，變成年輕的新法西斯主義者和左派革命運動人士之間兇殘的街頭鬥毆。

直到一九八〇年代末期到一九九〇年代初期，西爾維奧·貝魯斯柯尼與極右派結盟，並一起入主國會，基督教民主黨和共產黨的紛爭才被歷史掃到一邊，這個問題才得到解決。有人可能會說，貝魯斯柯尼也結束了圭爾夫派和吉伯林派之間由來已久的敵意，因為他在二〇〇〇年代的成功，最終迫使大多數對手，無論是前共產黨還是前基督教民主黨，變成一個單一政黨：中間偏左的民主黨（PD）。

圭爾夫派和吉伯林派之間的利害關係，可能早已無關緊要，但他們的衝突留下的傷疤仍然很深。二〇〇七年，一幅六十公尺寬的布條，掛在西恩納足球俱樂部（AC Siena）的球場看臺上（由於原本足球部門的名字和俱樂部成立的年代，這支球隊也稱為 Robur 1904）。布條在那裡掛了三年，上面寫著「Ghibellini Robur 1904」。球迷網站解釋說，這一句話代表「西恩納人的靈魂：身為吉伯林派的自豪和對 Robur 1904 的熱愛」。

當然，有些義大利人對足球漠不關心，有些人（而且愈來愈多人）關注其他運動，包括一些在其他地方可能一點都不受歡迎的運動，例如擊劍。和大多數國家相比，義大利有很多人愛看擊劍。一級方程式賽車也非常受歡迎，這主要是因為法拉利多年來的成就。從春季到秋季的週日，全國各地酒吧的電視上，都可以聽到一級方程式賽車的引擎聲。

然而，任何運動都無法像足球一樣，激起義大利人的想像，點燃大家的激情。或許除了西班牙之外，歐洲沒有其他國家對足球像義大利一樣瘋狂，也沒有其他民族在足球場上如此成功。義大利國家隊「藍衫軍」（Gli Azzurri）是四屆世界盃冠軍，僅次於巴西。[3]

義大利足球始於英國人，尤其是在十九世紀末義大利經濟快速成長時，居住在北部工商業城市的英國僑民。現存最古老的俱樂部是熱那亞，仍然使用城市的英文名 Genoa 當隊名，而不是義大利文的拼法：Genova。俱樂部成立於一八九三年，前身是熱那亞板球和體育俱樂部（後來更名為熱那亞板球和足球俱樂部）。板球從未受到義大利人歡迎（可能是因為最初他們不被允許參加俱樂部）。另一方面，足球迅速傳播，到了一八九八年，已經有由四支球隊組成的聯賽。另外三支球隊都在杜林，用義大利名字命名。但是，儘管有愈來愈多的球員是義大利人，但教練（當時被稱為經理）通常是英國人。即使在今天，義大利球隊的教練，無論其國籍為何，仍是以英文的 Mister（先生）來稱呼，球員、記者和裁判都這麼稱呼他們。米蘭足球俱樂部（AC Milan，通常稱 AC 米蘭）也保留了英文拼法，球隊歷史可以追溯到十九世紀末期。尤文圖斯（Juventus）也是如此，其義大利全名仍然是 Juventus Football Club（尤文圖斯足球俱樂部）。國際米蘭足球俱樂部（FC Internazionale Milano，通常簡稱國際米蘭）是後來與米蘭足球俱樂部發生爭執而分裂後的結果。

熱那亞俱樂部在早期的義大利足球界獨占鰲頭，但勢力在一九三〇年代開始下滑，最後一次贏得冠軍（scudetto）[4] 是在一九二四年。那時，墨索里尼已經掌權，很想利用義大利人的足球天賦，為新興的法西斯國家贏得榮耀，第一步便是為義大利創造一個足球傳統。在十六世紀，安東尼奧．斯卡里諾（Antonio Scarino）曾提到一種當時在佛羅倫斯很流行的遊戲，稱為 calcio，意思是「踢」。事實上，這種運動與現代足球幾乎沒有相似之處，但墨索里尼找到了靈感，幫足球取了這個義大利名字：calcio，並且延用至今。墨索里尼還強硬地要求熱那亞和米蘭放棄英文名字，改用義大利名，而這兩個俱樂部都在第二次世界大戰後，重新使用了原來的名字。

在墨索里尼及其政權的熱情支持下，義大利足球不斷壯大，其國家隊在一九三四年和一九三八年都贏得了世界盃。義大利國家隊第二次贏得冠軍時，其隊長在接受獎盃之前以法西斯手勢敬禮（儘管有點猶豫）。

在義大利，法西斯時代最具代表性的球隊是波隆那（很諷刺的是，這座城市後來成為共產黨的據點）。波隆那足球俱樂部在一九二九年到一九四一年間，五次贏得聯賽冠軍。但對墨索里尼來說有點麻煩的是，其中兩次冠軍是在猶太教練阿爾帕德·懷茲（Árpád Weisz）領軍下贏得。一九三八年，在政府制定反猶太人法律後，懷茲遭到解聘。懷茲離開義大利後，在荷蘭找到工作。但在納粹占領之後，他和家人都被送往奧許維茲（Auschwitz）集中營並遭到殺害。

第二次世界大戰之後，不同於藝術和經濟的快速復甦，義大利足球很慢才重新興起。在一九四〇年代後期，杜林足球俱樂部以前所未有的方式獨霸聯盟，連續五次奪得冠軍，義大利國家隊有時幾乎完全由杜林的球員組成。但在一九四九年五月四日，一架載有十八名杜林隊球員的飛機，在俯瞰杜林的一座小山上的蘇佩爾加大教堂（Basilica of Superga）墜毀。機上人員全數罹難。直到一九六三年ＡＣ米蘭足球俱樂部贏得歐洲盃，義大利球隊才再次在國際上取得勝利。

一九六〇年代對於米蘭的兩支球隊來說，都是輝煌的十年。在有魔術師（il mago）稱號的阿根廷教練埃倫尼奧・埃雷拉（Helenio Herrera）的帶領下，國際米蘭足球俱樂部贏得了接下來兩屆歐洲盃的冠軍，並在一九七〇年代和一九八〇年代繼續獲勝。但是，從一九九〇年開始，以及之後的十五年，這支義大利偉大的球隊未能贏得任何勝利，就好像曾經被魔術師迷住的球隊落入了詛咒。國際米蘭的球迷總是齊聲吶喊「永不放棄」（Non mollare mai）口號，而對方球迷則會回應「永不會贏」（Non vincete mai）。

一九七〇年代和一九八〇年代的主導球隊是杜林市的尤文圖斯足球俱樂部，曾經九次奪得冠軍，此盛況維持到貝魯斯柯尼於一九八六年收購AC米蘭足球俱樂部，並且聘了馬可・范巴斯騰（Marco van Basten，他是三名荷蘭球星之一），幫助俱樂部獲得了一系列聯賽和歐洲盃冠軍）為止。義大利球場上各隊的表現，反映並影響了生活的其他層面：貝魯斯柯尼在一九九四年的大選中突如其來取得了勝利，而他的球隊連續第三次獲得甲級聯賽冠軍。[5]

邱吉爾曾說：「義大利人在戰場上失利，就好像輸掉一場足球比賽一樣；但踢輸比賽，彷彿在戰爭中敗得一場糊塗。」不管這句玩笑話究竟是真是假，肯定有一些道理，因為義大利人也經常引用。足球受到的尊重，比政治多得多。不過，也是因為在大多數情況下，與義大利政治人物相比，義大利足球界人士舉止莊重、言行合一、認真又致力。就跟做彌撒一樣，足球比賽會準時開始，即便是在義大利那些出了名沒有時間概念的地方。場上戰術之複雜，其他國家的教練或觀眾可能搞不清楚，但義大利的專業人士和業餘愛好者，都知道如何精闢分析。雖然也有例外，但球員都本著堅定認真的精神來對待自己的使命。他們歷經刻苦訓練；大多數知道控制飲酒，或根本不碰，也會注意自己的飲食。幾乎沒有聽過義大利球員在夜店惹事（即使這與媒體寬待有關）。無論如何，義大利足球界很少有像喬治·貝斯特（George Best）或埃里克·坎通納（Eric Cantona）那樣不斷製造新聞的人物。

對義大利足球員最常見的批評，不是他們不專業，而是太專業了。在球場上，後衛經常很專業地犯規；前鋒在合法鏟球時，像是演戲一樣的假摔；各個球員也都用過誇張的抗議來恐嚇裁判。不過，這種批評在義大利國內很少聽到。約翰·富特（John Foot）在一本關於義大利足球史的書中，①則是觀察到沒有公平競賽這回事：

義大利的後衛一直在預測前鋒的動作。如果猜錯了，那麼適時的犯規始終是守方的關鍵武器之一。在義大利，這於一九九〇年代被稱為「戰術犯規」，並作為比賽的一部分教給後衛。他們都知道什麼時候該犯規，什麼時候不該犯規，以及如何在不拿到黃牌的情況下犯規。通常，義大利足球評論員會稱讚一名後衛犯規，有時還會補充說：「也許這沒有運動精神，但是……」既然會有有用的戰術犯規，那也會有沒用的犯規。因此，如果因為沒用的犯規而被罰下場，是既愚蠢又不專業的。如果被換上場，就是要完成一次有用的戰術犯規，那不僅是一種好的做法，而且值得表揚。如果該球員已經被黃牌警告或驅逐出場，那麼這是為了整個團隊的利益而做出的個人犧牲。

•••

足球是義大利生活的一部分，甚至連賽車也無法與之匹敵。一般印象是，週日下午，一位焦慮的父親在耳邊放了一臺收音機，聽著他所支持的球隊的賽況，而妻子和孩子則在海灘上放鬆或在鄉下散步。如今，這比較像是電視臺在下午冷門時段播出的老舊喜劇電影裡，才會有的人物。二〇〇三年，魯柏・梅鐸（Rupert Murdoch）的天空集團（Sky TV），提供了所有足球甲級聯賽比賽的現場轉播。現在，這些比賽分別在週六晚上和週日舉行，有的甚至被排在平日舉行。義大利球迷從不滿足於只去週日的一場比賽，然後得在第二天的報紙上才能讀到報導。長期以來，足球在一個星期內會以各種形式出現。

《米蘭體育報》（*La Gazzetta dello Sport*）最初會出版，是為了報導一八九六年的第一屆現代奧運會，但現在變成了一份足球日報。《體育郵報》（*Corriere dello Sport*）緊隨其後，在一九二〇年代出現。然後是第二次世界大戰後的《杜林體育報》（*Tuttosport*）。《米蘭體育報》在一九八〇年代初期影響力達到頂峰，以其獨特的粉紅色新聞紙，成為義大利銷量最大的報紙。最著名的編輯是已故的詹尼・布雷拉（Gianni Brera），他在其他刊物的著作豐富了義大利的詞彙。

布雷拉曾表示自己是用方言思考，但他的字彙之廣，讓人嘖嘖稱奇。例如，在布雷拉的筆下，傳奇的阿根廷前鋒迪亞哥・馬拉度納（Diego Maradona）變成「地獄之犬，也就是像塞伯洛斯（Cerberus）的神話猛獸：如果你出於運動家精神而在場上尊敬他，那麼他會用利齒咬住你的脖子，撕掉你的頭，把它扔到地上，就像從已經濕透的葉柄上扯下來的水果。」[6]②在這段描述的原文中，會有兩個字讓大多數義大利人伸手去拿字典，然後有第三個字在字典裡甚至找不到。

當布雷拉找不到需要的字詞時，就會用方言（不一定是他自己的方言）或者自創。在他發明的字詞中，有一個是libero（意思是沒有被指派盯防特定對手的後衛。註：通常譯為「自由後衛」），而這個詞已經從義大利文傳到世界上的其他主要語文。

星期一晚上，已經花了一整天把整份報紙讀得滾瓜爛熟的球迷，可以繼續收看《星期一審判》（*Il processo del lunedì*）來緩解他們的足球戒斷症候群。這個節目從一九八〇年在國營義大利電視廣播公司的頻道開始播出，很快就變成義大利人生活中的一部分，也讓節目主持人阿爾多・比斯卡迪（Aldo Biscardi）聞名全國。這個節目會使用一種被稱為

Supermoviola 的設備（或更確切地說，技術），對週末比賽中具爭議性的片段進行細緻的審視。比斯卡迪及其團隊利用了據稱是為軍事目的而開發的專有技術，讓觀眾從各個可能的角度，以慢動作研究每個有爭議的球賽過程，甚至包括當下攝影機沒有拍到的細節。對於所有爭論，Supermoviola 都能下最終判決，提供無可爭辯的證據，來證明是否不該判自由球，或者裁判判的「進球不算」其實是有效得分。

比斯卡迪的節目後來會有很多人模仿，也受益於花瓶的出現（見第十章）。花瓶在這個節目中的任務是介紹現場來賓和宣布進廣告，但最重要的是要超級漂亮，打扮誘人。如今，足球和性擺在一起，仍然代表高收視率，不過，這些留著長頭髮、塗著亮唇口紅又穿著低胸連身裙的花瓶，其角色通常積極得多。有幾位女性主持人甚至受到沙豬型球迷的認可，認為她們對這項運動知識淵博且充滿熱情。

然而，不是每個義大利女人都懂足球，羅馬球星弗蘭西斯科．托蒂的妻子，前模特兒伊拉莉．布拉西（Ilary Blasi）曾抱怨道：「每十個節目，就有七個關於足球，這太奇怪了。如果我剛好轉換頻道看到，看一看就睡著了。」許多妻子也對義大利電視上的足球節目數量表示了類似的憤怒。除了重播和談論節目之外，有線電視還有專屬各個俱樂部的頻道。廣播節目也不能讓聽眾稍微逃開足球，現今有幾個城市有ＦＭ廣播電臺，專門報導當地球隊的活動。

這些廣播每天最長可播出達十四個半小時，可以在許多羅馬計程車上聽到。對於那些生活並不繞著足球俱樂部打轉的人來說，這是無聊至極的內容：專家蜿蜒曲折的討論，時不時被一通球迷打來的電話打斷，球迷的心態通常介於憤怒和激動之間。羅馬可能是一個足球狂熱國家中，最瘋狂的足球小鎮。儘管羅馬足球俱樂部（AS Roma）旨在代表這座城市，[7]而拉齊奧（Lazio）足球俱樂部則代表周邊地區，但兩支球隊之間大量重疊，導致了激烈的競爭。足球廣播是從羅馬開始的。在我撰寫本書時，至少有四個電臺每天在講羅馬隊（還有第五臺每天有四小時的節目，完全討論該俱樂部）和兩個電臺討論拉齊奧隊。這些廣播電臺中，最成功的估計每天有十五萬名聽眾。現今，佛羅倫斯和米蘭也有這類的電臺。

這樣子的廣播節目最初是由羅馬當地組織嚴密、實力強大且富有的球迷俱樂部發明的。然而，在這方面，羅馬絕對不是獨一無二。每一支甲級球隊都有一群或很多群死忠球迷，通常被稱為「激進球迷」（ultras）。[8]歷史最悠久的激進球迷至少可以追溯到一九五〇年代，他們認為自己與英國的足球流氓不同，也比對方更有紀律，並且是一種特定支持風格的創始者，這種風格從義大利向歐洲其他地方傳播。他們的特點是使用鼓、旗幟、布條和（最重要的）火焰，然而，這些人如今投射在英國和其他足球迷眼中的形象，是喜歡訴諸暴力，通常與極右派掛鉤，還常有赤裸裸的種族歧視。

然而，讓義大利這些球迷與其他國家的死忠支持者特別不同的地方，與其說是他們的極端，不如說是他們有所支持的俱樂部在背後撐腰。一些激進球迷甚至有薪水可拿。他們參加客場比賽時，還常常有旅費補貼。帶頭的人有免費門票，通常也可以讓朋友一起進場免費看比賽。但這些好處，與他們用球隊俱樂部的商標來發行的周邊商品相比，兩者的利益天差地遠。曾有英國廣播公司（BBC）的記者，為拉齊奧足球俱樂部的死忠球迷組織「伊利都奇比利」（Irriducibili）拍了紀錄片，該組織不但擁有自己的總部，還在羅馬及其周邊地區擁有十四家商店。

激進球迷的帶頭者通常可以直接接觸球員，暗中影響著戰術、球員和俱樂部政策的變化。二〇〇四年，拉齊奧隊的伊利都奇比利組織成員與羅馬隊的「烏托拉斯」（Ultras）組織成員，在雙方的殊死戰賽前對陣。上半場，現場傳出有羅馬隊的年輕球迷在場外被警車碾斃的謠言。那時候，人們普遍懷疑，烏托拉斯組織和伊利都奇比利組織在賽前商定了謠言，原因尚不清楚。

無論如何，下半場開始沒多久，兩邊的激進球迷組成一派人馬，進到球場周圍的跑道，羅馬隊隊長托蒂上前與他們交談。《愛爾蘭時報》（*Irish Times*）駐羅馬記者帕迪・阿格紐（Paddy Agnew）那時正在為國營義大利電視廣播公司評論比賽。後來，他在一本書中寫道，③托蒂在事件發生後，立即對教練說：「如果我們繼續踢，這些人會殺了我們。」

托蒂的聲音「響亮又清晰地透過現場收音麥克風，傳到我的耳機」。在拉齊奧隊隊長的同意下，縱使裁判抗議，比賽仍被取消了。

「球迷贏了。球迷暴力也隨之而起，羅馬隊和拉齊奧隊兩邊的暴力分子，在球場外與防暴警察發生激烈衝突。」阿格紐寫道。接下來的幾年，足球暴力愈來愈嚴重，極端分子和警察之間的衝突，比球迷之間的暴力更加血腥。二〇〇七年，一名警察在西西里島的一場比賽中，因球迷暴動而受傷後死亡。另外，有敵對球迷在一間高速公路服務站發生衝突時，其中一名球迷被警察槍殺。隨著大眾要求政府做出回應，政府推出了一項限制和改革的計畫，雖然遏止了暴力行為，但尚未完全消除。

如果這些激進球迷的對手是警察，那麼所有球迷的敵人就是裁判。在義大利，裁判不僅目光短淺，而且幾乎是全民公敵。[9] 有著百萬讀者的詹尼．布雷拉寫道：「幾乎在所有情況下，裁判不過就是一個自尊受損的人，想證明自己存在並且有自由意志；不然就是個惡霸。」記者兼作家恩尼奧．費拉亞諾（Ennio Flaiano），曾與費里尼共同撰寫了《生活的甜蜜》（*La dolce vita*）和《8 ½》的劇本，他認為義大利人討厭裁判的原因更簡單：「因為他下了判決。」

多年來，人們形成了一種觀點：這些討人厭的傢伙很容易受到影響，有意識地（或者更可能無意識地）偏袒大俱樂部。甚至有一個用來描述裁判的這種情況的術語：「心理上受到奴役」。有人認為，在他們評判尤文圖斯隊的比賽時，這種情況最為明顯，因為尤文圖斯隊比其他球隊散發出更強的力量。來自皮埃蒙特大區（統一義大利的地區），又是由飛雅特公司（這個義大利工業的驕傲）所有，尤文圖斯隊的國族性格和受到全國矚目的程度，是其他球隊無法比擬的。事實上，尤文圖斯隊的其中一個綽號就是「義大利甜心」（**La fidanzata d'Italia**）。就算是遠在半島另一端的卡拉布里亞大區，那裡最偏僻的酒吧，在架子上還是可以找到一面黑白條紋的三角旗，還有一張告示自豪地說，這家酒吧是當地尤文圖斯隊球迷的聚會場所。

所以，裁判會下意識地認為「讓尤文圖斯隊輸球就是不愛國」嗎？這個想法似乎有些牽強。但是，這些球迷，尤其是佛羅倫斯、卡利亞里和維洛納等久久才得過一次冠軍的俱樂部的球迷，仍然可以告訴你，在聯盟歷史的關鍵時刻，有些爭議的決定總是對尤文圖斯隊比較有利。例如，一九八一年，在與尤文圖斯隊的關鍵比賽中，第七十四分鐘，裁判認為羅馬隊進球不算，但事後被證明那一球應該得分。結果是，冠軍變成尤文圖斯隊。第二年也發生了同樣的事情，在賽季只剩下十五分鐘時，裁判取消了一顆本來可以讓佛羅倫斯隊奪得冠軍的進球。此外，在多個賽季中，尤文圖斯隊的自由球明顯比別隊多。幾年下來，大家愈來愈懷疑裁判的偏心。其他球隊的球迷總是用「你只會搶劫」或「我們寧願第二而不是小偷」等口號，來嘲弄尤文圖斯隊的支持者。

直到二〇〇五年，大家才意識到，尤文圖斯隊的好運不僅僅是裁判在心理上臣服。當時，杜林有一名檢察官正在進行一項代號為 Offside 的調查，並交出第一份報告。結論是警方沒有發現任何犯罪證據，但他將收集到的證據交給了義大利足球總會（FIGC）。在二〇〇五到二〇〇六賽季結束後幾天，竊聽的電話談話記錄有部分摘錄在新聞上披露。

這是義大利足球史上（或其他任何足球界）前所未見的醜聞的開端。一直以來，都有球員或裁判被抓到作假，很多國家都有。通常，假球都與賭博組織有關，但二〇〇六年義大利的足球醜聞（Calciopoli）全然不同。[10] 電話紀錄顯示，尤文圖斯隊的高層運用了人脈和影響力，為自己的比賽找到比較「聽話」的裁判。其他一些俱樂部也加入這個系統，並且可以從類似的好處中受益。與其他假球醜聞不同的是，這並不意味著這場或那場比賽的勝負已定，而是整個甲級聯賽都是安排好的。

賽季從一開始就不是以理論上每支隊伍的獲勝機會都相同的出發點展開，而是一齣偶戲：一場色彩繽紛、戲劇性的表演，從一年持續到下一年，劇本由少數有權勢、有陰謀的人編寫而成。這不僅適用於在場內可以看到的情況。一些紀錄顯示，尤文圖斯隊的總經理盧奇亞諾・莫吉（Luciano Moggi）與主持節目的阿爾多・比斯卡迪保持聯繫，目的是為了確保在節目上的慢動作重播，可以以適合尤文圖斯隊的方式來解讀。這就是一個經典的例子，告訴大家，在義大利，眼前可見的東西不一定為真。比斯卡迪陷入醜聞後，節目停播了。比斯卡迪、他的 Supermoviola 和花瓶們出現在國營電視臺三十多年後，最後一次露面是在地方小型電視臺。

關於足球醜聞有兩件奇怪的事情。其中之一是當醜聞鬧到不可開交時，義大利第四次贏得了世界盃冠軍。另一個是沒有金錢交易。[11] 俱樂部高層之所以可以呼風喚雨，是因為他們讓別人相信，自己有強大的影響力，可以輕易宰制別人的事業。人們以為這些高層的話就是法律，讓這些高層真的有了這樣的力量和影響力去實現目標。某種意義上來說，這和黑手黨沒有兩樣。這種既包容又排他的組織，反對競爭，類似家庭，在義大利比比皆是。

註釋

1、「最喜歡的球隊」這個用詞，無法傳達義大利原文 squadra del cuore 的意思，無法表達包含在其中的激情、痛苦，以及盲目又從不懷疑的忠誠。

2、在不同的語境中，stare insieme 的意思是「保持穩定」。

3、為什麼一個國旗是紅、白、綠的國家，其運動員卻穿藍色衣服？原因是，這是薩伏依家族的顏色。薩伏依家族在第二次世界大戰之後，仍是義大利的皇室。一九一一年，義大利足球員第一次穿著藍色球衣對上匈牙利。即使義大利成為共和國之後，藍衫軍依然存在。

4、足球聯賽的冠軍稱為 scudetto，或稱「小盾牌」。獲勝隊伍有權在下個賽季的隊服上，佩戴帶有義大利色彩的小盾牌。

5、甲級聯賽是聯盟的頂級賽事，也是法西斯主義對義大利足球的另一個貢獻，於一九二九年設立。

6、葉柄（petiole）是葉子附著在莖上的部分，它能否用在水果上，我就留給讀者中的植物學家來判斷了，或許詹尼·布雷拉只是不負眾望地用了一個晦澀的字。

7、羅馬足球俱樂部（AS Roma）比較晚才加入聯盟。一九二七年，由當時的三支球隊合併而成。首都對法西斯主義者來說具有特殊的意義，想要把羅馬變得像一個帝國的中心。當時認為，羅馬的足球隊應該配得上凱撒的繼承人，這是義大利政治和足球交織的例子。

8、ultras（激進球迷）字尾的 s 是正確的。這個字來自法文。

9、一個罕見的例外是二〇〇二年世界盃決賽的裁判，他是具有超凡魅力、剃了光頭的皮耶路易吉．科林納（Pierluigi Collina），他激發了球迷的自豪、尊重，甚至在一定程度上引起了球迷的共鳴。

10、Calciopoli（足球醜聞）這個稱呼，呼應了 Tangentopoli（賄賂之都）一詞，Tangentopoli 所指稱的是一九九〇年代初期導致義大利政治秩序崩潰的一系列醜聞。

11、足球醜聞引發了兩波刑事訴訟。首先，盧奇亞諾．莫吉和兒子分別被指控脅迫與脅迫未遂。他們在審判和上訴階段均被判有罪，並被判入獄。但在二〇一四年，因訴訟時效已過，撤銷了對他們的指控。第二起案件的指控包括共謀，在我撰寫本書時尚未進行審判。在兩次上訴的第一次之後，莫吉面臨兩年四個月的刑期；尤文圖斯隊前任總經理安東尼奧．吉勞多（Antonio Giraudo）面臨一年八個月的刑期。其他五名前官員和裁判的刑期為十個月到兩年不等。然而，由於二〇〇六年頒布的赦免令，這些全部否認罪行的被告都不太可能進去坐牢。

第十五章 ◇ 執業限制：保護主義與排外

黑手黨和黑手黨的心態：黑手黨作為一個非法組織，以及黑手黨僅僅是一種人生觀，兩者長期以來一直被混淆。真是大錯特錯！你完全可以有像黑手黨一樣的心態，但不犯罪。

——喬凡尼・法科內（Giovanni Falcone），《榮譽人物：黑手黨的真相》（*Cose di Cosa Nostra*），一九九一

當克勞蒂雅的丈夫去世時，留給她好幾棟房子。她把房子租給想要來義大利鄉村度假的遊客。我們原本約在一個共同朋友家見面，但克勞蒂雅要去火車站接一些客人，他們是她的老朋友、免費入住的客人。她說，接送客人之後，就會來找我們。當她從車站離開時，一群當地的計程車司機靠近了她。

「他們說，我在車站接我的客人，搶了他們的生意。」她說。她顯然被他們的態度嚇到，並擔心如果無視於他們的抗議的話，會有什麼事發生。這不是在西西里島，也不是在普利亞大區。這是在托斯卡尼。

我有一個朋友住在義大利的一座離島上。她需要一張桌子，並在島上的另一個地方找到了想要的樣式，但是在她家附近有一家家具店，老闆是她從小就認識的人，但在任何意義上都不算是朋友。然而，在其他地方買桌子，不會被認為是消費者擁有的權利，而是嚴重的背叛。她家一直是那家家具店的顧客，如果她去別的地方消費，老闆可能再也不會跟她說話。最終，她還是在島上另一邊的商店買了桌子，但是她自己搬貨，還故意繞道，這樣一來，那位覺得自己是她的供應商的老闆，就不會看到新的桌子和送貨員了。

任何在義大利生活過的人，無疑都會有類似的故事。如果你經常去一家商店、酒吧或餐廳，你可能會激起對方的占有欲（特別是如果你已經接受了難以拒絕的不請自來的折扣）。由於我的工作性質，這對我來說是一個特別的問題。我四處跑，但在回家的時候，在經常出沒的地方，會聽到口吻有點諷刺的 Ben tornato（歡迎回來）。如果我帶著歉意解釋我出國去了，那麼一切都沒事。但是，如果我只習慣性地回了一句 Ben trovato（幾乎無法翻譯，註：大概是「你發現了！」），那麼我的咖啡可能沒那麼好喝，而酒吧老闆可能會跑到吧檯的另一邊，用誇張的熱情去跟他認為是真正常客的人聊天。

這種想保持獨占的欲望，或者（像是對克勞蒂雅心懷不滿的計程車司機）集團壟斷，猶如一條隱約可見的血管，貫穿了義大利社會，並且擁有悠久的歷史。義大利手工業行會長期的力量及其實施的限制，是義大利經濟在十七世紀衰退的原因之一。威尼斯穆拉諾島（Murano）上的玻璃製造商就是有名的例子：任何試圖將他們的技術帶到別處的人，都會面臨嚴厲的懲罰，甚至死路一條。

現今，行會的精神仍然存在於義大利強大的工會，以及像 ordini 和 collegi 這樣的同業工會。對於任何想要執業的人來說，絕對不能沒有同業工會的成員資格。義大利有三十多個這樣的同業工會，所監管的職業範圍比其他歐盟國家更廣，包括公證員、建築師、社工、就業顧問、護士、放射技師、滑雪教練等等。

這種職業協會是龐大的執業限制的一部分。近年來出現的最可笑的例子，就是威尼斯街頭藝術家。原來，他們的執照是繼承的，因此，即使某人沒有繪畫的天賦，也可以占據一個街角，而真正擁有藝術天賦的人卻沒有地方可待。

天主教教會之所以變成反自由主義，究竟是因為其觀點在本質上是獨占的，還是因為直到最近教會都是由義大利人管理？這個問題終將無解。無論如何，庇護九世於一八六四年發布的《錯謬要略》（*Syllabus of Errors*），認為自由主義以及一長串的其他信條和信仰，邪惡至極。他的立場把梵蒂岡與剛統一的義大利國家拉得更遠，因為自由主義在義大利成為主導的意識形態。[1] 早期的自由市場經濟，特別是喬凡尼．維奧利蒂（Giovanni Violitti）政府在第一次世界大戰前，為當時帶來了繁榮。隨著工業化，義大利經濟突飛猛進。但後來，自由主義和官方腐敗連結在一起。

法西斯主義者帶來了比較容易嵌入義大利傳統的經濟組織方法。維奧利蒂希望工資由市場力量的自由相互作用來決定，而墨索里尼和其黨羽則著手建立一個雇主和雇員必須要合作的社團主義國家。

墨索里尼的倒臺可能把主動權還給了自由派。但第二次世界大戰結束時，自由派不僅仍未抹去貪汙的痕跡，還與南部地主、大工業家和金融家站在同一陣線，代表狹隘的社會階層。若要比誰較能吸引選民，自由派不是基督教民主黨的對手。基督教民主黨執政後，四十多年來，權力或多或少地由反對共產黨的五個政黨共享，最初的想法是確保西歐最大的共產黨永遠不會入主政府。為了讓這個權力共享制度順利進行，義大利戰後的政治人物發展了第八章中提到的政治分贓。

法西斯主義留下巨大的公共部門，每一部門都由這五個政黨依其影響力分配，「五黨」（pentapartito）是這五個反共政黨的通用名稱。但時間久了以後，就連共產黨也被帶入這個舒適的體系，以分享權力、影響力，還有經常伴隨而來的財務甜頭。例如，如果基督教民主黨成為民航監管機構的負責人，那麼社會黨可以拿到空中交通管制。政治分贓的實踐方式，超出了公家事業和金融的範圍，甚至外交部內的地區權責也根據黨的忠誠度來分配。基督教民主黨控制著拉丁美洲，社會黨負責中東和北非的大部分地區。

國營義大利電視廣播公司的電視頻道也是以同樣的方式瓜分，第一頻道屬於基督教民主黨，第二頻道屬於社會黨，第三頻道屬於共產黨，效果至今仍然可見。如果你遇到一位在第一頻道工作的資深記者或技術人員，那麼他很可能有一個基督教民主黨的親戚。在二〇〇〇年代貝魯斯柯尼掌權時，第三頻道一直扮演批判性報導和分析的堡壘（儘管愈來愈常受到媒體大亨的威嚇）。

自由黨是五黨的一員，轉向支持自由經濟的共和黨也是。幾年下來，基督教民主黨的天主教理想主義，逐漸與市場經濟的妥協共存。但是，五黨的資本主義畢竟跨越了黨派，仍然比較強調合作，與美國或一九八〇年代英國柴契爾政府的資本主義不同。

在義大利，雖然基督教民主蓬勃發展，但社會民主從未像在德國那樣成功。從一九六〇年代末期到一九八〇年代初期，威利・布蘭特（Willy Brandt）和赫爾穆特・施密特（Helmut Schmidt）在德國主導著政治。而義大利的五黨中有社會民主人士，卻是其中最腐敗的。由貝蒂諾・克拉克西帶領的社會黨最終在一九八〇年代中期執政，但在當時已經深陷義大利戰後政治的利益分贓和腐敗之中，無法正常運作。克拉克西是一九九三年「淨手運動」（Clean Hands）調查時最丟臉的政治人物（見十七章）。在這個已成為政治傳奇的事件中，克拉克西在離開曾與親信舉行奢華派對的飯店時，被人丟擲硬幣。後來，他逃到突尼西亞，七年後死在異鄉。

因此，在戰後大部分時間，選民只能在兩個基本上都是反競爭的意識形態中選擇：一邊是基督教民主；另一邊則是共產主義。這對後來造成很大的影響。

一九九〇年代初期，所謂第一共和的垮臺，是義大利近期經濟衰退的前奏（直到二〇〇〇年代初期，這才被認為是結構性而非週期性的問題）。義大利的根本問題是競爭力下滑，很多學者已經解釋並分析了這一個現象。然而，很少有人指出，義大利的資本主義特別缺乏競爭力。

西爾維奧・貝魯斯柯尼曾經是貝蒂諾・克拉克西的門徒。但一九九三年，他打著守護自由企業的聖騎士之姿，進軍政壇（很多人已經忘記，直到一九九〇年代初期，他的政治傾向是中間偏左而非中間偏右）。支持貝魯斯柯尼的幾位政治家、記者和知識分子，例如他第一任期內閣的發言人、浮誇的朱利亞諾・費拉拉（Giuliano Ferrara），在意識形態上都擁抱自由主義。

儘管貝魯斯柯尼長期以來說自己是自由主義者，實際上他並不是。如果他有任何可辨別的意識形態，那麼就是一種「民族資本主義」，也就是徹頭徹尾的保護主義。二〇〇八年，他打著不讓義大利航空落入法國人手中的政見，成功當選。然而，本能的保護主義在義大利肯定不是右派專屬的。就在前一年，當時中間偏左政府的總理羅馬諾・普羅迪，讓美國電信巨頭 AT&T 收購義大利電信的交易以破局收場。

在很大程度上，普羅迪和貝魯斯柯尼都只是反映大眾的觀點。媒體總是以失敗來形容外國公司對義大利公司的收購。義大利人不覺得外國公司能夠引進專有技術，也不覺得外資（直接投資公司而不是操作股票）可以刺激經濟成長。相關結果可以從經濟合作暨發展組織的數據中看出來。至二〇一二年底，義大利的直接對內投資（FDI），相對於國家經濟規模，在歐盟國家中只比希臘高。比義大利更晚開放經濟的葡萄牙和西班牙，直接對內投資是義大利的兩倍半到三倍。在瑞典和荷蘭，一般認為這些國家對外國技術的需求可能比義大利少，但其直接對內投資大約是義大利的四倍。

為了鼓勵跨國投資，經濟合作暨發展組織有所謂的「名譽表」，也就是以直接對內投資上的法規限制指數（Regulatory restrictiveness Index），來衡量各國對外國直接投資者施加的法定限制。有趣的是，義大利的得分非常好，而且事實上，比瑞典、丹麥或英國都還要好。因此，要不是義大利人以不太明顯的方式阻礙外來人士，就是外國人不願將資金投入一個從潛在投資者的角度來看，存在明顯缺陷的國家。

年復一年，義大利在世界銀行的經商便利度（EoDB）報告中，排名不斷滑落。在二〇一二年，義大利在一百八十五個國家和地區的名單中，跌至第七十三名，落後羅馬尼亞一名，比亞塞拜然低了六名。在西非的多哥共和國（Togo），要透過法律執行一紙契約，比在義大利容易（部分原因是義大利法院很會拖延）。在義大利也比在印度更難接電。當然，還有普遍的貪腐和可能碰到組織犯罪集團的危險。

幾年前，我在一位義大利律師的辦公室裡時，他的電話響起。他有點煩躁地接了電話，說他明明已經說了自己不要被打擾。電話另一頭是一個女人興奮地說著。這位律師的表情變得愈來愈嚴肅，然後他說他會到另一個房間繼續講。大約五分鐘後他回來了。

他沒有提供任何關於該公司身分或國籍的線索，他只說這位客戶是一家在義大利南部開了小工廠的外國公司。這家公司的老闆宣布，如果任何員工想與公司討論未來，歡迎直接進辦公室和他聊聊。不久之後，一名沒有專業技術的員工進來了。他說，他要升遷。外國老闆回答說很好，他喜歡有上進心的人。但這名年輕人想要什麼工作？

「你的位置。」年輕人回答後起身，二話不說地離開房間。

這位老闆嚇到了，趕緊向其他員工打聽，得知那名年輕人是當地黑幫老大的女婿。後來他終於知道這個年輕人在說什麼：如果公司付出慷慨的（或者更確切地說，高額的）遣散費，他就會離職。他讓公司自己想像，如果沒能談妥金額，會有什麼後果。後來，公司透過律師給了一個數字，經過一番討價還價後，得到了同意。但現在這名年輕人改變了主意，打電話說他還要再多一半。

• • •

對於想要在義大利經濟占有一席之地，並且避開直接投資的投資者來說，還有一個選擇是投入股票市場。但如果要追逐高利潤，那麼可能要先了解這個奇怪的市場。《金融時報》（*Financial Times*）曾經描述義大利的股票「幾乎可以肯定是任何大型西方經濟體中，最奇怪、最令人費解的商業文化」。①

問題的核心是一個獨特的義大利概念：股東協議。義大利大型投顧（通常是銀行或其他公司）聚集在一起，建立了對上市公司的控制權。他們很少需要多數股權，只要三分之一甚至四分之一的股份通常就夠了，因為任何持有較多股本的投資人有共識的機會並不大。這個系統的優點在於可提供管理者追求公司長期營運策略所需的穩定性。但如果協議成員之間存在利益衝突，也可能讓公司陷入癱瘓。

如果公司之間交叉持股，即由一家上市公司持有另一家上市公司的股份，那麼營運癱瘓的現象很常見。這同樣是義大利資本主義的特徵。多年來，米蘭投資銀行梅迪奧班卡（Mediobanca）及其低調的總裁恩里科・庫恰（Enrico Cuccia），是交叉持股錯綜複雜網絡的核心人物。神祕的庫恰的影響力觸及義大利資本主義的每一個角落，彷彿一切都發生在一間精緻的客廳（il salotto buono）。在這裡，工業巨頭與金融高層密會並達成交易，外人只能在走廊上不得其門而入。事實上，並沒有這樣的一間客廳，但如果對義大利工業和金融的控制集中在某個地方，那就會是梅迪奧班卡的辦公室。

里科・庫恰於二〇〇〇年去世，但直到十三年後，他的繼任者在歐元危機之後才決定，銀行觸角太廣，風險太大，所以將慢慢減少幾個主要持股。這可能標示著義大利商業中交叉持股文化的終結，但這需要一段時間，而且股東協議在之後一定會繼續存在。米蘭證券交易所交叉持股的上市公司數量正在下降，但速度緩慢。

還有一個像黑手黨一樣頑固地保護（並排外）的例子，不在金融和工業界，而是高等教育界。義大利的大學是社會供養關係（以及大量執業限制）的最後重要堡壘。大學的外籍外語講師（lettori）事件是最好的例子。當我一九九四年第一次以記者的身分來到義大利時，這已經是老生常談的事，但二十年過去了，情況還是沒有解決。

他們是非義大利籍的大學講師，用母語教授外語。早在一九八〇年代，這些外籍講師就開始遊說，希望爭取與義大利講師同樣的報酬和聘雇條件，但這意味著給他們終身契約。那些為他們爭取權利的人認為，大多數所謂的終身教授，最不想做的就是為一群可能挑戰義大利大學體制的外國人，提供就業保障。

一九九五年，面對歐盟執行委員會愈來愈大的壓力，當時的義大利政府修改了法律，重新認定這群外籍講師的職業類別：他們不是教師，而是技術人員。那些拒絕接受新身分的人被解雇（後來大多數人在法院的堅持下拿回工作）。

這個新的職業類別，代表這群外籍講師不得擔任命題人員，也不得閱卷，這些工作現在必須由義大利人來完成。但除了極少數情況，義大利老師的語言能力，不如這些實際在課堂上為應試學生授課的外籍講師。

自一九九〇年代中期以來，那些被解雇的人（或接受一九九五年條款，但保留對這些條款提出異議權利的人），一直在爭取他們認為應得的欠薪。畢竟之前，各方都承認他們是教師，不是技術人員。多年來，歐洲法院（ECJ）六次做出對他們有利的判決，接受了他們的論點，也就是義大利的處置構成基於國籍的歧視。羅馬政府曾多次修改法律，表面上是為了滿足歐洲法院的要求，但很少有外籍講師得到補償。二〇一〇年，義大利又頒布了一項新的法律，認定外籍講師向大學要求補償的起訴無效。大約有一半外籍講師遭到減薪；最慘的減薪幅度高達六十％。

所有這些都可以解釋為什麼義大利人有時候會對外國人聳聳肩，讓他們有點搞不清楚地說：「我們都有點像黑手黨。」西西里黑手黨的最後一位教父貝納多．普羅文札諾（Bernardo Provenzano），逃了四十三年，終於在二〇〇六年落網。當時，他那三十歲的兒子安傑羅．普羅文札諾（Angelo Provenzano）接受《共和報》記者採訪，曾說道：「黑手黨，來自黑手黨心態，不只有西西里才有。」

說黑手黨心態遍及義大利（而且社會每個地方都可以找到黑手黨心態的元素）是一回事。但是，為西西里黑手黨說情或辯護的人，常說黑手黨本身不過是一種態度，就完全是另一回事了。安傑羅．普羅文札諾稱其為「心理態度」和「沒有確定邊界的流動岩漿」，②這樣的說法有意或無意地呼應了多年來成功騙過政治人物、調查人員和公眾輿論的論點。

但事實是，西西里黑手黨和義大利其他組織犯罪集團的存在，遠不只是一種心態。他們的邊界一點都不流動。

註釋

1、梵蒂岡在一九〇四年撤銷了這項譴責，但這只是因為當時梵蒂岡認為社會主義才是更大的危險。

第十六章 ◇ 黑手黨

我們是黑手黨。其他人都只是普通人。我們是有節操的人。與其說這是因為我們發過誓，不如說我們是犯罪精英。我們比普通的罪犯優越得多。我們是最惡劣的一族。

——愛安東尼奧・卡爾德羅內（Antonino Calderone），《悔罪的黑手黨》（*Mafia pentito*），引自皮諾・阿拉奇（Pino Arlacchi）《恥辱的人：西西里黑手黨內部祕辛》（*Gli uomini del disonore*），一九九二

這可能會讓人感到意外，特別是那些看過電影《娥摩拉罪惡之城》（*Gomorrah*），或是讀過羅貝多・薩維亞諾原著的人，①但義大利的犯罪率並不是特別高。每個國家對於犯罪率的定義不同，所以大家都知道犯罪率很難比較。無論如何，犯罪率顯示的不是真實的犯罪量，畢竟這是不可知的。犯罪率顯示的是通報犯罪的多寡，這取決於每個國家的人民是否願意報警。重要的是，在義大利國內，各地之間存在相當大的差異。不過，大多數的犯罪總體比率，仍遠低於其他同等規模的歐洲國家。歐盟執行委員會整理的數據顯示，二〇〇九年，義大利搶案數量不到法國的一半，而暴力犯罪的數量僅為英國的八分之一。

不出所料，當外國人一聽到義大利就想到黑手黨時，義大利人會很生氣。在一九七七年，德國新聞雜誌《明鏡週刊》（*Der Spiegel*）的封面，是一盤義大利麵，上面放了一把手槍。這個封面從未被遺忘。即使在今天，每當有人認為某個外國記者用成見報導義大利，就會提出這個冒犯人的封面，當作外國人有嚴重偏見的證據。

那些抱怨的人還說，組織犯罪在其他地方也有。我們已經提到，日本有黑道。近年來，俄羅斯、土耳其、阿爾巴尼亞和拉丁美洲的黑幫，從國內勢力變成跨國組織。就在筆者開始撰寫本章的前幾個星期，西班牙的《國家報》（*El País*）發表了一份官方報告，顯示警方在去年調查了四百八十二個在西班牙活動的組織犯罪集團，其中大部分來自別的國家。

義大利人也沒有發明組織犯罪這個概念，日本黑道可能比義大利最古老的黑手黨「卡莫拉」（Camorra，在那不勒斯及周邊地區活動），早了大約一百年。此外，有證據顯示，義大利的組織犯罪甚至不是從義大利發跡的。當義大利南部被西班牙統治時，組織犯罪從西班牙傳入，不過，它在隨後的幾個世紀從西班牙消失，但在義大利卻蓬勃發展，變成了不同於組織犯罪的集團，所做的事也不只有組織犯罪。

義大利有三個主要的犯罪集團：卡莫拉、西西里黑手黨（第一個被叫做黑手黨〔mafias〕的組織），[1]以及卡拉布里亞的光榮會。在普利亞大區還有規模小得多的聖冠聯盟（Sacra Corona Unita）。[2]所有這些團體，至少有四個特徵讓它們有別於普通犯罪集團，也和義大利犯罪團夥不一樣。

第一，就像日本黑道一樣，他們是祕密社團。一九八〇年代，有一個名為「馬利亞納團」（Banda della Magliana）的幫派在羅馬活躍，但這不是一個祕密組織，並沒有像西西里黑手黨一樣，成員入會時要手持點燃的聖母瑪利亞像，也沒有像光榮會一樣模仿天主教會設置等級和儀式。

義大利四大黑手黨的第二個共同特點，是他們的成員都覺得自己不只是一個幫派。大多數成員在日常運作中，基本上都可以自主活動，但皆屬於更大組織的一部分，偶爾有階級劃分。

以西西里黑手黨來說，最小的組織叫 cosca（一個很傳神的詞，在西西里語中，指的是朝鮮薊的頭部，其葉子密集重疊的地方）。接著，有 mandamento，由幾個（通常是三個）相鄰的 cosche（註：cosca 的複數形）組成。每個 mandamento 都會派一名代表到省委員會（commissione provinciale，至少在媒體看來，在巴勒莫省的委員會被稱為「圓頂」）。西西里黑手黨活躍在島上的六個省，各省委員會會選擇一名代表派往區域委員會。[3] 根據大多數「悔罪者」（認罪協商的前黑手黨員）的說詞，這就是組織原先的架構。但是，由於警察行動或內部衝突，這個架構似乎曾有分崩離析的時期。

需要強調的另一點是，西西里黑手黨的階級制度從來就不是真正的指揮結構。據了解，委員會之所以存在（如果它們確實存在）是為了協商並解決各幫派之間的爭議，以及針對整個組織的共同規則達成一致。他們通常不會指示特定的行動。但也有例外。其中之一是一九九二年，巴勒莫省委員會決定暗殺兩名反黑手黨檢察官：喬凡尼・法科內和帕歐羅・博爾塞利諾（Paolo Borsellino）。這是為了報復一九八六年到一九八七年的「大審判」（Maxi Trial）。那時，這兩位檢察官首次成功說服法庭，西西里黑手黨有階級，因此黑手黨高層不用親自動手，有權力教唆手下，因此應該被判有罪。所以，這兩位檢察官的慘死其實很諷刺，證明了黑手黨老大真的不用自己動手。

很長一段時間，光榮會內部情形不詳。大家只知道，早在一九五〇年代，就有一場每年舉行一次的最高會議，被稱為 'ndrine 的各小組首領，會聚集在聖盧卡村（San Luca）及附近，前往波爾西聖母（Our Lady of Polsi）聖殿朝聖。該集會被當地稱為「罪」（crimini）。但在二〇〇〇年代初期，調查人員發現，卡拉布里亞最大的省份雷焦卡拉布里亞的光榮會，創造了一個類似西西里黑手黨的制度。成員之間的談話錄音，顯示這個制度被稱為「省」（provincia）。舊的方式或許已被放棄。但在二〇一〇年，另一項調查確定該聚會仍然存在。多明尼戈·奧佩迪薩諾（Domenico Oppedisano）是一名八十歲的男子，警方一開始根本不知道他是誰。他顯然是一個身無分文的農民，過著平靜的生活，但後來被指認為該聚會的主席。他被捕之後，受審並被判處十年徒刑。

卡莫拉比較少階級，氏族之間的衝突也比較頻繁，但其成員仍然認為他們是群體的一部分。他們把這個群體自稱為「系統」（sistema）。

那不勒斯和坎帕尼亞周邊地區的黑幫，雖然規模較小，但他們跟西西里黑手黨和光榮會一樣，尋找著政治「掩護」。這就是它們和普通罪犯第三個不一樣的地方：黑手黨一直尋找可以合作的政治人物，你幫我擺平什麼，我就幫你當選。但這也不是義大利黑手黨顛覆當局的唯一手段。義大利組織犯罪集團的另一個顯著特徵，就是他們不斷想要（而且往往成功）取代政府。每位老大都想「控制領土」（controllo del territorio）。理想情況下，他的地盤不會有他不同意的事發生，住在那裡的人應該把他看作命運的最終仲裁者。如果家裡遭小偷，如果兒子或女兒需要一份工作，如果家裡的下水管要修，他們應該求助於老大，而不是當地政府。

⋯

一位在一九五〇年代後期的社會學家，很可能會下這樣的結論：義大利黑手黨終將失敗。西西里黑手黨和光榮會本質上仍然只在鄉下，既然有大量人口從農村搬到城鎮，那麼這些黑手黨的勢力就會減弱。然而，在半個多世紀後，可以看出事情並非如此。負責打擊黑手黨的前國家檢察官彼得羅・格拉索（Pietro Grasso）表示：「幾十年來的調查清楚顯示，在義大利，黑手黨占了社會、政治和商業世界很大一部分。」[4]

然而，黑手黨的活動範圍究竟有多大，仍不清楚。每一年，都有義大利智庫和研究給出讓大家震驚不已的數據，證明組織犯罪是義大利國內最大的產業，或者其犯罪活動占了很高的國內生產毛額。這些新聞稿都有爆點，所以在國內和國際媒體都會被報導，但是很少有人問那些研究人員，他們怎麼得出這些估計。近年來的共識是，組織犯罪占了國家產值將近九％（儘管有一項估計說已遠遠超過十％）。然而，二〇一三年，米蘭天主教大學和特倫托大學的研究人員，提出了一項挑戰既定觀念的研究。他們得出的數據約占國內生產毛額一・二％到二・二％之間。②

不管怎麼說，義大利黑手黨對這個國家的生活影響甚劇。光是卡莫拉就有一百多個幫派，不過黑手黨旗下幫派數量的數據，可能跟它們收入的數據一樣不可靠。大多數估計總數超過兩萬人。店主協會 Confesercenti 聲稱，大約有十六萬家零售商交保護費（義大利文是 pizzo）。在傳統上與黑手黨有關的地區，勒索情形從西西里島的七十％到普利亞大區的三十％不等。或許更令人驚訝的是，羅馬所在的拉吉歐大區，估計有十分之一的零售店也支付保護費。倫巴底和皮埃蒙特大約有二十分之一的商店也這麼做。

至少，幫派在西西里島面臨困境。毒品市場從海洛因轉向古柯鹼，讓主要參與海洛因交易的西西里黑手黨大受影響；在義大利，過去和現在把持古柯鹼交易的，都是光榮會。貝納多．普羅文札諾在二〇〇六年被捕時，是十三年來第三次抓到教父。在那之後，警方逮捕了一批次級成員，至少暫時讓該組織群龍無首。西西里黑手黨的回應是，努力保持低調，同時繼續在巴勒莫和西西里西部收取保護費。

因為西西里黑手黨與大西洋對岸的連結；因為《教父》的小說和電影；也因為名字就叫「黑手黨」，西西里黑手黨比其他義大利的組織犯罪集團都更有名，而且相關報導也更多。當大家著迷於西西里黑手黨的傳說時，都沒注意到從一九九〇年代開始，卡莫拉和光榮會的勢力愈來愈大。我在羅貝多．薩維亞諾到處躲藏時，採訪了他兩次。他之所以撰寫《娥摩拉罪惡之城》，其中一個原因是他覺得國內外沒有人關心「斯巴達大審判」（Processo

Spartacus），它跟一九八〇年代的「大審判」不相上下，一共有數百名卡莫拉成員受審，主要是卡薩萊西（Casalesi）家族的人，在那不勒斯西北部的卡薩爾迪普林西佩（Casal di Principe）活動。相關審判持續了七年，但全國媒體沒人重視。

薩維亞諾的書，成功讓國內外注意到卡莫拉構成的威脅，但他也付出了高昂的代價。卡薩萊西家族持續追殺薩維亞諾，所以他仍然生活在警察的保護下。

與卡莫拉不同，光榮會仍然沒有完全曝光，默默地變成警察和檢察官口中義大利最富有的犯罪集團。在一九七〇年代，光榮會中的幾個家族，藉由綁架富商，把他們帶到阿斯普羅蒙特山（卡拉布里亞南部的岩質高地）的荒野，要求贖金，積累了可觀的財富。其中一個受害者是石油大亨的孫子約翰．保羅．蓋提三世（John Paul Getty III）。光榮會將這些從綁架勒索中獲得的現金，轉投資於毒品。光榮會是義大利第一個與哥倫比亞古柯鹼商建立牢固聯繫的組織。從那之後，他們把持了歐洲進口古柯鹼的市場。據傳，最近他們也和墨西哥古柯鹼商開始合作。

這對卡拉布里亞地區當然沒什麼好處。卡拉布里亞和坎帕尼亞是義大利最貧窮的地區，但這個義大利的「腳趾」還經歷了一個坎帕尼亞沒有的事情，也就是在那裡工作的神父所稱的「索馬利亞化」（Somali-ization）。卡拉布里亞的大部分地區，實際上都不受義大利政府的管轄。任何來到這裡又會義大利文的人，都會不禁對犯罪的數量感到震驚。這些犯罪顯然與光榮會有關，當地媒體會報導，但義大利其他地方卻什麼都不知道。近年來，卡拉布里亞的兇殺案高出全國平均三倍，甚至比坎帕尼亞還高。

毒品交易讓這三個黑手黨組織賺大錢，幫助它們在國內外擴張。早在一九六〇年，西西里小說家李奧納多・夏夏（Leonardo Sciascia）的作品裡，其中一位角色就說：

也許整個義大利正在變成某種西西里。科學家說，棕櫚樹線，也就是適合棕櫚樹生長的氣候，正在向北移動，我記得好像是每年五百公尺吧。棕櫚樹線，我會叫它咖啡線，又粗又黑的咖啡線，像溫度計的水銀那樣上升，這條棕櫚樹線，這條粗大的咖啡線，這條醜聞線，在整個義大利一直往北，已經過了羅馬。③

這是一個非常有先見之明的段落，因為那時候西西里黑手黨和其他黑手黨在國內尚未茁壯。人民從南到北的遷徙造成了一定的影響，但更重要的是一九五六年通過的一項充滿善意但完全錯誤的法律，它規定犯罪嫌疑人或有罪的暴徒不得回到家鄉，需要搬到北部，每天有宵禁。這個規定叫「強制安置」（soggiorno obbligato）。根據一項估計，在一九七五年，大約有一千三百名西西里黑手黨、卡莫拉、光榮會的成員，定居在離義大利工業和金融中心不遠的地方。④

然而，直到最近，義大利還普遍認為黑手黨是一個南部才有的現象。北部人認為自己比來自南部的同胞高出幾級，生氣地否認組織犯罪是他們生活中的一部分。但這個神話在二〇一〇年被徹底打破。當時警方獲得光榮會在米蘭及其周遭活動的大量證據，進行了一波搜捕。最引人注目的證據，是一支國家憲兵隊偷拍的影片，光榮會大老在米蘭附近舉辦餐會。他們選擇的地點，是一個以反黑手黨檢察官喬凡尼·法科內和帕歐羅·博爾塞利諾命名的左派社交中心。事實上，幾年前，有一名記者和一名檢察官合作寫了一本書，指出有證據顯示，光榮會的活動幾乎滲透了義大利每個角落，遠至阿爾卑斯山的奧斯塔谷。⑤

⁂

但是，為什麼光榮會和其他黑手黨在義大利興起，而不是在西班牙、葡萄牙或希臘等其他國家？有什麼特別的原因嗎？最早的黑手黨被認為是受雇的武裝警衛（campieri），是來保護新興佃農階級（gabelloti）的土地和利益的人。但這些農村的警衛很快就知道他們還可以扮演什麼樣的角色。

與義大利其他地區一樣，當時的西西里有一個緩慢且貪腐的司法系統。更重要的是，前面描述的不信任情況至少跟半島上一樣糟糕，而且可能更糟（見第十三章）。這就是黑手黨可以發展勢力的地方。不需要明顯的暴力，他們可以藉由威脅來簽約。如果一個農民明明答應要賣給鄰居一匹馬，卻送來一頭騾子，那麼接下來黑手黨的成員（uomo d'onore）[5]和同夥的到訪，會讓這個農民永遠不會忘記。

西西里島的人民一直以來都很難達成協議。在知名社會學者狄亞哥·干貝塔（Diego Gambetta）關於黑手黨的重要著作裡，⑥他觀察到，直到一九九一年，巴勒莫才有以無線電調度的計程車服務，是義大利最後一個有這項服務的城市。在可以精確定位車輛所在位置的衛星導航到來之前，很容易作弊。干貝塔說：「乙司機可以先讓甲司機接，然後報一個比甲司機更短的接送時間。」這正是在巴勒莫一次又一次發生的事情。

但是，如果像狄亞哥·甘貝塔所說的那樣，巴勒莫的計程車司機比義大利其他地方的同業不誠實，那麼真正有趣的問題是，為什麼無法像在那不勒斯和米蘭那樣解決問題？在那裡，如果一名司機懷疑另一名司機作弊，他可以前往接送地址，如果他先到，就可以要乘客上車。一直作弊的司機會被舉報，以斷線處理。因此，這意味著巴勒莫的某些司機享有黑手黨的保護，可以不受懲罰地作弊。西西里黑手黨的仲裁並不一定公平，但絕對令人生畏，就像之前說的那樣。

黑手黨在歷史上總是擔任中間調解人的角色，但這也無法解釋為什麼其組織可以延續並發展下去。另一種理論則說，黑手黨與義大利王國幾乎同時出現。官方文件第一次提到這個詞是在一八六五年。對此，最簡單也最方便的解釋是：組織犯罪在南部盛行，是因為那裡的家庭和家族意識又比國內其他地方強烈。所以，剛成立的國家還不足以控制它。但還有另一種看法，就是把組織犯罪看作是對統一的反應。統一運動大多是由北部人推動，而正是北部人（尤其是皮埃蒙特人）將統一運動貫徹並實現。此後，皮埃蒙特人控制了政府。被派去南部對付強盜的武裝部隊，也是皮埃蒙特人。與此同時，那不勒斯失去了首都的地位，成為了一個地區城市，也不在交通要道上，經由此處只能前往西西里或北非。對於南部許多人來說，這整個過程不像統一，比較像是殖民。[6]

註釋

1、編註：在義大利，這類組織都被稱為 mafias，即黑手黨。

2、在一九九〇年代初期，光榮會幫助創建了 Basilischi 這個組織，裡面包含光榮會成員和巴西利卡塔地區的小幫派。警方針對這個「第五個黑手黨」積極掃蕩。該組織構成的威脅被認為已經消退，但並未消失。

3、美西納（Messina）、拉古薩（Regusa）和錫拉庫薩（Siracusa）等地，基本上沒有黑手黨。

4、二〇一三年，彼得羅・格拉索從政並成為參議院議長。

5、uomo d'onore：直譯為「榮譽的男人」，但這裡的 onore 並不能翻成「榮譽」，意思比較接近「尊重」。

6、這幾十年來，持歷史修正主義的學者認為，因為義大利歷史一直以來皆以北部人的角度檢視，南部的歷史已經被扭曲。有一些人強調，部分由波旁王朝掌控的地區原本相對繁榮，但統一後也被邊緣化。

第十七章 ◇ 誘惑與賄賂

我們沒有擊潰那些貪腐的人。我們只有看清楚他們是什麼樣的人。

——檢察官皮卡米洛・達維哥（Piercamillo Davigo），在「淨手運動」中調查一九九〇年代初期「賄賂之都」（Tangentopoli）政商醜聞

早在一九二〇年代，朱塞佩·普雷佐里尼就表達了一種直到最近才變得不流行的觀點。「義大利人的所有主要缺點，」他寫道，並把貪腐列為其中之一，「都是因為義大利很窮。這就像很多村落之所以骯髒，是因為缺水。只要有真金白銀和乾淨的水，義大利就會得到救贖。」①

這是我經常聽到的關於地中海其他國家的觀點：貪腐只是經濟問題，或者更確切地說，是貧窮的問題。在西班牙或葡萄牙加入歐洲共同體之前，其他國家的外交官和來訪的記者，經常斷言：一旦這兩國加入歐洲共同體，就會變得富有，而只要人民變得有錢，他們的生活方式就會變得跟西歐和北歐人一模一樣。但是，至少在義大利的情況下，時間已經表明，貪腐與財富之間的關係，或者更確切地說，貪腐與貧窮的關係，並不像想像中那麼簡單。

舉例來說，一九八〇年代，義大利經濟快速成長。前文提過，當時人們甚至覺得，義大利到了二十世紀末會比英國有錢。然而，後來在「淨手運動」進行調查時發現，正是在那些年，貪瀆浪潮達到了巔峰。米蘭的檢察官發現（或者更確切地說，第一次在法庭上公開呈現），這無疑是一個根深柢固的賄賂系統，它被稱為「賄賂之都」，而且整個戰後的政治秩序都深陷其中。從本質上來講，提供給公共部門的所有東西，從機場到療養院給老人用的餐巾紙，價格都被哄抬。中間的價差就變成賄賂（tangente），進到了能夠決定契約要給誰的政黨口袋裡。在大多數情況下，現金被拿來維持這些政黨及它們與企業之間的供養關係，但其中一些卻被不道德的政治人物牢牢抓住。

米蘭檢察官的掃蕩似乎產生了效果。每年，非政府組織「國際透明」（Transparent International）透過專門管理及分析經商環境的獨立機構，評比各國政治人物及官員的貪腐程度，並製作一份排名。排名愈高，該國公部門就愈清廉。二〇〇一年，義大利的排名攀升至第二十九名，只落後法國六位，但隨後暴跌。到了二〇一二年，義大利跌到第七十名，落後法國五十名。排名高於義大利的國家，包括賴索托、喬治亞和烏拉圭。義大利僅領先保加利亞三名，落後羅馬尼亞六名。這非常諷刺，因為羅馬尼亞和保加利亞一樣，被排除在歐盟的免護照申根區之外的主要原因，是那裡的貪腐程度。

義大利政府的貪腐情況或許真的嚴重，但我不得不說，我懷疑義大利是否真的那麼腐敗。各種聽聞，以及有數據而非感覺的評估，都認為羅馬尼亞仍然比義大利存在更多骯髒事。就其本身而言，對於一個富裕的國家和八大工業國組織（G8）成員來說，這沒有什麼值得驕傲，尤其是其他衡量貪腐的調查都給了義大利相當糟糕的分數。在世界銀行二〇一二年對貪腐管控的評估中，分數在正負二．五之間，而義大利在零分以下，西班牙和法國都超過一，羅馬尼亞是負〇．二。世界經濟論壇的評分從一分到七分，在「付款不規律及賄賂」這項，給了義大利三．九分，比羅馬尼亞好一些，但比西班牙或法國更差。最近一項研究調查了二〇〇〇年到二〇〇六年，歐盟結構性基金在不同國家的處理方式，發現義大利有近三十%的案例被懷疑或證實存在詐欺，在研究的七個國家中比例最高。②

那麼，為什麼義大利有這麼多的貪汙情況？義大利國內經常提出的一種理論是，義大利是一個相對年輕的國家。根據這種觀點，義大利人對國家的忠誠度低，以至於他們對整個社會的認同感薄弱，因此有可能沉迷於逃稅和收受賄賂等活動，對個人有利，但傷及公平原則，也損害整體社群的福祉。但是，德國呢？德國的統一也發生在十九世紀，幾乎與義大利同時。而且，可以說，由於人口中天主教徒和新教徒之間的分裂，以及冷戰期間東西方的分離，德國在本質上更加分裂。德國當然不是沒有貪汙，但貪腐問題不像義大利那樣嚴重。

另一種觀點認為，這一切都源於家庭。絕對沒錯，某些形式的貪腐可以直接追溯到義大利緊密的家庭關係。但近年來，義大利和其他家庭關係也很牢固的南歐國家，在貪腐程度上出現了相當大的差距。在我撰寫本書時，國際透明組織發布的最新調查顯示，義大利落後葡萄牙三十九名，落後西班牙四十二名，而這兩個國家都比義大利更窮，也比較晚才享有民主。

這樣看來，為什麼有些國家比其他國家更腐敗，答案似乎必須考慮更廣泛的社會、文化和政治因素。義大利仍然缺乏彈性的行政體制肯定是原因之一，因為官員收受賄賂後，就會幫忙修改一下規則。另外，與西班牙或葡萄牙相比，在義大利社會，最重大的交易往往受到社會上最有權勢的少數人把持操作。義大利的經濟發展晚於西歐其他大國（儘管比西班牙或葡萄牙早）。直到第二次世界大戰結束時，仍然是一個以農村和農業為主的社會，其中的許多特徵都保留了下來。儘管擁有高速火車和炫目的電視節目，但現今的義大利在某些方面，仍會讓人想起十八世紀末作家珍・奧斯汀（Jane Austen）筆下的英格蘭，或十九世紀作家埃米爾・左拉（Émile Zola）筆下的法國。在這個國家，若想要高人一等，與其說是靠天賦，不如說是靠家庭在社會中的地位和（或）強大金主的支持。

更難以解釋的是，義大利對貪腐的普遍容忍。歐元區的危機也暴露了西班牙的大量貪汙，但任何在兩國之間來往的人都會注意到，西班牙政治人物的不當行為，在他們的同胞中引起的憤怒，並不會在義大利看到。許多義大利人的反應是聳聳肩，然後說反正他們也不期待什麼。有時，評論會更誇張。

在一九九〇年代，我和妻子第一次來到義大利後不久，受邀參加一場聚會。我和一位三十多歲的女人聊了起來。在此期間，我一定表達了對某個政治人物的厭惡。

「為什麼你不喜歡他？」她不滿地問。

「因為他是個騙子。」我說。

「但我不要我的政治人物誠實。」她回答說：「如果他們誠實，那就代表他們很笨。我希望我的國家是由小聰明的人在管。」

在那場飯局前不久，有一名記者實測某一群人對貪腐的態度。這一群人是大家以為可能會普遍譴責貪腐的人，所以這個測試後來相當著名。那時，米蘭「淨手運動」的檢察官正努力工作著，涉及貪汙的醜聞幾乎每天曝光。這名記者到義大利各地政商常上的教堂，他自稱是一位基督教民主黨重要政治人物的祕書。他進到告解室，告訴神父，多年來他一直要求並接受非法黨派捐款，並利用政府合約當作交易籌碼。除了一位神父，沒有人要他好好懺悔。③

這位記者的經歷觸及了一個重點：無論哪一國人，大家都會盡其所能地逃脫懲罰。我沒有證據證明，美國的義大利移民，比北歐、非洲或拉丁美洲移民更會貪。但當他們去到美國時，都會發現美國有嚴格且有效的嚇阻措施。

在義大利，對貪腐的法律制裁要弱得多，在某些情況下則明顯不夠，例如，禁止政治人物和組織犯罪分子之間的選票交易。雖然刑法禁止支付費用給黑手黨以換取選舉支持的保證，但選票很少是用金錢購買的。通常，候選人會承諾將提供好處、公務機密或獲得利潤豐厚合約的管道，而法律並沒有將其定為非法（如果被查到在之後提供好處，當然是非法的）。

是否以法律制裁牽扯了另一個棘手的問題：什麼構成貪腐，什麼不構成貪腐。例如，義大利人經常以英國和美國的遊說為例，說明文化之間可接受的界限是不一樣的。這個論點毫無疑問有其道理，在其他一些已開發國家，有些活動是完全合法的，但會讓你在義大利被關進監獄。出於同樣的邏輯，義大利的一些做法雖然被許多人視為應受譴責，但實際上並未被定義為貪汙。

corruzione 這個詞經常被使用，尤其是在法庭上，它的意思比英文中的 corruption（貪腐）及其他語文的同義詞要窄得多。corruzione 在法律定義上，是英文中所說的 bribery（賄賂）。其他一些廣義上會被視為貪腐的活動，在義大利法律下是不一樣的罪名。例如，如果一個公職人員強迫某人為特別服務支付費用，無論是現金還是實物，此舉被稱為 concussione；挪用公共資金被稱為 peculato；利用公職對他人造成損害，則被稱為 prevaricazione。

靠關係（nepotismo）並不違法，這個字的意涵包括給親戚工作。這個詞的義大利文 nepotismo，源自拉丁文 nepos（侄子），[1] 起源於中世紀義大利，靈感來自於一些資深天主教主教（甚至一些教宗）的「侄子」（實際上是私生子）得到的特權和掛名的好處。

靠關係的情況並不僅限於義大利會發生，但在義大利很普遍。近幾年最公開的案件涉及北方聯盟的創始人翁貝托·博西，他在一九八〇年代發起了這個政黨，憑著人民對他所稱的「羅馬賊」（Roma Ladrona）的腐敗與日俱增的反感，趁著勢頭而起。北方聯盟打出的口號是，誠實和勤奮的倫巴底人、威尼托人和皮埃蒙特人，有權保留自己的財富，否則這些財富只會被首都無藥可救的政治人物揮霍或偷走。

這樣崇高的道德標準，並沒有讓博西阻止兒子參選，他的兒子倫佐·博西（Renzo Bossi）在二十一歲時，被提名為倫巴底大區議會的候選人。如果倫佐·博西是一位政治和知識分子，那麼他身為北方聯盟候選人保證當選的位置，或許可以理解。但是，年輕的倫佐·博西被父親取了一個不幸的綽號「鱒魚」（il trota），甚至連高中畢業證書都沒有，直到當選的幾個月前，他終於在第四次嘗試後通過規定的考試。倫佐·博西入主義大利最大的大區議會，該區包括商業首都米蘭。兩年後，倫佐·博西由於博西家族涉嫌濫用公共資金的醜聞而辭職，政治生涯戛然而止。

雖然靠關係經常出現在義大利政治的評論和報導中，但關於「給好處」（favouritism）

卻少有人提及。例如，幾十年來，左派地方當局一直確保各種公家業務都是由具有共產主義色彩的合作社承接，但這種徹底私通、不公正和反競爭的關係，被廣泛接受。每隔一段時間，右派政治人物就會將此當作證據，反對把義大利所有具爭議性的行為，都推到西爾維奧·貝魯斯柯尼及其追隨者的頭上。但似乎沒有人在乎。

更沒有爭議的是利益交換。這是義大利生活的核心；我想，這也是很多貪腐的根源。幾年前，一個社會研究機構進行了一項調查，以了解義大利人向同胞尋求幫助的頻率。[4]研究發現在過去的三個月裡，近三分之二的人向親戚求助；超過六十％向朋友求助，超過三分之一向同事求助。如果這些援助是在不期望回報的情況下給予的，就不會有問題，但義大利有一個根深柢固的傳統可以追溯到古典時期：「一件好事遲早應該用另一件好事來回報」。古羅馬詩人尤維納利斯（Decimus Junius Juvenalis，英文為 Juvenal）寫道：「羅馬的一切都是有代價的。」這句話在今天仍然有效。

當利益交換的文化，與「給好處」和「靠關係」混合時，就變成「推薦」（raccomandazione），也稱為 spintarella（註：直譯為輕推），以及其他各種聽起來更天真的名字，例如 indicazione（註：直譯為指示）或 segnalazione（註：直譯為報告）。從最廣泛的意義上來講，「推薦」代表任何一個人幫第三方對另一個人進行各種干預。有一些或多或少無害的例子，例如，市長打電話給當地的車庫，以確保剛到鎮上的朋友的兒子，能以合理的價格獲得良好的服務。相對之下，不那麼無害的例子可能是，有影響力的人代表其親屬、同事或客戶進行干預，讓他們在醫院候診名單的排序前面一些，或優先入住公宅。

這樣看來，「推薦」無處不在，以至於政治人物有時會公開承認自己做過，甚至在最高法院的判決中得到了認可，儘管有些勉強。法官宣稱：「『推薦』已經深植於當今社會的習俗，以至於在大多數人看來是不可或缺的，這不僅是為了獲得自己有權利獲得的東西，也想要讓沒有效率的公共服務，變得至少可以接受。」

從狹義和更常用的意義上說，「推薦」代表幫別人找工作。曾經有一段時間，這也不算犯罪。事實上，可以說，直到一九六〇年代，「推薦」制度使得勞動市場出現流動，讓義大利成為一個比較公平、適才適用的社會。一般情況下，決定要到其他地方尋找工作的村民，會向教區神父或村長要一份「推薦」，以便提供給潛在雇主。上面通常會說：此人品行良好，沒有犯罪紀錄，可能還會添加其他一些細節；這就是今天所說的推薦信。在某些情況下，神父或村長會把「推薦」寫給他覺得自己可以影響的人。但在大多數情況下，神父或村長唯一的權利是拒絕，他們可以出於惡意或覺得那個人不值得推薦，拒絕為他提供「推薦」。

隨著政黨逐漸成為義大利社會最強大的組織，政治人物成為提供「推薦」的角色。現在，工作和求職者主要都在城市，基督教民主黨的大人物取代了教區神父，成為了誰值得或不值得被聘用的關鍵仲裁者。甚至，有些大人物的助理，其唯一任務就是整理「推薦」的請求，並決定哪些是否放行。前總理朱利奧・安德烈奧蒂的跟班法蘭柯・伊凡捷利斯帝（Franco Evangelisti），就是這類幫老闆決定要幫誰的傳奇人物代表。

但伊凡捷利斯帝和其他同類的人所用的標準，跟以前神父或村長所用的大不相同。獲得就業的關鍵條件，不再是道德上的正直或沒有犯罪紀錄，而是對特定一派的忠誠。更重要的是，政治人物或其助手要對有能力提供職缺或拿出好處的人，具有壓倒性的影響力。這是以前的農村神父和警察局長沒有的東西。

「淨手運動」大大遏制了政黨的力量，但政治人物繼續以「推薦」的形式提供恩惠，許多集團也是如此。近年來的各種調查得出的結論是，多達一半的義大利人是因為「推薦」而找到工作。官方資助的義大利勞工職業培訓發展研究所（Isfol）詳細調查後發現，⑤三十九％的受訪者，透過某種關係找到工作，像是親戚、朋友、熟人或公司在職員工。另外有二十％是公部門的公開應聘。但民意調查最顯著的結果，竟然是很少有義大利人使用在其他社會被視為正常的招聘管道，也就是只有十六％的人透過寄出履歷表而找到了工作，而只有三%的人是看了媒體上的徵才廣告。

幾年前，《快訊週刊》發現義大利郵政為「推薦」保存了一個專用的資料庫，其中包含提供「推薦」的人和「推薦」要給的對象，後者的名單中有一位梵蒂岡紅衣主教。

「推薦」在本質上並不公平，因為這會讓真正有能力的人沒辦法出頭，而且讓整體社會士氣低落。我認識一些義大利人，他們在現職努力工作，結果卻被得到「推薦」的人趕上，或者在某些情況下被取代。例如，我的一位熟人就是因為新任執行長的情婦的一句話而被解雇了。

「推薦」意味著有人即便資格不符也能拿到工作；「推薦」也造成簽約的對象不是最適合的那家公司。同時，這也阻礙了外國投資，鼓勵貪腐。當某個人要求不正當甚至可能非法的好處時，那個靠他施捨才能謀生的人是無法拒絕的。

貪腐還阻礙了經濟發展，讓義大利人少賺了不少，這一點是那些覺得貪汙沒什麼的義大利人所忽略的。舉一個例子。賄賂的成本經常被添加到政府合約中，使得國家必須以稅收的形式來填補這麼多的額外支出。這反過來又會減少人民可支配的收入，降低消費，減少需求，進而限制成長。貪腐防礙了競爭，降低了經濟的效率和生產力。

評估貪汙的成本，是一項比進行國際比較更危險的調查。根據義大利國家主計處最新估計，貪腐給義大利造成的損失，足以支付其巨額公共債務的利息。諷刺的是，之所以有這麼多債務的部分原因是政府過度支出，而政府的過度支出又是因為要把賄賂的成本計算進去。

國際透明組織認為，二〇〇〇年代義大利相對於其他國家，貪腐之所以愈來愈嚴重，有三種可能的解釋。一是其他國家的貪腐逐漸減少，但義大利保持不變。第二種解釋則反轉並延伸了第一種解釋，是義大利有所改善，但世界其他地方改善更多。最後一種解釋是，義大利有可能在這幾年貪腐真的愈來愈嚴重。不幸的是，我們有理由認為最後一種解釋可能是正確的。

值得注意的是，義大利原本在國際透明組織提出的排行榜上慢慢爬升，但在西爾維奧・貝魯斯柯尼當選並開啟十年的統治後，排名就下滑了。他的執政無疑讓一切變了調。

不僅如此，在貝魯斯柯尼擔任總理期間，他不斷受審，接受調查。他涉嫌或被指控各式各樣商業上的罪行，包括賄賂法官（於二〇〇七年被判無罪）和逃稅（於二〇一三年被定罪）。當然，貝魯斯柯尼也時常說出一些大家覺得他沒什麼道德觀的話。有一次，國防公司芬梅卡尼卡（Finmeccanica）被指控以賄賂拿到印度官方的合約，貝魯斯柯尼的評論是：「如果義大利石油公司（ENI）、義大利國家電力公司（ENEL）或芬梅卡尼卡公司要賣東西給沒那麼民主的國家，當然會有一些條件。」

此外，在貝魯斯柯尼執政時，法律經過多次修改，讓法院更難起訴他或將他定罪。這些變化也讓涉及貪腐的普通義大利人，更難以被繩之以法。例如，二〇〇二年，他的政府將做假帳的最高刑期從五年減至兩年，並限縮得以判刑的情況，只有當涉及的金額超過公司資產的一％或利潤的五％，做假帳的人才會被送上法庭。也是在貝魯斯柯尼擔任總理時，國會以訴訟法有時效性為藉口，讓很多罪行，尤其是商業上的犯罪行為，「超時」無效。由於義大利司法系統的緩慢，這代表很多審理的案件在判決出爐之前，就已經過期了。

貝魯斯柯尼自己的一些案件，就是因為訴訟時效法規的變化而停止。這在義大利以外眾所皆知，但鮮為人知的是他這樣玩弄法律之後對整個社會的影響。二〇〇七年辭去檢察機關職務的前「淨手運動」檢察官之一格拉多．科隆博（Gherardo Colombo）表示，義大利正親眼目睹「貪腐的復興」。那時，許多針對商業犯罪的審判正在進行中，但所有相關人員都知道審理不會有結果。最後，這向義大利人傳達了一個訊息：大家可以在不擔心後果的情況下盡情地貪。

貝魯斯柯尼辯稱，是左派檢察官利用公權力想搞垮他，藉由法院來實現他的政治對手無法用選票達成的目標：讓他在義大利的公開場合消失。事實上，二十多年來，自從這位億萬富翁媒體老闆進入政界並開始表達這一主張以來，正義一直是這個國家生活中未解的議題。

註釋

1、拉丁文 nepos（侄子），這個字也可以表示「孫子」。義大利文中的 nipote 具有一樣的雙重含義。

第十八章 ◇ 赦免與正義

我想，「如果我們接受犯錯是人之常情，那正義不就是超人一般的殘忍嗎？」。

——路易吉・皮蘭德婁，《死了兩次的男人》

（*Il fu Mattia Pascal*），一九〇四

如果義大利有一個中心，那會是羅馬的威尼斯廣場。此處的一側隱約可見被外國人稱為「維克托伊曼紐爾二世紀念堂」（Victor Emanuel monument）的宏偉建築，但它真正的名字是「國家祭壇」（Altare della Patria）。你可能會問，除了在義大利，還有什麼地方會把世俗的紀念碑稱作祭壇？在祭壇的右邊，是一條穿過古羅馬廣場往義大利最知名旅遊景點「羅馬競技場」的道路；而在祭壇的左邊，是墨索里尼煽動群眾愛國熱情的陽臺。在巨大的白色大理石祭壇正對面，是義大利豐富歷史中鮮為人知的片段：拿破崙的母親瑪麗亞・萊蒂西亞・拉莫利諾（Maria Letizia Ramolino）在兒子被流放到聖赫勒拿島（St Helena）後，在這座波拿巴宮（Palazzo Bonaparte）度過了她的餘生。

「全部都在這裡。」一位同行的義大利記者一邊說，一邊沉思地透過波拿巴宮的一扇窗戶凝視著廣場。他拿著一袋洋芋片，時不時地伸手拿一片起來吃，等待隔壁那間辦公室的人員核銷他的經費。一開始，我以為他指的是從窗戶就可以看到的那些富有象徵意義的建築。

「不，我說的是人。」他說：「看，如果你想了解關於義大利的一切，全部都在你的眼前。」

那時候是冬季，幾乎沒有遊客。羅馬人重新占據了威尼斯廣場，場面一片混亂，甚至比盛夏時還要瘋狂。大家從各式各樣的角度走過廣場，完全無視於斑馬線的存在。機車、汽車、貨車和公車從這些行人身邊呼嘯而過，或是鑽來鑽去以避免撞上彼此。在那個寒冷的下午，在廣場周圍有一些是使用50cc引擎的微型汽車（macchinette），滿十四歲就可以在義大利開上路（或者因魯莽或醉酒而被吊銷駕照後可以開）。這些小車隨便一踩油門，就可以超過四十五公里的限速，引起的事故大約是普通汽車的兩倍。在一片混亂中，一名孤零零的警察站在一個凸起的基座上，試圖指揮交通。每隔一段時間，一名駕駛（通常是機車騎士）[1]會假裝沒注意到警察舉起的手，然後繼續騎到從廣場延伸出去的一條街道，引起附近其他警察大聲吹哨。機車騎士被叫到路邊後，很快就跟警察發生激烈的爭執，攤攤手表示無辜，然後用絕望的表情來顯示自己被誤會了。

我們觀察到的畫面，正是墨索里尼所想的。那時，墨索里尼坐在那個知名陽臺後面的辦公室，有一個德國人問他，治理義大利人困難嗎？「一點也不。」他回答：「因為毫無意義。」①

深入威尼斯廣場附近的任何一條小巷，很快就會看到人行道咖啡廳，儘管這可能看不出來，但其實從來沒有人說咖啡廳可以開到人行道上。要怎麼做呢？你先開一家咖啡廳；幾個月後，你在外面放幾個花盆；如果沒有人反對，你把花盆換掉，擺上更大的植物甚至小樹的盆栽；如果還是沒有人注意到，你可以在這些植物和門口之間，放一張桌子和幾把椅子；然後再擺一些這個，擺一些那個，直到你可以用一整排灌木，甚至可能在柱子之間串起一些鏈條，來保護整個區域。但這裡其實是公有地，雖然現在看起來似乎屬於咖啡廳。在這樣的基礎上（可能需要幾年的時間才能走到這一步），可以再加一頂遮陽篷，還有一些透明的塑膠板或玻璃牆，讓客人在冬季時可以暖和些。一點一點，一步一步，咖啡廳的規模和利潤成功翻倍。

義大利的方式是先做，然後再請求許可。數百萬的家庭就是用這種方式裝修擴建，但這些工程是任何地方官員都不會批准的，除非他拿到一個裝滿鈔票的「小信封」（bustarella）。還不只有這樣。就連整棟房屋的建造，甚至是整個社區，都是這樣蓋出來的。二〇〇七年，那不勒斯附近發現了一個由五十座建築物、共四百套公寓組成的小鎮。這就是違章建築（abusivo，這個詞用於沒有官方批准的建設項目）。環保組織「萊甘比恩特」（Legambiente）曾經計算，義大利共有三十二萬五千座建築物以這種方式蓋出來。就像義大利人說的，「一有法律，就有辦法。」

不過，要是你仔細觀察，會看到義大利的另一面。就像前文說的，私人生活的一切都受到嚴格的約束（見第十三章）。這是最弔詭的地方：義大利人不遵守法律，但他們會堅持（並以鋼鐵般的意志）遵循慣例。看看人們曬日光浴的方式。在大多數國家，一到海灘，你可以發現散落在四處嬉鬧的人群。但這在義大利僅適用於所謂的「開放海灘」（spiagge libere）。大多數海灘看起來比較像是北韓可能夢寐以久的東西：一排排相同的躺椅，相同的遮陽傘，中間可能有一條過道可以通往海濱。並不是任何人都可以隨便走進海裡。入口由負責那片海灘「游泳設施」（stabilimento balneare）的人控制，一些游泳設施由地方當局經營，但大多數是私人的（儘管通常要有鎮或市議會頒發的許可證）。

一項法律要恰好靠近社會習俗，又不是社會習俗時，才會有人遵守。例如，在二〇〇五年，當局決定在公共場所禁止吸菸。沒有人認為義大利人會聽話。但在禁令頒布的幾個月裡，人們普遍認為這是一項非常明智的措施，甚至可能對改善人們的健康有所幫助。所以當禁令在二〇〇六年初生效時，一天之間，人們在餐館、酒吧和其他場所都停止吸菸。這個半奇蹟的過程，讓法律變成習慣，每個人都準備好遵守。

禁菸令的順利，讓當時的評論員質疑，同胞其實沒有那麼無政府。我自己的答案要追溯到我住在西班牙的那幾年。西班牙人據說也是無政府主義者。我清楚記得馬德里的交通十分混亂，尤其是併排停車。但在那些日子裡，西班牙就像現今義大利的大部分地區一樣，罰金少的可笑，而且很少有人繳。只有像是停車時擋住了婦產醫院的門口，然後跑去看場足球賽，這種情況才可能觸犯法律。從那時起，西班牙的罰金已經增加到會對家庭預算產生影響，更重要的是，政府也找到了讓大家繳錢的方法。結果，即使在週六晚上，在馬德里市中心也不會看到併排停車的情況。造成這種差異的原因很簡單，就是懲罰的威脅。無政府的馬德里人被高額罰金嚇到了，變成守法的駕駛。但在義大利，大部分地區沒有這樣的措施，而且很大程度上，仍然強調寬恕而不是懲罰。[2]

●●●

離威尼斯廣場不遠的是亞倫露拉路（Via Arenula），而這條路走到底就是台伯河岸，那裡矗立著一座宏偉的建築，上面有一塊大門牌寫著「赦免和司法部」。一九九九年，「赦免」被拿掉，所以官方名稱已經變了。但是，關於該部門原本名稱背後的思想，仍然存在。在外人看來，義大利的刑事司法系統似乎只是為了確保人們可以被放過。

一旦被起訴（有時需要冗長的審前聽證會），被告上法庭後，就自動獲得兩次上訴的權利，第一次可在當地法院針對案情提出上訴，第二次可在義大利最高上訴法院，針對定罪與否的法律依據提出上訴（檢方也有權上訴）。只有在完成三個階段的程序後，被告才會被視為「被定罪」。平均而言，這需要八年多的時間，而在六分之一的情況下，會超過十五年。而且，從最初起訴到最終定罪的整段期間，除非被告被指控屬於黑手黨，或是被指控犯有謀殺或強姦等非常嚴重的罪行，否則通常可以保持自由之身。

最終判決的刑期相對寬鬆。根據歐盟智庫 EURES 針對一九九五年到二〇〇四年的研究，謀殺的平均刑期不到十二年半，儘管刑法規定的最低刑期是二十一年。對於挪用公款，平均刑期為一年四個月，不到法律規定最少三年的一半。

如果被定罪的罪犯，在等待最終判決的多年期間，已超過七十歲，那麼實際上也不太可能入獄。許多年輕的被告也是如此。他們的犯罪可能因為訴訟時效而不被追訴，也有可能因為當局需要監獄空一些，時常頒布一些措施，所以就沒事了。

其中最全面的是特赦（ammnistia），同時消除犯罪紀錄和刑罰。第二次世界大戰後，義大利出現了一系列特赦，以確保那些曾經試圖顛覆墨索里尼政權的人，不再受到審判。但在接下來的四十年，義大利政府批准了至少十三次特赦：一些是全面的；其他則是針對某個特定類別的罪行，或者刑期少於一定年數的人。

自一九九〇年起，赦免（indulto）變得比較受歡迎，撤銷判決，但沒有除罪。赦免已經出現過三次，但這個數字無法顯示出其持續的影響力。在其他國家的法律制度中，特赦和赦免僅適用於已入獄的人。但在義大利，兩者都涵蓋了在頒布日之前犯下的任何罪行，即使犯下罪行的人還沒有受到審判，更不用說被判刑或入獄了。二〇一三年，西爾維奧·貝魯斯柯尼首次被判稅務詐欺，必須入獄四年。但在當時的七年前，中間偏左政府批准了一項赦免令：在赦免之前犯下的罪行，可以減去三年的刑期。於是，這位前首相的刑期立即減為一年。又由於他已經七十多歲了，可以在軟禁和社區服務之間選一項。其他不那麼出名的義大利人，也將在未來幾年繼續從二〇〇六年的赦免中獲益。

義大利人如此願意在建築法規（和逃稅）方面碰運氣的另一個原因，是另一種形式的法律原諒，也就是所謂的「寬恕」（condono）。政府每隔一段時間就會批准一項措施，允許義大利人支付較少的罰金，來清償他們積欠國家的債務或因非法改建而受到的官方制裁。在逃稅和違章建築上，已經有寬恕的案例。近幾十年來，大約每五年宣布一次寬恕。

寬恕很受政府的歡迎，因為可以立即為財政部注入現金。但其效果是鼓勵義大利人更加堅信，逃稅或亂蓋房子也不會怎麼樣。這也意味著在海灘、國家公園，甚至考古遺址等保護區，還是會看到不搭調的建築，而且已經合法。最近的政府已經放棄了將寬恕當作平衡預算的一種手段，但未來的政府是否還會這樣做，仍有待觀察。

舉一個輕輕放下的最佳例子：義大利有史以來最大的貪腐醜聞在失去媒體的關注之後所發生的事。「賄賂之都」引起的騷動，超出了義大利國界，因為涉及的人數眾多，逮捕的規模在義大利前所未聞，這在鐵幕以外的任何國家都沒發生過。一九九二年，我住在別的地方。當第一名嫌犯被銬上手銬帶走時，我清楚記得那時來自義大利的報導愈來愈不可思議，同時又讓人興奮。一個又一個政商名流被丟進監獄，和其他人一起歇歇腳。直到警察來敲門之前，他們一直都是所在城市、地區，甚至國家裡呼風喚雨的人物。

超過五千人受到調查，其中在米蘭就有兩千七百三十五人被起訴。另外有一千七百八十五起案件，在起訴之前或之後，被發送到其他司法管轄區。據我所知，米蘭的審判已經被仔細研究過，但從來沒有人去調查那些被送到其他地方的案件接下來怎麼樣了。②在展開第一次調查的十年後，有超過六分之一的案件仍在等待初步判決。這個事實充分展現了義大利司法的步伐。大約有另外六分之一的人被判無罪，但在剩下的三分之二中，幾乎沒有人被判入獄。一些被告在這段期間已經死亡。很多人利用認罪協商來減刑，這表示他們不必入獄。其他人則選擇快速審判並獲得了類似的讓步。在相當多的情況下（大約也占總數的六分之一），因為訴訟時效而不得不撤銷告訴。二〇〇〇年，在一九九〇年代初期啟動的許多審判即將結束之際，《晚郵報》報導說，「賄賂之都」調查的數千名男女，只有四人入獄。③

◆◆◆

縱容就像一層舒緩的膏藥，敷在義大利生活的許多領域。輸掉選舉的政治人物很少像在其他社會那樣消失去寫回憶錄。美國人如此鍾愛的「上位或出局」原則，在義大利政治中沒有市場。幾年甚至幾個月後，被擊敗的候選人會突然出現在電視聊天節目，有時還會變成一個新政黨的領袖，很快就恢復了他的政治生涯，就好像什麼事都沒發生過一樣。公務人員要是貪汙或挪用納稅人的錢，可能會受到審判和定罪，但不會因此被自動解雇。

所有這些赦免和寬大處理，部分原因是真的心軟。義大利人或許憤世嫉俗，但在大多數情況下，他們也很善良。此外，至少還有兩個其他因素，兩者之間很可能相關。

第一，成長過程。就像其他國家一樣，義大利有紀律嚴明的父母（一位曾在皮埃蒙特農村教書的老師告訴我，嚴父〔padri padroni〕[3]是那裡的常態），但現代義大利父母，尤其是母親，通常非常縱容。關於縱容小孩，每個在義大利生活過的外國人，都有自己最喜歡的故事。我自己的故事發生在與朋友於溫布利亞一家餐館共進晚餐時。餐廳裡有一架鋼琴，一個大約五歲的小女孩想要彈，但是她不會彈，因此，在整個用餐過程中，我和其他大約三十名客人，不得不聽著她用拳頭敲擊鍵盤的聲音。她的父母沒有採取任何行動來阻止她，也沒有任何餐廳員工去制止。人們從小就覺得，享受最大可能的自由，是小孩的權利，而且在大多數情況下，大家都會讓其他人享有同樣的權利。

第二個因素顯然與天主教有關。天主教強調認罪、懺悔和赦免這三個相互依存的概念。義大利有一句關於寬恕的諺語：「承認的罪已被原諒了一半。」所以，執政當局讓恐怖分子和黑手黨能夠透過與調查人員合作而獲得優惠待遇，那些人被稱為「悔罪者」。另外，在犯罪報導[4]中不斷出現的，就是記者堅持想要知道受害者（或已故受害者）的親屬，是否原諒了犯人。他們的反應（無論是否願意諒解）通常會成為謀殺、過失殺人或暴力搶劫等報導的標題。

從好的方面來說，義大利人通常比英國人或美國人更願意容忍人類的脆弱。對於不小心逆向的司機，比起罰錢，可能告誡一番就了事；老人在公車或火車上被發現逃票時也是。從不好的方面來說，義大利文化有著普遍不想為自己的行為承擔責任的觀念。打破規則或法律，然後逃避後果，是**furbizia**（見第三章）的基本特質。逃避責任就算不被看作是美德，仍是一項優點，是值得稱讚的事情。這就是為什麼這麼多義大利人喜歡西爾維奧・貝魯斯柯尼，並且一再投票給他，因為他多次被起訴，但有時由於他自己的政府對法律進行了修改，讓他一次又一次沒被送進牢裡。

・・・

但是，近年來最不尋常的司法劇場，要數一個非常不同的政治人物：阿德里亞諾・索弗里（Adriano Sofri）。在一九六八年席捲歐洲的學生革命之後，索弗里以激進左派組織「持續鬥爭」（Lotta Continua）的領袖身分一舉成名。不過，群眾後來不再聽從其革命號召，「持續鬥爭」在一九七六年解體。索弗里成為一名教師和記者。十二年後，他和該組織的另外兩名前成員被捕，並被指控謀殺了一名在義大利文學及歷史中占有一席之地的人：路易吉・卡拉布雷西（Luigi Calabresi）。

卡拉布雷西是一位高階警官。一九六九年，一名年輕的無政府主義者皮諾·皮內利（Pino Pinelli）在接受審訊時，從卡拉布雷西位於米蘭警察總部辦公室的窗戶摔下，可能是跳樓或被推出去。他的死亡給了諾貝爾文學獎得主達利歐·佛（Dario Fo）靈感，寫出《一個無政府主義者的意外死亡》（*Accidental Death of an Anarchist*）。卡拉布雷西被懷疑謀殺了皮內利，這也許可以理解，但沒有任何證據。後來，他成為左派仇恨的目標，並在幾個月後離開米蘭的家時被槍殺。

關於這個案件，「持續鬥爭」組織所出版的報紙需要承擔很大一部分的責任，因為它不斷煽動讀者對卡拉布雷西動用私刑。但阿德里亞諾·索弗里的案件，主要是因為另一位前「持續鬥爭」組織激進分子的證據，他說自己是幫助他們逃跑的司機，並因為與警方合作而被大幅減刑。他的陳述充滿了與已知事實不一致的細節。一九九二年，最高法院下令重新審理上訴。被告再次被無罪釋放，但接下來的事件讓人看到義大利司法系統中最有害的機制。他們的第四次審判中，不僅有法官，還有國民法官。在義大利，國民法官是最接近陪審員的人。他們坐在專業法官的兩側，身著義大利國旗紅、綠、白的腰帶，通常看起來有點不自在。他們可以以六比二的票數否決專業法官的判決。但是，一旦做出判決，將會由其中一位專業法官負責撰寫判決書。這產生了所謂的「自殺式判決」（sentenza suicida）：不同意該判決的法官，可以用非常荒謬的方式撰寫書面判決，進而讓判決在上訴時一定會被推翻。

由於在阿德里亞諾．索弗里的案件中，被送至最高法院的正是一份這樣的自殺式判決，最高法院的法官別無選擇，只能推翻無罪判決，並下令再次開庭，這次三人被判有罪。最後，在一九九七年的第七次案件審理中，最高上訴法院（五年前對他們的定罪提出質疑的法院）做出了新的判決，這次是判有罪。

索弗里在監獄裡度過了接下來的十年。後來，由於他食道破裂，在鬼門關前走了一遭，被改以軟禁方式進行療養。直到二〇一二年，他才被認為已經服完刑期。

「自殺式判決」並不是索弗里案件中超現實的一面。他被定罪後，整個案件就陷入了明顯源於天主教教義的邏輯短路中。他的支持者，包括一些右派的支持者，高聲呼籲總統赦免他。但是，就像在天主教中只有告解之後才能被赦罪一樣，在義大利，只有被定罪的人自己要求赦免時，才能獲得赦免。然而，只要這樣做，就等於承認有罪。索弗里固執地堅稱自己是無辜的，所以他不得不繼續受到懲罰。

他的案例顯示了義大利爭議不斷的法律體系，儘管寬厚，也可怕地殘忍。殘忍之處大多來自於司法執行的緩慢。義大利的法官不僅主持正義，還管理司法機器，但對此又沒有受過適當的訓練。任何左派或右派的政黨都不想碰觸這個問題，但這是法院效率不彰的核心原因。

首先，審判不是連續幾天舉行，而是在幾個月甚至幾年的時間裡悠閒地上演。舉例來說，如果是在十一月舉行了第一次聽證會，那時，法官會與兩造律師和其他可能參與本案的各方，討論他們都可以出庭的日期。由於律師同時處理其他案件，因此第一個方便的日期，很可能是十二月的某個時候。但在法院於聖誕節期間休庭之前，最多只能舉行幾次聽證會，要過了新年之後，審判才會重啟，但通常一週只會排一次聽證會，甚至更少。以這種方式進行審判，讓所有相關人員（尤其是國民法官）愈來愈難以透徹了解證據的複雜度，也讓被告被送進監獄裡等待審判，就算隨後被認定無罪，他們被剝奪了自由的時間也過於長久。

民事案件的延誤更為嚴重。這也是外國投資人不願將資金投入義大利的一個重要原因。舉例來說，如果他們發現自己被騙，或者交貨或提供服務後，沒有收到應得的款項，他們可能得要等個十年或更久，才能拿回這筆錢。二〇一〇年，有個特別荒誕的例子曝光。當時，有一位住在羅馬附近村莊的九十四歲婦女，為了解決母親遺囑所造成的糾紛，已經等了四十年還沒有結果。由於法院的遲緩，她對國家提起訴訟，勝訴後被判可以得到八千歐元的賠償金。但是，儘管律師多次嘗試，這位婦人只拿到賠償金的一小部分。她確實拿到的一些現金中，有部分竟來自從公共建築中沒收來拍賣的影印機。

二〇一二年，積壓的刑事案件有三百四十萬件，民事案件有五百五十萬件。

⁂

義大利法律制度的根本問題，就刑事而言，是因為兩種基本上不相容的制度，被硬湊在一起。在過去大部分時間，義大利刑事案件都屬法學家所定義的審問式。訴訟程序中最重要的階段是「調查」，會有一名調查法官在警方的幫助下，調查誰應承擔罪責。在一九七〇年代改革之前，被告及其律師無權質疑或反駁法官收集的資訊，更不用說提供自己蒐集的證據了。因此，在公開法庭上進行的審判，只不過是一種形式，辯護律師的作用幾乎僅限於提出減刑的請求。初審法官可以根據調查期間蒐集的證據做出決定，即使該證據沒有得到證人證實。初審法官（絕大部分是男性）很少做出與調查法官結論相左的決定。

一九八九年的一項改革，旨在帶來一場革命，將義大利基於拿破崙法典的審訊制度，轉變成美國和英國那種對抗性制度。但是，正如在義大利經常發生的那樣，妥協（總是想尋求中間立場，即使只做半套）贏得了勝利。不到幾年，憲法法院削弱了法院的既定架構，還恢復了初審法官可以根據不在庭上提供的證據做出判決的權利。④ 國會無法對憲法法院的決定提出異議，便決定直接修憲。二〇〇一年，這些修改被納入新的刑事訴訟法，整個系統變成奇怪的混合。

•••

要理解圍繞法院的爭議，以及自一九九〇年代初期以來，義大利的整個政治歷史，至關重要的角色是檢察官。對很多義大利人來說，檢察官從調查法官那裡繼承下來的力量，繼續讓被告待在艱難的處境中。更重要的是，很多人覺得，個別檢察官會濫用權力以贏得惡名，特別是當他們希望有一天能夠離開法界，走向政治之路。與許多領域一樣，義大利人在這個問題上分為兩個陣營。批評檢察官的人說自己是「擔保人」（garantisti），另一邊則是「劊子手」（giustizialisti）。

一九九四年，西爾維奧・貝魯斯柯尼上臺後，替在此之前影響各黨各派的辯論，更增添了鮮明的政治色彩。這位地產和媒體大亨，聲稱他進入政治界是為了不讓共產主義，或者更確切地說，前義大利共產黨的後裔，把持國家。[5] 雖然他的批評者一直認為，貝魯斯柯尼進入國會，是為了讓自己免於可能的破產和牢獄之災。當時，「賄賂之都」事件還沒結束，許多來自商界的高層人士入獄，而貝魯斯柯尼的政治界支持者貝蒂諾·克拉克西已經跑到國外以逃避牢獄之災。身為義大利右派的新首領，貝魯斯柯尼有充分的理由要擔心自己很快就會受到審判，因為米蘭檢察官已經在調查他是否賄賂那些被派去檢查公司帳簿的稅務局官員，以及利用海外公司和假帳非法資助克拉克西的義大利社會黨。[6]

貝魯斯柯尼辯稱，這就證明了他之前所說的，自己是左派檢察官政治追殺的受害者；這也證明了他的論點：整個司法系統需要改革，以遏制檢察官的權力。突然之間，「擔保人」在做的事情變成了他的政黨的事，進而變成了右派的事。從此之後，許多左派人士對義大利司法系統的批評嗤之以鼻，雖然他們原本應該會聽一下。

以涉嫌濫用竊聽為例。自一九九〇年代早期以來，這一直是「擔保人」關注的議題，但後來對貝魯斯柯尼的支持者來說，變得極其重要，因為竊聽的談話曾被用來起訴（或者羞辱）他們的領導人。檢察官及其支持者抗議說，對付黑手黨，竊聽是調查人員必不可少的武器。但是，馬克斯普朗克研究中心指出（見第六章），義大利的竊聽令數量是美國的一百多倍，而美國也不是完全沒有有組織犯罪，這讓檢方的論點變得站不住腳。官方數據按照城市對竊聽的支出進行了細分，又賞了檢方陣營一巴掌：竊聽量與黑手黨的存在，關聯性不大。不出所料，巴勒莫位居榜首。但緊隨其後的是義大利商業首都米蘭和瓦雷澤（Varese）。特倫托明明很平靜，但竊聽量排名第十一，比光榮會的家鄉卡拉布里亞首府卡坦扎羅（Catanzaro）高了四名。很難不讓人懷疑檢察官和警察都沉迷於竊聽，以此來代替比較麻煩但不侵入的調查方法。

最讓「擔保人」感到憤怒的是，竊聽的談話紀錄經常流入媒體，二度侵犯了被竊聽者的隱私權。有時，這個人根本沒有不法行為，只是剛好與嫌犯通了電話。有時，媒體的公開相當合法，例如，如果竊聽紀錄被附在檢察官的搜查、逮捕或其他命令的請求中，或是在檢察官必須向法庭提交的報告中，以支持他們的起訴。但當調查仍在進行中時，竊聽內容就經常被洩露。在某些情況下，與案件無關但讓人遐想或尷尬的摘錄會被公布。這些洩露的消息可能來自辯護律師、法庭管理人員、警察或其他人。儘管無法證明，但人們仍普遍認為是檢察官把這些素材提供給記者。

從技術上來說，洩露證據是犯罪行為，刊登也是。但記者或編輯被起訴，幾乎聞所未聞，因為這很難證明。記者在義大利受到保護，不會被迫透露消息來源，因此洩露訊息者的身分幾乎不會曝光。雖然義大利有「在審判中」（sub judice）的概念，但幾乎每天都被違反。這也是一九八九年改革半途而廢的一個例子。在判決完全依賴有權調閱所有卷宗的法官的年代，「選擇性洩露證據並不會影響審判結果」是一個合理的假設。但在新制度底下，許多案件是由國民法官和專業法官共同審理，而國民法官顯然極易受到媒體的影響。一個狡猾的檢察官向記者提供一連串花絮，可以建立一種有罪推定，這對辯方來說很難在法庭上推翻。

以往的審訊制度留下的另一個問題，是對審前羈押的自由使用。嫌犯（在調查期間仍然只是嫌疑人）有時的確有充分理由被羈押。他們可能真的會潛逃國外、篡改證據或恐嚇證人。但在義大利，嫌犯有時會因為非常不合理的理由而被關進監獄。而且，只要嫌犯與調查人員合作，很快就會被釋放，所以被羈押似乎更有可能是為了希望他們趕快吐實。涉嫌濫用審前羈押，首先成為「賄賂之都」公開辯論的一個問題。數百名習慣坐豪華會議室椅子而不是硬長凳的人，被關押在米蘭的聖維托里奧監獄（San Vittorio jail）。然而，最後很少有人被判入獄。事實上，被指控犯有不法行為的義大利人，在被定罪前入獄的可能性，似乎比在被定罪後要高得多。根據歐洲理事會（Council of Europe）二〇一二年年度刑事統計數據，超過四十%的囚犯仍在等待最終判決，是歐盟各國中第二高。⑤

當然，檢察官不能隨便把人關進監獄，這必須由法官裁決。但是，義大利的法官和檢察官之間的關係，是最有爭議的問題之一。一九八九年的改革，將兩者的職能分開，但仍然是同一機構的一部分，而且這是憲法規定的。法官和檢察官共同組成了所謂的司法官系統。辯護律師是自雇人士，而司法官是國家雇員。法官和檢察官必須參加同樣的考試才能進入這個行業，隨著職涯進程，可以從一個角色轉換到另一個角色，在費拉拉工作的年輕檢察官可以申請成為巴里的法官，然後再到羅馬當檢察官。二〇〇五年，當時的貝魯斯柯尼政府頒布了一項法律，要求司法官在進入司法體系後，五年內不得這樣轉換跑道。但在該法律生效之前，很大程度上已被中間偏左政府制定的另一項法律所推翻。

一般義大利人仍然認為法官和檢察官具有相似的職能。事實上，媒體也很常稱呼檢察官為法官。「擔保人」抱怨，司法官的兩個分支擁有共同的團隊精神，而且法官已經準備好批准檢察官的要求，其中包括羈押嫌犯。的確，一個當過檢察官的法官，如果沒有從檢方的角度看事情，也太不自然。

但是，真的像西爾維奧．貝魯斯柯尼說的，司法體系充斥著左派人士嗎？他的一些追隨者甚至說有「司法黨」。同一論點比較委婉的說法是，義大利的法官和檢察官就像土耳其軍隊，是一群具有相似政治意識形態的男女，他們不需要隸屬於某個政黨或團體，就可以動作一致。

義大利司法官中，左派人士的數量可能比其他國家的同行多。大部分律師和法官往往比較保守，多年來，義大利也是如此。墨索里尼留下來的司法體制明顯偏右。但是，義大利共產黨在冷戰期間採取了所謂的「陣地戰」，部分是為了鬆脫保守派對國家機構的把持。他們希望無產階級（或者更確切地說，身為盟友的知識分子）滲透到關鍵的權力中心和具影響力的領域。一九六八年後，新左派的追隨者也採納了這個做法，不過改變了形式。毫無疑問，在隨後的幾年，確實有一些激進的理想主義者進入了司法系統。

但是，貝魯斯柯尼所說的司法系統充斥著馬克思主義者，則是無稽之談。如果是這樣的話，他就不會脫逃那麼多次了，阿德里亞諾．索弗里也永遠不會被定罪。絕大多數的法官和檢察官都隸屬於國家司法聯盟（Associazione Nazionale Magistrati, ANM）這個專業協會，其中有兩個「潮流」（correnti）：與左派相符的「民主司法」和向右傾斜的「獨立司法」。

讓法官和檢察官同樣深惡痛絕的，就是自己專業的判決被別人暗示為與自己的政治觀點有關。大多數與我交談過的辯護律師，都只對少數檢察官持批評態度。這些檢察官夢想著政治前途，喜歡接手那些會讓他們在媒體上有高知名度的案件。

「一旦我認為上法庭為案件辯護時需要擔心法官的政治傾向，那麼坦白說，我會放棄這份工作，去做其他事情。」一位律師說。

在我撰寫本書時，右傾的「獨立司法」在兩個派系中比較強勢，其候選人在自治機構「司法官會議」（Consiglio Superiore della Magistratura）最近一次的選舉中，有較多人當選。在二〇一三年，貝魯斯柯尼為逃稅有罪的判決而上訴，最高法院的檢察官成功抗告，使得最後上訴被駁回，而那位檢察官屬於「獨立司法」。

註釋

1、機車騎士在義大利語中有個浪漫的名字：人馬（centaur）。

2、我要強調「大部分」。一般來說，一路往北走，違反規則的行為會減少。在托斯卡尼、艾米利亞—羅馬涅和皮埃蒙特等地的一些城鎮，那裡的人跟北歐人一樣守法。

3、padri padroni 指霸道、專制的父親。Padre padrone 是加維諾・萊達（Gavino Ledda）的自傳小說的標題。他的父親是一名薩丁尼亞牧羊人。在小孩學會閱讀和寫作之前，就叫他輟學，時常家暴。萊達憑藉堅定的決心，為自己提供了教育。大學畢業後，他回到薩丁尼亞，在卡利亞里大學擔任語言學助理教授。他的故事於一九七五年出版，被塔維亞尼兄弟（Taviani brothers）拍成同名電影。

4、犯罪報導的義大利文是 cronaca nera（註：直譯為「黑色編年史」）。義大利的報紙上，除了體育、商業和外國新聞外，分為兩大部分。一是政治（其中包括有關梵蒂岡和義大利教會的新聞）；另一個就是 cronaca（註：直譯為「編年史」），涵蓋其他全部的內容。其他不跑警方和法庭新聞的記者，屬於一個叫做 cronaca bianca（註：直譯為「白色編年史」）的小部門。

5、貝魯斯柯尼本人從來沒有弄清楚共產主義和義大利共產黨的區別。他仍然把反對他的左派人士稱為共產主義者，縱使這些人的前輩已經拋棄馬克思主義將近二十五年了。

6、賄賂稅務人員一案，貝魯斯柯尼被判無罪。其他指控則經歷兩次審判。一個因訴訟時效停止。另一個則在貝魯斯柯尼自己的政府修改了關於假帳的法律之後，變得無效。

第十九章 ✧ 身分認同

義大利代表了威爾第、普契尼、提香、梅西那（Antonello da Messina）。說到提香，我不會想到他是北部人；至於梅西那，我也不會想到他是南部人。對我來說，他們都是義大利人。

——里卡多・慕提（Riccardo Muti），《晚郵報》，二〇一一年三月二十二日二〇一一年，義大利一百五十歲生日。三月十七日，也就是維克托·伊曼紐爾二世宣布成立義大利王國的那一天，羅馬舉行了慶祝典禮，空軍特技飛行隊用代表國家色彩的飛行噴射表演，在天空畫出全世界上最大的義大利國旗。

然而，在其他地方，慶祝活動只有回顧統一運動和在地文化的展覽。對一個相對年輕的國家來說，這一切都相當平靜。這在一定程度上，是因為當時的執政者之中，包含了把統一視為一場徹頭徹尾災難的北方聯盟。而且，當時的義大利陷入了從兩年前就開始席捲歐元區的經濟危機。儘管如此，國內和國外的許多人，都認為這樣小規模的慶典，證明了始於一八六〇年代的建國大業尚未成功。

義大利人自己也強化了這種觀念。大多數人似乎更喜歡告訴外國人，國民之間的差異，而不是他們的相似之處。因此，沒有意外的是，這樣子的論調貫穿了許多外國人所寫的關於義大利的書，很多書仍然圍繞著一個主題：現在的義大利只不過是一個「地理上的概念」。[1]

事實上，作為一個地理上的詞，「義大利」這個詞並不是那麼有用，因為它在不同的時代代表著不同的意思。對於古羅馬人來說，這個詞只意味著半島。波河河谷被認為是高盧的一部分。阿爾卑斯山以南的整個地區構成自然地理領土的這個概念，似乎在羅馬帝國崩潰後才形成，這可能與古羅馬人在山區修建的道路逐漸傾頹有關。交通的限制，讓我們現在了解的義大利不便於與歐洲其他地區聯繫。

就像之前說的，地理和歷史讓從阿爾卑斯山延伸到西西里島的居民，充滿分歧（見第一章）。但也有大量證據顯示，阿爾卑斯山以外或穿過地中海的入侵者，與其他義大利人一比，就是外國人。甚至有時候，義大利人會有某種程度的團結。例如，在十四世紀，羅馬人科拉．迪．里恩佐（Cola di Rienzo）奪取了羅馬政權，宣布成立共和國。他開了大會，召集來自義大利各地的代表，很多市鎮都有派人參加。

有時，在現今所謂的義大利範圍內，共存的幾個不安的小國會聯合起來抵禦外國的入侵者。一一七六年，義大利北部的大多數城邦聯合起來，在萊尼亞諾戰役中擊敗腓特烈一世。[2] 三個世紀後，一四九五年，威尼斯共和國與米蘭公國和曼圖亞公國結盟，在福諾沃戰役（Battle of Fornovo）中，打退了法國國王查理八世。那時候，「義大利」作為一個整體的想法，已經在幾位文藝復興知識分子的腦海中形成。馬基維利在偉大作品《君王論》的結尾，呼籲一位能夠團結義大利人的領導人站出來，「從野蠻人手中」解放義大利人。

然而，直到十八世紀後期，類似義大利民族主義的意識形態，才開始形成。可是，一直要到十九世紀，統一國家的想法才好像可能實現。偉大的皮埃蒙特政治家加富爾伯爵，也就是卡米洛．本索（Camillo Benso），雖然促成義大利統一，但他從未真正相信這個想法。對他來說，朱塞佩．加里波底對西西里的遠征，太過大膽了，但最終此舉把義大利南部帶進了新的國家。一般義大利人自己也沒有很相信這件事，在一八七〇年義大利第一次大選中，有超過一半的人沒有投票。

然而，當時是當時，現在是現在。在我看來，很多義大利人，以及許多描述他們國家的人，都沒有分清楚什麼是多元而什麼是分裂。這兩個概念相關，但又不同。例如，美國是一個多元的國家，但並不分裂。同樣地，義大利在地理、語言、種族和文化上都非常多元，但這並不一定意味著國家是分裂的。

作為一個國家，義大利人往往只往內看，對邊境以外發生的事情，並不特別感興趣。[3]他們似乎沒有意識到，其他歐洲國家也很多元，甚至分裂。舉例來說，義大利境內，沒有像巴斯克人（Basques，註，居住在西班牙中北部以及法國西南部的民族）那樣人數不少的少數民族，講的甚至不是印歐語系的語言。義大利人當然一直以來也有地域上的本位主義（parochialism），許多人對自己的城鎮或城市有著強烈的依戀。在義大利文中，甚至有一個特殊的詞來描述本位主義：campanilismo，這個字源自 campanile（鐘樓）。教堂的鐘樓在歷史上是義大利社區的中心。地域上的本位主義降低了對更大片領土（例如地區）

的忠誠度，也可能成為支持自治甚至獨立運動的基礎。自一九七〇年以來，義大利擁有相當程度的區域自治。然而，到目前為止，沒有一個地區行政機構像蘇格蘭和加泰隆尼亞那樣，推動分離主義運動。

一九四〇年代，一個和黑手黨有關的西西里島獨立運動成形，但在第二次世界大戰後就消失了。儘管長期以來，有人支持薩丁尼亞島獨立，但島上的分離主義運動仍然發生無可救藥的意見分歧。近年來最重要的區域集團是北方聯盟，儘管其領導人不時倡導著分離主義，但真正在意的是錢；在他們眼中，北部人繳的稅，被中部和南部人揮霍。二〇一二年，北方聯盟創始人翁貝托・博西及其家人的金融醜聞，重擊了聯盟。之後，威尼托大區出現了民族主義的跡象，但目的不是要體現博西勾勒的帕達尼亞（見第五章），而是恢復舊的威尼斯共和國。這是否會持續，還有待觀察。

在很多方面，與其從內部觀察，從外部看義大利反而覺得這個國家看起來到處都很類似。無論義大利人有多不同，他們最大的相似之處、最常見的態度，就是對家庭的依賴。這可能在西西里島最為突出，而在最北部的地區則最不明顯，但只是程度上的差別。有一部電視電影強調了這一點。這部電影改編了一九八〇年代和一九九〇年代，在威尼托大區活躍的組織犯罪集團「馬拉德爾布倫塔」（Mala del Brenta），其老大費利契・馬尼耶羅（Felice Maniero）的生平。①有一個場景是馬尼耶羅向西西里黑手黨買一批毒品。他說，和他一起來的那個人是他的表弟。西西里賣方說，講到錢，即使是像馬尼耶羅這樣的北部人，也只信任自己的家庭成員。「你和我們並沒有那麼不同，對吧？」西西里人說。

義大利人很少注意到自己在天主教文化中長大，因為他們認為這是理所當然的。這並不代表他們都是虔誠的天主教徒。但即使是無神論者，也了解社會上共有的態度和觀念。相較之下，德國和荷比盧的天主教徒與新教徒之間，就有著很深的歷史分歧。

義大利人也很少提到，絕大多數兒童都接受同樣的教育。超過八十%的人就讀公立學校。在其餘的人中，除了少數人之外，都上教會開辦的學校。而且，因為平均來說，公立學校的水準比私立學校高，因此義大利不像英國一樣，在大眾和受私立教育的菁英之間，潛藏著社會對立的情況。

可以肯定的是，語言仍然存在分歧，但不像以前那樣嚴重。在統一時，很可能不到十分之一的義大利人會說基於托斯卡尼方言的文學語言；這個方言後來成為義大利的官方語言，但就連維克托．伊曼紐爾二世也說不好。接下來，因為義務役的關係，標準義大利語變得普及。在經濟奇蹟年代，數以百萬的義大利人離開在南部的家園，前往北部，也讓標準義大利語順勢傳播。在一九六〇年代後期，又有一波人口遷徙。據估計，在一九七二年，有超過九百萬人從一個地區搬到另一個地區，其中一個結果是不同地區人民的通婚。一對夫妻中，可能妻子來自普利亞大區，丈夫來自皮埃蒙特大區，那麼他們共同的語言很可能就會是義大利語。

即使如此，在一九八〇年代初期，只有不到三十%的人口，會說或主要講官方義大利語。不過，在那之後，這個數字穩定上升，主要是因為電視。義大利國家統計研究所二〇〇七年發表的一項研究發現，這一比例已達到四十六%，並且不同年齡層的差異頗大。這代表習慣說義大利語的人口比例肯定會繼續上升，因為二十四歲以下的人群中，這個比例接近六十%。

每隔一段時間，就會有人告訴大家，還有好多義大利人在用方言交談。不久前，選美比賽的評審選出了一位來自卡拉布里亞農村的義大利小姐。在她獲勝後，第一次與媒體見面時，她非常清楚地表示，她的義大利語還有很多不足之處。她的口語能力被媒體用略帶貶低和覺得有趣的方式報導，這透露了一個重點：現在，在義大利大部分地區，用方言說話被視為缺乏教育，是會讓人尷尬的事情。但至少，到目前為止，除了薩丁尼亞語和威尼斯語，義大利沒有任何方言或語言可能成為獨立運動的構成元素。

另一個關於義大利充滿分歧的論點是，儘管有國內遷徙，義大利南北之間仍然存在巨大的財富差距，而且，更重要的是，這樣的差距正在擴大。千年來的歷史，確實在政治和社會上將義大利南部與該國的其他地區分開。歷史學家仍在爭論南部是否一直以來，或者至少從羅馬時期開始，都比北部貧窮。但可以肯定的是，西西里、阿瑪菲、薩雷諾和那不勒斯等地，都曾經在中世紀有過輝煌的時刻。世界上第一所醫學院可能早在九世紀就成立於薩雷諾。[4] 世界上最古老的公立大學在那不勒斯，是由腓特烈二世於一二二四年創立，至今仍以他為名。在後來的幾個世紀，那不勒斯擁有巨大的財富和影響力，主導了歐洲的時尚和美食，而且曾經一度是僅次於巴黎的歐洲第二大城。十九世紀初，義大利建成的第一條鐵道路線，並非沿著波河河谷，而是穿過義大利南部。統一的時候，那不勒斯是義大利工業化程度最高的城市。儘管如此，很多證據都顯示，南部仍然比其他地區貧窮（儘管並不比教宗國或托斯卡尼貧窮多少）。

顯而易見的是，統一沒有帶來任何幫助。早期由皮埃蒙特人領導的政府徵收更高的稅，並且沒收教會的土地，引發了一場被南部當局斥為強盜行為的叛亂。一八六〇年代中期，義大利十萬大軍無法在義大利南部維持和平。巴勒莫地區更是在海軍轟炸後才投降。

在統一之後的十年，南部有將近一萬人被判處死刑。北部人不僅引進並施行了自己的法律，而且還取消波旁王朝為了避開競爭而採取的保護主義措施，破壞了南部新興產業。很可能，如果南部保持獨立，今天會有錢一點。

南部內部的不平等是否會減少，則是另外一回事。儘管義大利南部在歷史上曾有過與北部相媲美的繁榮，但早在羅馬時代，就有證據顯示當地存在嚴重的貧富不均。當時南部鄉村由大莊園拼湊而成，奴隸為莊主工作。十八世紀，和歐洲其他地方一樣，地主搶占了大部分的公有土地，因此貧困情況在南部農村更加嚴重。農民永遠不會忘記或原諒土地被搶走。接下來幾個世紀，不時爆發的農村起義，旨在拿回他們認為屬於自己的東西。

從一八八〇年代開始，南部農村的貧困驅動了大批人口外移。在隨後的幾年，數以百萬南部人橫越大西洋，在美國、加拿大、巴西、阿根廷和其他地方，開始新生活。在法西斯時代，美國嚴格的移民法和拉丁美洲大部分地區低靡的經濟狀況，讓義大利人選擇留在國內。但在戰後，有超過一百萬人離開，特別是許多卡拉布里亞人移民到澳洲或加拿大。

當時，義大利當局很努力嘗試解決義大利南部的問題。一九四〇年代後期，政府進行了一些笨拙的土地改革，取得了部分成功。南部公共投資基金（Cassa per il Mezzogiorno）成立於一九五〇年。隨著經濟從戰爭的破壞中復甦，私人投資者樂意將資金投入到工資比北部低廉的南部。然而，這也顯示義大利南部持續受到剝削。一九七三年，那不勒斯還爆發了霍亂，這種由衛生條件差而引起的疾病，比較常出現在當時所謂的第三世界。當義大利發展了社會福利機制，許多應歸給南部的福利或給殘障人士的津貼，通常是使受益人免於貧困的一種方式，但有時會被人以詐欺手段取得，而不是用在真正的殘疾或其他符合條件的情況下。

即使在今天，南北的不平衡也很明顯。但是，地理差異並非義大利獨有，而且，與許多義大利人所認為的相反的是，自從一九五〇年代以來，差距已漸漸縮小。一九五四年，義大利最富裕地區皮埃蒙特的平均收入，比全國平均高出七十四%；在最貧窮的地區卡拉布里亞，平均收入比全國低了四十八%。②到了二〇一〇年，最有錢的地區是奧斯塔谷，平均收入比全國高出三十六%；最貧窮的是坎帕尼亞，比全國低了三十六%。換言之，貧富差距在五十六年內，從一百二十二%縮小到七十二%。

與鄰國相較，義大利國內的差距也不算懸殊。在法國和西班牙，最富裕的地區也比最貧窮的地區有錢兩倍。在英國，貧富差距甚至比義大利更大。衡量經濟上的不平等，對經濟學家來說，是個不容易又爭議十足的議題，因為在很大程度上，地區領土的大小也會影響結果。相對較高的地區平均收入，可能掩蓋了某些角落極端貧困的事實，而平均收入相對較低的地區，可能又有特定領域存在著巨額財富。為了解決這個問題，經濟合作暨發展組織使用所謂的吉尼係數（Gini index），來計算區域不平等的綜合指數。義大利的得分高於該組織其他成員國的平均，與英國、美國、加拿大甚至奧地利相比，貧富差距較小。

●●●

當然，數據是一回事，感覺是另一回事。如果人們覺得自己與他人不同，則比任何數字上的平均或係數都來的更重要。那麼義大利人覺得自己有多義大利呢？

根據我的經驗，在社會經濟地位的兩端，都可以找到對義大利最不認同的人。一邊是貴族。除了在皮埃蒙特的貴族之外，其他全國上下的貴族都因為統一而失去不少，從小池子的大魚突然間變成大池子的小魚。另一邊是教育程度最低和生活最困頓的義大利人。因為他們不可能離開家鄉，最有可能用方言與親友交談。但是，有大量證據顯示，義大利龐大且不斷增加的中產階級，對義大利有著強烈的認同感。

事實上，在公共場合，義大利人比其他國家更常強調國籍。報紙上經常會有一篇關於「我們義大利人」（noi italiani）應該如何幫助開發中國家的文章；也會聽到電視上的天氣預報說，強風即將吹過「我們國家」（il nostro paese）。電視廣告也常告訴觀眾，這個或那個系列的沙發、陶瓷品牌，甚至貨車出租公司，都是「國人愛用」（più amato dagli italiani）的商品。

這一切都表明了一種強烈的民族意識。這種意識在其他領域也很明顯。舉例來說，義大利裔、原籍阿根廷的毛烏羅．卡莫拉內西（Mauro Camoranesi），成為贏得二〇〇六年世界盃足球賽國家隊一員，沒有人覺得奇怪。但卡莫拉內西其實是第三十五個具有義大利血統的外國人，轉籍來為義大利效力。

在其他國家會被視為外國人的人，也會出現在義大利國會。根據義大利法律，國籍認定主要是以血統判定的屬人主義，而非由出生地決定的屬地主義。只要父母其中一位是義大利人，就有資格成為義大利人，還能將公民身分傳給下一代。[6] 要是你的義大利籍父母只有一半義大利的血統，也就是說，四位祖父母中可能只有一位是義大利人，但你還是可以成為義大利人，縱使你沒有來過義大利，也不會說半句義大利語。政府有一份海外義大利人名冊（AIRE），上面有超過四百萬人。如果這些人符合義大利民選代表的年齡資格，可以在義大利選舉中競選參議院或眾議院席位。有四個海外選區：歐洲、南美、中北美和世界其他地區。

直到幾年前，還有一場選美比賽是在選國際義大利小姐（Miss Italia nel Mondo），歷屆的冠軍中，有很多人的名字都不是常見的義大利名字，像是魯迪亞瓦（Rudialva）、史蒂芬妮（Stephanie）和金伯莉（Kimberly）。

所以，「義大利」是一個繼承的東西，而不是在哪裡長大然後獲得的東西。這個觀念使得從一九八〇年代初期開始來到義大利的大量移民，很難融入社會。屬人主義也使得眾多第二代移民明明在文化上遠比許多海外義大利人更義大利，卻得在身分模糊中成長。舉例來說，由於他們無權獲得護照，因此不能參加學校舉辦的國外旅遊活動。如果他們要獲得公民身分，就必須在十九歲生日之前提出申請，否則將永遠失去這個權利。

• • •

義大利一直以來都有少量外國人。在一八七一年至第二次世界大戰爆發前所進行的人口普查中，這些外國人占總人口的〇．二五%。③大戰結束後，從殖民地返回的義大利人，帶來了第一批非歐洲移民，經常用作僕人。下一波主要是季節性工人，從一九六〇年代後期開始來到這裡幫忙採收，在某些情況下會留下來找其他工作，像是在西西里島的突尼西亞人，坎帕尼亞則有從撒哈拉沙漠以南地區過來的非洲人，受雇採收番茄；在特倫蒂諾的東歐人則受雇採收蘋果。最早的菲律賓移民大部分是在家幫傭，大約在此時也來到義大利。在一九七〇年代和一九八〇年代，一些來自歐盟以外國家的移民，也開始在北部的工廠工作。

一九九四年，當我第一次擔任特派員來到義大利工作時，發現這個國家仍然以白人為主。根據一九九一年進行的人口普查，居民和非居民外國人僅占總人口的一．一％。住在我隔壁的伯爵和伯爵夫人，有一個斯里蘭卡籍的男僕，而在幾條街外，有一家酒吧是來自東北非的厄利垂亞人（Eritrean）所開的。我家附近的文化多元程度大概就這樣而已。

然而，不到一年左右，離我們最近的廣場，已經成為來自西非的維德角島（Cape Verde）女性的聚會場所，很多人聘她們當清潔工和保姆。在下一次人口普查，外國人的比例翻了一倍。在那之後，這個數字持續飆升。據估計，到二〇一四年，會有將近八％的人口是在另一個國家出生的。

迄今為止，最大的移民社區是羅馬尼亞人。但由於羅馬尼亞早在七年前就加入了歐盟，所以他們不算「非歐盟公民」（extracomunitari）。[7]接下來，則是摩洛哥、阿爾巴尼亞、中國、烏克蘭、菲律賓。這份名單的驚人之處在於，名單上沒有一個國家位於非洲撒哈拉沙漠以南。然而，義大利人（和其他人）每次想到義大利移民，總是想到那些從地中海另一邊出發的破爛小船，船上的人大多來自非洲。人們會有這種聯想，一種解釋是有很大一部分的非洲人穿過義大利後，很快就搬到更北方的其他國家。大多數留在義大利的移民，都是藉由其他方式來到。有些人走陸路進入歐盟，然後利用申根地區的開放邊界，落腳義大利。其他人則持旅遊或商務簽證抵達，然後逾期居留。

這些移民當然解決了勞動力的問題，但是，絕大多數都是未經授權或非法抵達義大利領土。（二〇〇九年，貝魯斯柯尼政府將沒有證明文件的移民視為罪犯，但之後已除罪化）。這讓那些憎恨移民的義大利人，更容易找到批評移民的理由。經濟合作暨發展組織估計，義大利合法和非法移民的比例大約二十比三。

義大利人經常會義正嚴詞地說，義大利沒有種族歧視。情況可能真是這樣：義大利人自己身為移民也經歷過偏見，因此應該不像大多數人那樣，傾向歧視外來者。例如，在美國，他們不得不切割與黑手黨的連結，還曾被蔑稱為「義大利佬」（Wops）。

但對有眼睛、有耳朵的人來說，義大利人很明顯有種族歧視，這在兩個領域尤為普遍：北方聯盟的支持者，以及足球場內外。二〇一三年，出生於剛果民主共和國，歸化為義大利籍的西西莉·坎基（Cécile Kyenge）成為義大利第一位黑人部長時，她不得不忍受北方聯盟成員一連串的侮辱。時任參議院副議長的羅貝多·卡爾德羅利（見第四章）說，西西莉·坎基讓他想起一隻猩猩。早在此之前，黑人足球員在客場（甚至有時在主場）上，經常被丟香蕉，死忠球迷在看臺上還會模仿猴子叫。對此，足球比賽當局對球迷的種族歧視採取越來越嚴格的手段。義大利第一位黑人前鋒馬利歐·巴洛特利（Mario Balotelli）在球場上表現出色（儘管不穩定），緩和了不少義大利足球界的種族仇恨。[8]

在義大利，比血淋淋的種族歧視更讓人注意到的，是嚴重的感覺遲鈍、不夠敏感。以二〇一三年某天晚上一個電視遊戲節目為例。主持人是義大利演藝圈名人帕歐羅·柏諾利斯（Paolo Bonolis）。他戴上一頂黑色假髮來取笑菲律賓人，模仿他們說話的口音。在任何時候，在義菲律賓人可能會覺得被冒犯，尤其節目上又演奏了他們的國歌。柏諾利斯為數百萬觀眾帶來歡笑，但在同時，菲律賓人正努力從海燕颱風造成的破壞中恢復。就在五天前，颱風襲擊菲律賓，造成六千多人死亡。

「在英國，我當然遇過種族歧視。」一位在羅馬和我一起工作的年輕非洲人說：「但那裡的種族主義者知道自己有種族歧視，你也知道他們知道。在這裡，人們會對我說最骯髒的話，但他們可能不覺得自己歧視他人。這很讓人不安，因為他們不知道不應該對黑人女性說這些話。我常常不知道該做何反應。」

可以說，這是因為移民大量湧入的速度，讓義大利人不得不在短時間內學習如何與外國人相處。其他缺乏種族意識的令人毛骨悚然的例子，還包括用有著黑臉、黑色硬髮的布偶（gollywog）來做巧克力的廣告；新聞報導只有在嫌犯不是義大利人時，會強調其種族背景；用人口販子或看守「黑鬼」的人（negrieri），來形容剝削人的老闆。

二〇〇五年至二〇〇七年世界價值觀調查的數據中，義大利有好有壞：義大利的種族歧視比其他一些歐洲國家更為普遍，但也不如另一些國家普遍。十一%的人表示，他們不希望鄰居是不同種族的人，而英國的這個比例不到五%，法國的這個比例則接近二十三%。考慮到英國（更不用說法國）有更長的時間來適應移民，義大利的表現算是前景可期。隨著義大利的移民越來越融入社會，希望過往移民碰到的那些偏見，會慢慢減少。

這還有待觀察。但有一項與西班牙的比較，就不那麼振奮人心了。西班牙人經歷了更加迅速和近期的移民。然而，只有不到七%的受訪者，告訴世界價值觀調查，他們不希望有不同種族的鄰居。（當然，問題可能是，西班牙人是真的歡迎外人？還是不願意承認他們其實不歡迎？）

其他因素顯示，或許在討論義大利種族歧視是否會消失時，要謹慎一些。第一，移民要成為義大利社會的一部分，仍面臨許多客觀上的困難。連續幾次特赦，讓大多數新移民有權留在義大利。但由於公民身分主要取決於血統，因此他們更難邁出下一步，成為義大利人。實際上，除非第一代移民與義大利人結婚，否則幾乎不可能獲得公民身分。他們的孩子必須等到十八歲才能申請。

另一個讓人懷疑的地方，則是因為義大利沒有對其殖民歷史有任何的回顧或省思。不是因為這個問題會造成社會分裂；而是義大利從頭到尾就不覺得這是個問題。一直以來，義大利人似乎和衣索比亞、厄利垂亞、索馬利亞或利比亞毫無瓜葛。東非這些國家的困境，與義大利在十九世紀和二十世紀的征服與剝削是否有關，媒體卻從未問過。而且，根據最近一項研究，一九四五年到二〇〇五年的這六十年間，關於義大利的殖民過往，只出現在一部電影和一本小說裡。④這本小說是恩尼奧．費拉亞諾的《殺戮時刻》（*Tempo di uccidere*），也是同名電影的原著。[9] 外國人所製作的關於那個時期的電影常被忽略。《大地雄獅》（*Lion of the Desert*）是一部關於利比亞反抗義大利占領行為的運動領袖奧馬・穆赫塔（Omar Mukhtar）的電影，廣受好評。電影由利比亞政府出資，由多位好萊塢明星主演，但從未在義大利上映。

這種不願正視殖民歷史的態度，現在可能正在改變，雖然非常緩慢。二〇〇〇年代中期開始，已出現了幾位對這段歷史有興趣的義大利小說家和第一代移民作家。

不過，義大利對羅姆人（Romani，即俗稱的吉普賽人）態度的轉變，不是變得容忍，而是變得更仇視。吉普賽人自十五世紀以來一直生活在義大利。辛提人（Sinti）是自認為不同於羅姆人的族群，從北方搬來。其他羅姆人則從巴爾幹地區移入，定居在義大利南部和中部。但近年來，義大利的羅姆人人口成長了一倍。首先是來自前南斯拉夫的羅姆人，自一九七〇年代慢慢移入，但在一九九〇年代，隨著戰爭爆發讓南斯拉夫解體，人數急劇增加。最後，大量羅姆人從羅馬尼亞抵達，特別是在羅馬尼亞於二〇〇七年加入歐盟之後。即使這樣，義大利的羅姆人和辛提人的總數，據估計約為十五萬人：約占總人口的〇・

二五%，是歐洲比例最低的國家之一。⑤

反吉普賽的偏見不是只有義大利人有，義大利當局也不是唯一難以替羅姆人制定政策的政府。但不尋常的是，義大利堅持將所有辛提人和羅姆人視為游牧民族（nomadi）。這個詞不僅被政治人物、官員和記者廣泛使用，就連支持羅姆人的人也廣泛使用。該領域最古老的天主教志願協會，自從一九六五年得到政府承認後，便被稱為「游牧基金會」（Opera Nomadi）。

撇開羅姆人由於遭受歧視和迫害而顛沛流離一事不談，義大利本土的許多辛提人和羅姆人已經盡可能地融入社會，因此，把「游牧」一詞用在先前定居在巴爾幹半島的羅姆人，完全是誤用。把他們視為遊牧民族，暗示這些移民應該被集中管理（而且暗想他們會繼續遊牧到別的地方，隱約希望他們想要搬到義大利以外的某個地方）。

自一九八〇年代以來，種族隔離一直是義大利官方政策的核心，當時地方政府已開始設立營地，以響應一系列的地區法律，這些法律要求將營地當作尊重羅姆人「游牧」文化的一種方式。二〇〇七年，羅馬郊區一名義大利婦女遭到殘忍的謀殺，引爆群眾憤怒。警方逮捕了一名羅姆移民。當時的中間偏左政府已經受到來自右派的壓力，要求對主要城市及其周邊地區越來越多隨意搭建的營地採取行動。政府在恐慌之餘，匆忙頒布了一項法令，讓當局能夠將任何被認為對安全構成威脅的歐盟公民，從義大利驅逐出境。隨後，有六千多人因此被趕出羅馬的營地。

次年就職的貝魯斯柯尼政府，又更進一步宣布「坎帕尼亞、拉吉歐和倫巴底大區游牧民族的營地進入緊急狀態」。後來又增加了皮埃蒙特和威尼托。

在首都，當局利用媒體所謂的「羅姆人緊急狀態」，來強制關閉所有未經授權的營地，並將其居住者搬到遠離住宅區且設有圍欄的羅姆人營地。一些人權組織撻伐，這不僅是種族歧視，而且使羅姆人幾乎不可能找到或保持正常工作，更不用說融入義大利社會。二〇一三年，最高法院裁定，實施緊急狀態的法律確實具有歧視性，並將其推翻。但法官的裁決似乎對官方政策影響甚微。

「羅姆人緊急狀態」引發了關於移民與犯罪之關聯的更大爭議。貝魯斯柯尼及其盟友在二〇〇〇年代的所有競選活動中，都強調了這種關聯。官方數據確實顯示，外國人被逮捕的比率高得驚人。但是，在生活已正常化的移民中，犯罪率並不比其他人口高。可以猜到，這個問題主要侷限在那些身分非法，並且沒有權利從事正常工作的移民。

直到最近，政治人物才開始公開承認移民的重要性，尤其義大利在這個世界上是出生率最低和人口老化最快的社會。如果沒有移民的貢獻，義大利人的福利制度不可能維持，因為付錢讓福利制度運作的人數，與領取養老金和福利的人數，並不平衡。此外，與流行觀點相反的是，移民不會搶走當地人的工作。在大多數情況下，他們從事的工作是當地義大利人不願意或不適合做的。有技術的阿爾巴尼亞工人在建築業就是一個例子。義大利銀行的一項研究發現，移民促使義大利人從事更高階的工作，進而增加收入。⑥

就跟其他國家的人民一樣，這並不是義大利人對移民唯一有偏見的領域。二〇一二年，一個智庫委託進行了一項民意調查，其中有個問題是要求受訪者估計有多少外國人住在義大利。回答的數字平均在一百萬到二百萬之間，還不到真實數字的一半。受訪者同時高估了非法移民的數量，並嚴重低估移民對國家產出的貢獻。雖然當時外國人約占總人口的八%，但他們創造了義大利超過十二%的國內生產毛額。⑦

註釋

1、十九世紀初，當時的奧地利總理克萊門斯・馮・梅特涅（Prince Klemens von Metternich）用這句話輕蔑地描述義大利。

2、這場戰鬥被北方聯盟用來創造民族主義神話。他們認為，「帕達尼亞人」聯合起來，驅逐了可恨的日耳曼入侵者。這與聯盟其他部分的歷史解讀很不一致。他們也說，帕達尼亞人在種族上與其他義大利人不同；他們是倫巴底人的後裔，但倫巴底人就是日耳曼人。

3、二〇〇五年，《晚郵報》報導美國太空總署發現了一顆名為Apophis的小行星，該小行星將在本世紀末撞到地球。這則報導的標題是：「二〇三六年，一顆小行星即將撞擊義大利」。

4、薩雷諾的這所醫學院中，最傑出的老師之一是名叫特洛塔（Trotula）的女性，據說她是第一部婦科論文的作者，該論文發表於一一〇〇年左右。

5、很諷刺的是，北部人用來貶低南部人的詞是terrone，這個字源自於terra（土地），大概等同於「鄉巴佬」。

6、只有一九四七年以後出生的人，才有資格透過母系血統拿到身分。

7、羅馬尼亞於二〇〇七年成為歐盟成員國。但是，有一個過渡期，其公民要到二〇一二年，才自動獲得在義大利工作的權利。大約在羅馬尼亞加入歐盟的時候，「移民」（immigrati）一詞開始取代「非歐盟公民」，也許是因為「移民」這個詞也可以指稱羅馬尼亞人，讓義大利人繼續把他們當作「他者」。

8、馬利歐．巴洛特利出生在巴勒莫，父母來自西非的加納。他的父母搬到倫巴底。他在三歲時被一個義大利猶太家庭收養，所以跟了他們的姓。

9、《殺戮時刻》（*Tempo di uccidere*）的英文片名為*Time To Kill*。

結語

雖然最近有一個人好像綻放了一些火花，讓我們以為他是上帝為了救贖我們而派來的人，但後來發現，在他事業的巔峰，命運棄絕了他；因此，義大利，仍然沒有生命，仍等待治癒她傷口的人。

——馬基維利，《君王論》

很少有國家像義大利那麼靠近幸福。一提到義大利，就想到陽光燦爛、蔚藍的天空、波光粼粼的大海；美味、讓人幸福的食物；長得美麗，衣著考究的人；起伏的山丘，四季常青；博物館裡眾多西方最傑出的藝術作品。因此，當發現大量證據顯示，義大利人並不快樂，可能會讓人意外。由於經濟學家也會使用非經濟面向來衡量福祉，一系列民意調查受此啟發而展開，發現義大利人很不滿意自己的生活。

調查顯示，二〇〇二年和二〇〇四年當時組成歐盟的十五個國家中，義大利是其中最不幸福的國家。從「生活滿意度」來看，義大利排名倒數第四。① 二〇〇七年，在這十五國中，義大利的得分最低。在二〇一一年，義大利排名倒數第三（雖然很多在二〇〇四年加入歐盟的前共產主義國家，分數更低。）②

義大利人過得痛苦當然有一個很好的理由：他們愈來愈貧窮。西爾維奧・貝魯斯柯尼主宰了義大利政壇十年，對經濟來說是一場災難。在他執政末期，有一個時間點，僅有兩個國家的經濟表現比義大利還差：遭受毀滅性地震襲擊的海地，以及羅伯・穆加比（Robert Mugabe）掌權的辛巴威。到二〇一一年，當貝魯斯柯尼下臺時，義大利的平均每人國內生產毛額（衡量平均繁榮程度的傳統指標）比二〇〇〇年（他上臺的前一年）還低。③

在其他方面，這個國家也倒退了。例如，有跡象顯示，儘管數位科技在二〇〇〇年代變得普及，但行政體系變得更糟，而不是更好。一項研究得出的結論是，從二〇〇三年到二〇一二年這十年間，義大利人排隊等候公共服務的時間增加了。在郵局，平均等待時間增加了三十九％。④

這些問題並不全是貝魯斯柯尼造成的。就跟南歐其他國家一樣，義大利在採用歐元時，並未完全意識到，這代表要跟包括德國在內的單一貨幣區其他成員國公平競爭。過去，義大利能夠藉由貶值來恢復其競爭力，並保持出口成長。在加入歐元區之後，此舉變得不可能。此外，與西班牙和葡萄牙不同的是，義大利背負著極高的公共債務。在很大程度上，義大利人給了自己一個現代化的福利國家，卻沒有建立足夠強大的經濟。但這也是大量浪費和貪腐的結果。

因此，當二〇〇九年義大利受到歐元危機的衝擊時，經濟狀況非常糟糕。隨著失業率攀升、破產數增加、年邁的政治人物沒有想要放棄權力的跡象，許多最聰明的年輕人選擇離開。二〇〇三年至二〇一四年間，移居國外的義大利人，人數增加了一倍多。在這段期間的最後幾年，外移人口一半以上是三十五歲以下的男女。⑤一九五〇年代和一九六〇年代時，搬到歐洲其他地區的義大利人，大多沒有一技之長；但最近這波人口外移潮，大多是想到英國、美國、加拿大、德國、北歐和其他地方尋找工作機會的大學畢業生。

義大利最著名的企業顧問圭多・羅西（Guido Rossi）曾說，這個國家最嚴重的弊病是「拒絕規則和厭惡改變」。⑥這很難讓人不同意，但也不一定是不變的特質。例如，近年來，義大利人被迫更加遵守道路規則。二〇〇三年，貝魯斯柯尼當時的交通部長，實施了每位司機有一定積分的系統。如果違法，就會被扣分；如果沒有足夠的分數，就會失去駕照。這項和其他措施大幅減少了交通事故死亡人數。到二〇一二年，死亡人數幾乎少了一半。⑦還有一些理由，讓人對義大利人或許願意改變一事，抱持謹慎樂觀的態度。如前所述，在我撰寫本書時，一位三十九歲的總理出現，組成了一個半數為女性的內閣。

馬泰奧・倫齊和他這一代的人，所面臨最重要的任務，是給義大利一個新的夢想、新的泉源，可以勾勒未來，並充滿信心。義大利當然不是唯一一個失去夢想的國家。在失去帝國之後，我自己的國家英國漫無目標地漂泊，直到柴契爾的自由市場精神滲透到經濟和社會的每個角落（儘管大家仍在持續爭論其好壞）。

墨索里尼的義大利也有一個帝國夢，但在第二次世界大戰中被一掃而空，取而代之的是幾個新的想法。一個是反法西斯主義，把游擊隊運動的精神擴展到整個國家。另一個是大西洋主義：冷戰期間，義大利成為美國在歐洲最堅定的盟友之一，也許甚至比英國更堅定。一九五七年後，當義大利作為創始成員，加入歐洲經濟共同體時，大西洋主義與日益茁壯的歐洲主義結合在一起。在二〇一〇年的民意調查顯示，義大利人對歐盟的信任度甚至超過德國人。

在某種程度上，義大利的歐洲主義，就像義大利的大西洋主義一樣，是自私的。之所以聽美國的話，是因為美國馬歇爾計畫的利益，讓義大利也分了一杯羹。同樣地，有一個和鄰國組成的聯盟，讓義大利有了外銷的新市場，又可以拿到對貧窮區域的補助，何樂而不為。在加入歐洲經濟共同體兩年之後，義大利經濟大幅成長，一直持續到一九六三年。這些年的國內生產毛額年平均成長率為六．三％。⑧

但我認為，義大利人對歐洲共同體的熱情，還有另一個更崇高的原因。人們常說，法國和德國之所以接下這個建設新歐洲的任務，是因為新歐洲象徵衝突的結束，畢竟不到一個世紀內，歐洲的戰事徹底毀滅了這兩國。但很少有人提到義大利人有類似的動機。他們也是與其他歐洲人軍事衝突的受害者。在歷史上，有更長的時間經歷了戰亂。

近年來，支持義大利度過冷戰的所有理念，都蒙上了陰影。首先消失的是反法西斯主義，在一九九四年，貝魯斯柯尼的第一任期中，內閣包括了新法西斯主義的繼承人。義大利與美國的特殊關係，尚未從二〇〇一年之後遭受的挫折中恢復，因為許多義大利人對小布希總統所採取的政策，以及入侵伊拉克的決定感到不滿。義大利的歐洲主義也因為歐元區危機而遭受重創，從二〇〇七年五月至二〇一二年十一月，不信任歐盟的義大利人幾乎多了一倍，從二十八%增加到五十三%。⑨

到二〇一二年初，義大利的士氣可能已降到第二次世界大戰以來的最低點。前一年，由於投資者對貝魯斯柯尼政府管理經濟能力的信心下滑，義大利政府債券利率飆升，似乎要走向巨額債務違約。一月十三日，一艘由義大利船長駕駛的義大利籍郵輪「歌詩達協和號」（Costa Concordia），撞上托斯卡尼的吉廖島（Giglio）的岩石並沉船，造成三十二人喪生。沉船事件似乎隱喻著整個社會的失敗。

有兩種看待未來的方式。許多義大利人，尤其是中老年人，認為國家注定會衰落：一九五〇、一九六〇和一九八〇年代的繁榮，只是海市蜃樓；義大利人永遠無法在德國主導的歐元區站穩腳步。雖然國家可能不會變得更貧窮，但會繼續輸給歐洲鄰國。

「我們是一個古老的國家。」一位傑出的政治評論員曾在午餐時對我說：「我們最好的希望就是可以控制衰退。」

另一位著名的記者兼作家，在一部作品中提出了類似的觀點。作品的標題令人絕望：《很少或沒有：我們曾經很窮，而且我們將回到貧窮狀態》（*Poco o niente. Eravamo poveri. Torneremo poveri*）。⑩

五百多年前，馬基維利表達了比較樂觀的看法，出自於和本章開頭引言的相同段落：「為了發現義大利精神的美德，有必要讓義大利跌到目前的谷底。」

二〇一四年，義大利電影《絕美之城》（*La grande bellezza*）贏得了奧斯卡最佳外語片，這為國家的自尊帶來了提升。帕歐羅·索倫提諾（Paolo Sorrentino）的電影聚焦在男主角傑普·甘巴德拉（Jep Gambardella），他犧牲了自己小說家的生涯，成為羅馬頹廢、粗俗社會的一員。有時，他會回想起年輕時的事件，而電影的最後一幕暗示，第一次感到愛的他，卻無法用身體表達愛意，藉此比喻他文學上的無能。

這部電影首次上映時，受到了大多數義大利主要評論家的批評，大家把電影看作是費里尼的傑作《生活的甜蜜》的粗俗翻拍版。我也一樣，不喜歡《絕美之城》，但就只討厭前三分之二。看完電影之後的那幾天，神祕的情節和令人難忘的畫面，就像其他偉大的藝術創作那樣，在我腦中縈繞。

《絕美之城》可以有多種詮釋。對一些人來說，電影是在講羅馬及其看似無可避免的衰落。事實上，在奧斯卡頒獎典禮的幾天前，倫齊政府採取了行動而讓義大利免於破產，但過了幾天，義大利在部分供水網絡中檢測到砷和石棉。對於其他人來說，《絕美之城》是一部存在主義的作品，是對生活的目的，或者也許是漫無目的的反思。但電影也抓住了可能讓義大利出現轉折的精神，如果義大利人能夠做到這一點的話。

隨著電影的推進，傑普被編輯派到歌詩達協和號殘骸所在的現場，他暗示自己可能會再寫一本書。然後，一位聖潔的老修女告訴他：根很重要。聽了建議之後，他回到最初的，顯然未完成的激情場景。

電影以傑普心中的獨白作結。他的聲音，配上了老修女和他站在岸邊岩石的畫面：

這總是結束的方式，以死亡。但首先是生命，隱藏在廢話底下。一切都在嘰嘰喳喳和噪音之下：沉默和情感；情緒和恐懼；憔悴又無常的美之灰燼，然後是可憐的骯髒和悲慘的人性；全都埋藏在活著的尷尬之下。在這之外，在這之外的還有東西。我不處理在這之外的東西。

然後傑普開始微笑著繼續說：「因此，讓這本小說開始吧。畢竟，這只是個把戲。是的，這只是個把戲。」

謝辭

像這樣的一本書，是建立在無數的觀察和印象之上，就像石灰岩是由無數的小貝殼組成一樣。因此，我首先要感謝我在義大利度過的這些年來，遇到的每個義大利人：朋友、鄰居和一面之交的人們。正是他們對自己的描述和對社會的解釋，他們的推薦和建議，他們的暗示和沉默，讓本書有了內容。

我十八歲時，第一次在義大利短暫生活和工作。一九九四年，時任《衛報》外事編輯的保羅．韋伯斯特（Paul Webster），邀請我以南歐特派員的身分，重新加入報社，派駐羅馬。要是沒有這次的機會，我可能除了到義大利度假之外，永遠不會來到這裡居住。五年後，當我再次離開義大利時，並沒有回來的打算，如果《經濟學人》當時的歐洲編輯山．史密利（Xan Smiley）和編輯比爾．艾默特（Bill Emmott）沒有安排我成為該報的義大利特派員，我也不會寫這本書。還要衷心感謝阿倫．羅斯布里奇（Alan Rusbridger），他當時是《衛報》的編輯，提議讓我同時負責兩家報社的工作，後來又同意讓我休一段無薪假來寫這本書。《經濟學人》的現任編輯約翰．麥克列威特（John Micklethwait）不僅同意，後來還慷慨地給了我一段有薪假，讓我可以完成已經展開的寫作。約翰．皮特（John Peet）

在我於義大利工作期間，一直擔任《經濟學人》的歐洲編輯，他容忍了我定期躲起來寫書。

在我擔任義大利特派員的每一段工作中，都受到義大利報社的熱情款待：首先是《新聞報》，最近是《晚郵報》，都讓我有機會好好了解義大利和義大利人。我非常感謝這兩家報社在我工作期間的編輯：Ezio Mauro、Carlo Rossella、Stefano Folli、Paolo Mieli、Ferruccio de Bortoli；以及羅馬辦公室主任和羅馬編輯，他們是直接歡迎並招待我的人：Marcello Sorgi、Ugo Magri、Antonio Macaluso、Marco Cianca、Andrea Garibaldi、Goffredo Buccini。

我還要藉此機會感謝這兩份報紙的記者、主題作家和地區記者。義大利記者總是不遺餘力向外國同事提供幫助和建議。多年來，我非常感謝《新聞報》和《晚郵報》的記者，感謝他們的洞察力，願意和我分享他們的知識。對本書內容做出直接貢獻的人包括：Massimo Franco、Lorenzo Fuccaro、Daria Gorodisy、Stefano Lepri、Dino Martarano、Ilaria Sacchettoni。

還要感謝 Eliza Apperly、Elizabeth Bailey、Lara Bryan、Simon Chambers、Bianca Cuomo、Giulia Di Michele、Bea Downing、Katharine Forster、Will Harman、Sophie Inge、EF Education First 的 Yerrie Kim、Tom Kington、Flavia Manini、Maria Luisa Manini、Hannah Murphy、Laura Nasso、Marie Obileye、GBGC 的 Lorien Pilling、Hannah Sims、Helen Tatlow、Katherine

Travers、Ed Vulliamy、Tom Wachtel、Sean Wyer。

Paddy Agnew、Antonio Manca Graziadei、Isabella Clough Marinaro，慷慨同意將他們的專業知識，分別用於第十四、十八和十九章。Francesca Andrews 和 Maria Bencivenni 通讀了本書大部分內容。他們珍貴的觀察和建議，顯示他們同時了解義大利和英國的社會文化。若本書有任何錯誤，責任在我。

再也不會有比露西・拉克（Lucy Luck）更投入、更熱情、更執著的經紀人。我非常幸運有西蒙・溫德（Simon Winder）當我的編輯。他本人不僅是一位成功的作家，而且著作也與我的關注之處類似。本書因為他敏銳的評論，變得更好。Penguin Group USA 的梅蘭妮・托托里（Melanie Tortoroli）一直以來都很支持我（也很有耐心）。

我的妻子露辛達・艾文斯（Lucinda Evans）用一位前全國性報紙副主編的敏銳眼光，閱讀了整份手稿。這本書因為她良好的判斷和對文字的感覺，增色不少。但她的主要貢獻是一種更幽微的貢獻：在我的義大利冒險之旅中，她一直陪伴著我，一路上與我分享的見解和反思，幾乎可以在書中的每一章找到。

附註

第 1 章　美麗的國度

1. Luigi Barzini. *The Italians*. Touchstone. 1964.

第 2 章　充滿暴力的過往

1. Einhard. *The Life of Charlemagne.* Trans. Samuel Epes Turner. Harper & Bros. 1880.
2. *Annales regni Francorum.* Trans. Richard E. Sullivan in The Coronation of Charlemagne. D. C. Heath. 1959.
3. Einhard. *Op. cit.*

第 3 章　歷史的殘響和餘波

1. I Robert D. Putnam with Robert Leonardi and Raffaella Y. Nanetti. *Making Democracy Work: Civic Traditions in Modern Italy.* Princeton University Press. 1993.
2. Example taken from J. J. Kinder and V. M. Savini. *Using Italian: A Guide to Contemporary Usage.* Cambridge University Press. 2004.
3. Paolo Conti. *'De Rita: non siamo crudeli. Ma ci sentiamo superiori'. Corriere della Sera.* 12 January 2010.
4. Marco Managò. *Italiani in fila.* Serarcangeli. 2009.
5. Quoted in Indro Montanelli. *L'Italia dei notabili (1861–1900).* Rizzoli. 1973.

第 4 章　虛實交錯的鏡廳

1. Enrico Borghetto and Francesco Visconti. *The Evolution of Italian Law. A study on post-enactment policy change between the First and Second Republic.* Paper prepared for the XXVIth SISP Annual Meeting, 13-15 September 2012.
2. 'I am the way, the truth, and the life' : John 14:6.

第 5 章　幻想與事實

1. Simona Ravizza. Copiare a scuola è sbagliato. *Come spiegarlo ai figli?'* Corriere della Sera. 25 May 2013.
2. 相關表格並沒有指出該數據的年份，但報告中的其他數據指出是在 1999 年。

第 6 章　面子值多少

1. Sandro Veronesi. *La forza del passato. Bampiani.* 2000. Trans. Alastair McEwen. The Force of the Past. Fourth Estate. 2003.
2. Berlusconi: *"Mio padre mi ha insegnato ad avere il sole in tasca". Il Gior nale.* 19 March 2008.
3. A video of the song made for the 2008 general election campaign can be watched at https://www.youtube.com/watch?v=WXf-YbsShoY
4. http://www.silvioberlusconifansclub.org/main.asp?IDL=5
5. *Fisco: Berlusconi, se tasse a 50-60% evasione giustificata.* Ansa. 2 April,2008.
6. http://www.forbes.com/sites/briansolomon/2011/11/10/the-rise-and fall-of-silvio-berlusconis-fortune/
7. Nando Pagnoncelli. *'Europee, la crescita di Grillo. Forza Italia ancora sotto il 20%'.* Corriere della Sera. 3 May 2014.
8. John Hooper. 'Italy's web guru tastes power as new political movement goes viral. Guardian. 3 January 2013.

第 7 章　人生即藝術

1. http://www.mcdonalds.it/azienda/storia/cifre
2. http://outfront.blogs.cnn.com/2013/03/20/outfront-extra-why-are-there-no-starbucks-in-italy/
3. *La cucina italiana: Storia di una cultura.* Laterza. 1999. Trans. Aine O'Healy. *Italian Cuisine: A Cultural History.* Columbia University Press. 2003.

第 8 章　每星期四吃麵疙瘩：保守與冒險

1. *La vita quotidiana nel 2005.* Istat. 6 April 2007.
2. Survey conducted by JupiterResearch, quoted in Michael Fitzpatrick. "This is Social Networking, Italian style." *Guardian.* 6 November 2008.
3. http://unstats.un.org/unsd/EconStatKB/Attachment540.aspx

第 9 章　宗教、神職與政治

1. Clara Petacci. Ed. Mauro Suttora. *Mussolini segreto.* Rizzoli. 2009.
2. C. Falconi. *La Chiesa e le organizzazioni cattoliche in Italia (1945–1955).* Turin. 1956. Quoted in Paul Ginsborg, *A History of Contemporary Italy: Society and Politics 1943-1988.* Penguin Books. 1990.
3. http://www.cdo.org/Portals/o/Pubblicazioni/CDO-BROCHURE_ITA_WEB.pdf
4. Giambattista Anastasio. *'Il sistema di potere del movimento nella prime regione d'Italia'. Il Giorno.* 22 April 2012.

第 10 章　義大利女人：態度的轉變

1. http://www.psicolab.net/public/pdfart/11286.pdf
2. Norman Douglas. *Old Calabria.* Secker. 1915.
3. Romana Frattini and Paolo Rossi. *"Report sulle donne nell'università italiand". Meno di Zero.* III, 8-9 Jan-Jun 2012.

第 11 章　戀人和兒子

1. Marcantonio Caltabiano. *"L'età al primo rapporto sessuale".* 2013. http://www.neodemos.it/index.php?file=onenews&form_id_notizia=681
2. *The Global Face of Sex*, 2012.
3. Marcantonio Caltabiano and Letizia Mencarini. *"Le prime fasi della vita sessuale e di coppia".* Paper delivered to the Decima Conferenza Nazion ale di Statistica. Rome. 15-16 December 2010.
4. *Sexual Wellbeing Global Survey, 2007-08.*
5. Tobias Smollett. *Travels through France and Italy.* Letter XXVII.
6. International Social Survey Programme. 'Family and Changing Gender Roles II'. 1994.
7. *Price Runner Safe Sex League Table.* 2009.
8. *'Il 37% delle italiane fedeli al coito interrotto'. Corriere della Sera.* 10 October 2006.
9. *The Global Face of Sex*, 2012.
10. *Mamma*, composed in 1941 by Cesare Andrea Bixio with Italian lyrics by Bruno Cherubini.
11. *Mama*, lyrics by Harold Barlow and Phil Brito. 1946.
12. Marina D'Amelia. La Mamma. Le Edizioni del Mulino. 2005.
13. Eric Hobsbawm and Terence Ranger, eds. *The Invention of Tradition.* Cambridge University Press. 1983.
14. Fabrizio Blini. *Mamma mia!* Baldini Castoldi Dalai. 2007.
15. Raeleen D' Agostino. Global Psyche: Forever Mamma's Boy' *Psychology Today*, US Edition. March/April 2008, Volume 41, No. 2. The full interview is to be found at http://www.roberto-vincenzi.com/inter vista_mammismo.htm
16. Tim Parks. *An Italian Education.* Secker & Warburg. 1996.
17. Commissione Affari Sociali. Camera dei Deputati. *'Indagine conoscitiva su aspetti sociali e sanitari della prostituzione'.* 1999.
18. Istat. *'La popolazione omosessuale nella società italiand'.* 17 May 2012.

第 12 章　家庭事務
1. Francis X. Rocca. 'Italy's Family Ties: Rome's austerity package threatens the country's traditional social structure'. *Wall Street Journal.* 15 July 2011.
2. Marco Manacorda and Enrico Moretti. 'Why Do Most Italian YoungMen Live with Their Parents? Intergenerational Transfers and Household Structure'. Discussion paper no. 5116. Centre for Economic Policy Research. London. June 2005.
3. Alessandro Rosina, Letizia Mencarini, Rosella Rettaroli. *"Inizio dell'età adulta".* 2005.
4. Martin Ljunge. Was Banfield right? Family ties and civic virtues'. University of Copenhagen. 2011.

第 14 章　選邊站：群體生活與足球
1. John Foot. *Calcio: A History of Italian Football.* Fourth Estate. London. 2006.
2. Gianni Brera. *'Quel calcio lineare e sovrano'. La Repubblica.* 3 February 1987.
3. Paddy Agnew. *Forza Italia: A Journey in Search of Italy and Its Football.* Ebury Press. 2006.

第 15 章　執業限制：保護主義與排外
1. Adrian Michaels. 'Barbarian at the gate'. *Financial Times.* 15 March 2008.
2. Francesco Viviano. *'Io e mio padre Provenzano. Cosi faccio i conti con la mafia'.* La Repubblica. I December 2008.

第 16 章　黑手黨
1. Roberto Saviano. *Gomorra: Viaggio nell' impero economico e nel sogno di dominio della camorra.* Mondadori. 2006. Trans. Virginia Jewiss as *Gomorrah: Italy's Other Mafia.* Macmillan. 2007.
2. http://www.investimentioc.it/files/PON-Presentazione_Linea%201_Gli%20investimenti_delle_mafie.pdf
3. Leonardo Sciascia. *Il giorno della civetta.* Einaudi. 1961. Trans. Archibald Colquhoun and Arthur Oliver as *The Day of the Owl.* Jonathan Cape. 1963.
4. George Armstrong. "Mafiosi Widen Their Horizons-by Order'. Guardian. 1 April 1974.
5. Nicola Gratteri and Antonio Nicaso. *Fratelli di Sangue.* Pellegrini Editore. 2006.

6. Diego Gambetta. *The Sicilian Mafia: The Business of Private Protection.* Harvard University Press. 1996.

第 17 章　誘惑與賄賂

1. Giuseppe Prezzolini. *Codice della vita italiana.* La Voce. 1921.
2. http://ec.europa.eu/anti_fraud/documents/anti-fraud-policy/research-and-studies/identifying_reducing_corruption_in_public_procurement_en.pdf#page=7&zoom=auto,0,480
3. Pino Nicotri. *Tangenti in confessionale: Come preti rispondono a corrotti e corruttori.* Marsilio Editori. 1993.
4. See Giovanni Cerruti. *"Il Belpaese dei felici e raccomandati". La Repubblica.* I July 2008.
5. Its findings were summarized in Filippo Ceccarelli. *"Siamo tutti raccomandati. La Repubblica.* 16 November 2007.

第 18 章　赦免與正義

1. The same remark in slightly different form is ascribed to Giolitti. But whereas I have never been able to find a source for Giolitti's supposed quip, Mussolini's appears in Emil Ludwig. *Mussolinis Gespräche mit Emil Ludwig.* 1932. Translated into English by Paul Eden and Paul Cedar as Talks with Mussolini. AMS Press, Inc. 1933.
2. www.terrelibere.org/doc/storia-di-tangentopoli
3. Luigi Ferrarella. *"Mani pulite, 2565 imputati". Corriere della Sera.* 17 February 2000.
4. See William T. Pizzi and Mariangela Montagna. "The Battle to Establish an Adversarial Trial System in Italy". *Michigan Journal of International Law*, Volume 25: 429, 2004.
5. M. F. Aebi and N. Delgrande. SPACE-Council of Europe Annual Penal Statistics: Prison Populations. Survey 2012. Strasbourg. Council of Europe.

第 19 章　身分認同

1. *Faccia d'angelo (Angel Face)*. Broadcast by Sky Cinema I, 12 & 19 March 2012, and by La7 on 15 December 2013.
2. Paul Ginsborg. *A History of Contemporary Italy: Society and Politics 1943-1988.* Penguin Books. 1990.
3. Asher Colombo and Giuseppe Sciortino. "Italian Immigration: The Origins, Nature and Evolution of Italy's Migratory Systems". *Journal of Modern Italian Studies.* 9 (I), 2004.
4. Paolo Jedlowski and Renate Siebert. *"Memoria coloniale e razzismo".*

In Un paese normale? Saggi sull'Italia contemporanea. Andrea Mammone, Nicola Tranfaglia, Giuseppe A. Veltri (eds.). Dalai Editore. 2011.

5. Nando Sigona. *'Rom e Sinti come "problema": discorso pubblico, politiche e prassi'*. In Mammone, et al. Ibid.
6. Francesco D'Amuri and Giovanni Peri. "Immigration, Jobs and Employment Protection: Evidence from Europe before and during the Great Recession". Banca d'Italia working papers: 886. October 2012.
7. Rapporto Unioncamere 2011. The figure was put at exactly 12 percent in Unioncamere's 2012 report (http://www.starnet.unioncamere. it/Rapporto-Unioncamere-2012_5A33).

結語

1. Aqib Aslam and Luisa Corrado. No Man is an Island: The Inter-personal Determinants of Regional Well-Being in Europe'. Cambridge Working Papers in Economics. April 2007.
2. Eurofound (2013). "Third European Quality of Life Survey - Quality of Life in Europe: Subjective Well-being'. Publications Office of the European Union. Luxembourg.
3. http://www.economywatch.com/economic-statistics/Italy/GDP_Per_Capita_Constant_Prices_National_Currency/
4. *'Burocrazia, se cambiare diventa un'impresa'. Avvenire.* 18 October 2013.
5. Censis. *47° Rapporto sulla situazione sociale del Paese/* 2013.
6. 'Face Value: The Troubleshooter'. *The Economist.* 9 December 2006.
7. http://assicurazione-auto.supermoney.eu/news/2013/06/meno-morti-sulle-strade-italiane-i-nuovi-dati-istat-0020382.html
8. Ginsborg. *Op. cit.*
9. Ian Traynor. 'Crisis for Europe as Trust Hits Record Low'. *Guardian.* 24 April 2013. http://www.theguardian.com/world/2013/apr/24/trust-eu-falls-record-low
10. Giampaolo Pansa. *Poco o niente. Eravamo poveri. Torneremo poveri.* Rizzoli. 2011.

熱情面具下的義大利人：從羅馬帝國到文藝復興，從尖端時尚到黑手黨，揭開你所不知道的義大利人真實面貌

The Italians

作　　者——約翰．胡伯（John Hooper）
譯　　者——蔡宗翰
封面設計——萬勝安
內文設計——劉好音
執行編輯——洪禎璐
責任編輯——劉文駿
行銷業務——王綬晨、邱紹溢
行銷企劃——曾志傑、劉文雅
副總編輯——張海靜
總 編 輯——王思迅
發 行 人——蘇拾平
出　　版——如果出版
發　　行——大雁出版基地
地　　址——台北市松山區復興北路 333 號 11 樓之 4
電　　話——（02）2718-2001
傳　　真——（02）2718-1258
讀者傳真服務—（02）2718-1258
讀者服務 E-mail— andbooks@andbooks.com.tw
劃撥帳號 19983379
戶　　名 大雁文化事業股份有限公司
出版日期 2022 年 10 月 初版
定　　價 550 元
ISBN 978-626-7045-63-3

國家圖書館出版品預行編目資料

熱情面具下的義大利人：從羅馬帝國到文藝復興，從尖端時尚到黑手黨，揭開你所不知道的義大利人真實面貌／約翰．胡伯（John Hooper）著；蔡宗翰譯．– 初版．– 臺北市：如果出版：大雁出版基地發行，2022. 10
面；公分
譯自：The Italians
ISBN 978-626-7045-63-3（平裝）

1. 社會生活 2. 文化史 3. 義大利

745.3　　111016210

如果